알기 쉬운 교육철학 이야기

정훈 저

학지사

이 책은 지난 몇 년간 교직과목인 '교육철학 및 교육사' 강의를 하면서 필자가 고민하고 틈틈이 정리한 내용에 바탕을 두고 있습니다. 교원임용시험이 교육학 논술시험으로 대체되기 전까지, 필자는 기존 객관식 시험 출제 영역에 맞추어 한국교육사, 서양교육사, 교육철학 전반을 아우르는 수업을 해 왔습니다. 한국 및 서양 교육사 전반과 진보주의, 항존주의, 본질주의, 재건주의로 대표되는 교육사조, 분석철학, 실존주의, 비판이론, 포스트모더니즘 같은 일반철학과 교육의 연관성이 무엇인지 등에 대한 방대한 내용을 한 학기에 다루는 시도였습니다. 한 학기 동안 전반적인 흐름을 알 수 있는 유용함이 있기는 했지만, 교육철학 수업에서 무엇보다 중요한 철학적 사유의 연습은 뒤로 밀리고, 수많은 사람의 이론과 교육사조의 특징을 전달하는 데 많은 시간을 허비해 왔는지도 모르겠습니다. 간간이 교육현실과 관련된 교육적 논의들을 하며 교육철학의 쓰임새가 무엇일지를 함께 사유해 왔다는 데서 스스로 위안을 찾아 왔던 듯합니다. 그러면서 이러한 통사적 접근이나 교육철학의 사조 전반을 다루기 전에, 우선적으로 큰 그림을 제시해 줄 수 있는 방법이 없을까를 고민하게 되었습니다. 그러한 큰 그림 속에서 세부 주제로 들어간다면 그에 대한 공부가 좀 더 수월하지 않을까 하는 생각에서 말입니다.

이에 필자는 그간 기본으로 삼아 왔던 교재들 속에서 다루었던 내용들을 몇 가지 개념 틀로 묶어 교육을 바라보는 대표적 관점으로 범주화하고, 그 안에서 그러한 관점을 뒷받침하는 논리 근거로서 기존의 이론을 다루고, 각각의 개념 틀이 오늘날의 우리 교육을 바라보고 이해하는 틀로서 어떤 도움을 줄 수 있는지를 논의하는 방식을 고민했습니다. 그에 도움이 될 만한 입문적 성격의 책이 있으면 좋겠다는 생각과 함께, 교육이나 교육철학 입문자들에게 교육을 바라보는 개념 틀을 먼저 제시하는 것이 이후 전반적인 교육의 역사와 관점을 이해하는 데 도움이 될지도 모르겠다는 생각을 하면서 말입니다. 이러한 고민 속에서 만난 책이 펜스터마허와 솔티스(Fenstermacher & Soltis)가 교육학 입문 교재 중 하나로 펴낸『가르침이란 무엇인가(Approaches to teaching)』(교육과학사, 2011)였습니다. 이 책은 가르침의 접근을 크게 관리적, 촉진적, 자유교육적으로 나누어 논의하면서 각 접근의 역사적 배경, 관련 교육이론, 장단점, 상호 간의 비교평가, 각 관점이 반영된 사례와 논쟁을 제시하고 있습니다. 이 책은 비록 얇지만 각 관점을 중심으로 교육의 목적, 가르치는 일의 의미, 가르치는 일에 접근하는 방법, 지식의 성격, 학생 이해 등 교육철학적 질문들을 사유하는 기회를 주는 좋은 책이었습니다. 다만, 그 책의 주된 서술 배경이 미국 사회라는 점이나 각 관점을 뒷받침하는 근거이론들에 대한 설명이 다소 부족하다는 점이 아쉬움으로 남아 있었습니다. 그 점이 부족하게나마 이 책을 구상하게 된 하나의 계기였습니다. 또한 필자는 이 책을 구상하는 데 있어 이홍우 선생의 『교육의 개념』(문음사, 1997)에 제시된 공학적, 성년식, 사회화라는 세 가지 교육 개념과 듀이(Dewey)의 성장 개념, 김정환, 강선보 선생의 『교육철학』(박영사, 2004)에 제시된 질서 · 체제의 현상적 유지, 인간의 조화적 발전 조성, 문화유산의 계승 · 발전, 사회혁신을 위한 인적 기반 조성이라는 교육의 네 가지 본질적 기능의 아이디어에서도 큰 도움을 받았습니다. 앞의 책들과 거기에 서술된 아이디어들은 필자가 교육(학)을 공부해야겠다고 마음을 먹은 이후 떠나지 않는 고민인 '교육(학)이란 무엇이고, 교육을 왜 하는가?'라는 질문을 숙고하는 데도 큰 도움을 주었습니다.

이상의 배경에서 이 책은 현실의 교육을 보고 이해하는 또는 논의하는 데 필요한 최소한의 공적인 언어 네 가지를 사회 번영, 합리적 마음 계발(교양), 개인의 성장, 비판적 문해력(비판적 의식의 힘)으로, 그것을 뒷받침하는 대표적 교육이론으로 행동주의 교육, 자유교양교육, 진보주의 교육, 비판교육학을 선정했습니다. 그러면서 각각의 개념 틀로 교육을 본다는 것이 무엇이고, 그것이 어떤 교육이론의 전통 속에서 뒷받침되어 왔는지를 소개했습니다. 그리고 각각의 관점이 서로 어떤 비판의 관계에 놓여 있는지를 비교 평가해 보도록 했습니다. 현실 교육을 이해하는 최소한의 기본 틀로 설정한 네 가지 교육관과 교육이론을 살피면서, 각 관점의 핵심 개념과 논리 근거, 근거이론, 한국 교육과의 연관성, 비평을 다루며 우리가 교육행위를 전개하면서 부딪힐 수 있는 질문들을 함께 사고하고 논의하는 기회를 제공하고 싶었습니다. 독자들이 각 관점과 이론을 대표하는 교육사상가나 철학자들의 논리 근거를 함께 검토하면서 자신의 교육관을 정립하는 데 도움을 얻었으면 좋겠습니다. 조금이나마 교육의 현실을 교육이론의 틀 속에서 바라보고 평가하는 능력 배양의 기회가 되었으면 하는 바람입니다.

여기서 선정한 네 가지 관점과 교육이론은 필자가 그동안 공부하고 이해한 내용들을 그 틀에 맞추어 정리한 것이기도 합니다. 여전히 공부하는 과정에 있는 필자 나름의 이해에 기반한 만큼 논쟁의 여지가 있을 수 있겠고, 섣부른 범주화라는 비판도 가능하겠습니다. 그렇다 해도, 오늘날 현실 교육에서 전개되는 교육 논쟁들, 즉 혁신교육(진보주의 교육)인가 전통교육인가, 인문교육은 왜 필요한가, 교양의 중요성은 무엇인가, 교양교육인가 직업교육인가, 왜 교육은 사회정의의 문제에 관심을 가져야 하는가 등이 이 네 가지 개념 틀 속에서 논의될 수 있다는 것을 확인할 수 있을 듯합니다. 미국의 4대 교육사조라 불리는 진보주의, 본질주의, 항존주의, 사회재건주의는 주로 어떤 교육관점의 맥락에서 이해될 수 있는가, 실존주의 교육이 비판하는 전통교육이 무엇인가, 분석철학자들의 개념 분석에 제시된 교육 개념은 주로 어떤 교육적 관점과 관련이 있는가, 비판교육학이 비판의 대상으로 삼는 교육은 어떤 교육인가 등도 이 네 가지 관점과의 관련 속에서 이해될 수 있을 듯합니다. 또한 2015 개정 교육과정이 지향하는 학생 중심 교육, 역량의 강조, 교사들의 교육운동 같은 현실

교육의 모습을 교육이론의 틀 속에서 보고 이해하는 데도 도움이 될 수 있을 듯합니다. 이와 관련해서 필자의 개념 오해나 범주화에 문제가 있다면, 이는 필자의 배움 부족이 원인이기에 독자들의 지적과 질정을 부탁드립니다. 서두에 밝혔듯이 필자는 이 책을 '교육철학 및 교육사' 과목을 수강하는 학생들을 위한 입문서로 계획했습니다. 그렇다 하더라도 교육의 목적이 무엇이고, 그것이 어떤 사상과 이론에 의해 뒷받침되어 왔고, 그것이 한국 교육에서 어떤 식으로 투영되어 왔는지에 관심이 있는 일반 독자들에게도 도움이 되었으면 하는 바람이 있습니다.

이 책을 준비하면서 국내 선학들의 연구물에 감사함을 많이 느꼈습니다. 이 책에서 논리 근거로 참고하고 인용한 대다수 내용은 선학들의 연구와 번역물에서 많은 도움을 얻은 것입니다. 필자는 독자들이 가급적 교육사상가나 철학자들의 원문들을 직접 읽어 보았으면 하는 마음에 그 내용을 많이 소개했습니다. 다만, 직접 인용한 일부 문장의 조사나 부호들을 원저자의 의도를 해치지 않는 선에서 일부 수정하기도 했습니다. 교육사상가나 철학자들에 대한 세간의 관심이 점점 줄어드는 현실에서도 그들의 대표작을 연구하고 그들의 생각을 우리말로 옮겨 온 선학들의 노고는 필자의 수고로움을 많이 덜어 주었습니다. 그분들께 이 자리를 빌려 감사함을 전합니다. 또한 때로는 설익은 필자의 주장에 질문을 제기해 오고 생각의 진전에 많은 도움을 준 대구대학교 학생들에게 특별히 고마움을 전합니다. 교육철학이라는 학문의 세계로 인도해 주시고 '만남의 교육'이라는 멋진 개념을 알게 해 주신 강선보 교수님께도 감사 인사를 드립니다. 끝으로 집필을 평계로 많은 시간 함께하지 못했던 우리 가족에게도 감사함을 전합니다.

모쪼록 이 책이 교육 현상을 보고 이해하는 일종의 공적인 언어와 눈을 제공하는 데 일말의 기여를 했으면 하는 바람입니다.

2020년 9월

차례

제1장
교육철학 공부의 이유

　(교육)철학을 공부해야 하는 이유를 생각해 보기 전에, '철학'
하면 떠오르는 생각 몇 가지를 이야기해 봅시다. 아마 '철학은 현
실과 동떨어진 주제를 다룬다.' '그 주제들이 내 삶과 무슨 관련이
있는지 전혀 모르겠다.' '결론을 내리지 않으면서 계속 논의만 한
다.' '필요하지 않은 물음에 답하는 일종의 말장난이다.' '철학은
대학에서만, 그것도 전문가들만 하는 것이다.' 정도가 아닐까 싶
습니다. 교육철학에 관한 생각도 마찬가지겠지요. 이번 장을 통
해 저는 철학이 골방에 앉아 현실과 동떨어진 주제를 다루며 말
장난만 하는 지적 놀이가 아니라는 점을 말하고 싶습니다. 크레
이그(Craig, 2002: 22-23)의 말처럼 우리는 "이미 어느 정도 철학자

이며", 우리의 "타고난 평범한 지성에는 철학 영역의 작업 허가증이 들어 있을" 수 있습니다. 이어지는 내용을 살피면서 우리가 철학에 그리고 교육철학에 대해 가질 수 있는 오해나 편견이 해소되기를 기대합니다. 교육하려는 사람들에게 철학적 활동이 갖는 유의미성이 무엇인지를 생각해 보았으면 합니다.

1. 철학

철학(哲學, philosophy)이라는 말은 고대 그리스어의 동사 'philein'과 명사 'sophia'라는 두 단어에서 파생되었습니다. 우선 'philein'은 '사랑한다'를 의미합니다. 이는 성(性)적인 의미가 아니라 '관심을 가진다' '흥미를 가진다'를 뜻합니다. 'sophia'는 지혜(wisdom) 또는 앎을 뜻합니다. '철학은 애지학(愛智學)이다.'라는 말을 한 번 정도 들어 보았음 직합니다. 여기서 '지혜'라는 말을 어떤 사실(facts)을 안다는 '지식'과 구별하는 것이 중요합니다. '서울 인구는 대구 인구보다 더 많다.' '모든 포유동물은 온혈동물이다.' 등은 사실에 해당합니다. 그런데 지혜는 이러한 사실에 대해 알고 있는 데 만족하지 않습니다. 그것은 "사물에 관해 매우 폭넓고 일반적인 견해를 가지게 되어…… 그 사실들이 서로 어떻게 관련을 맺고 있는가 하는 것까지도 이해하는 것"을 의미합니다(Glossop, 1974: 11). 이에 우리는 지식은 많지만 지혜는 없다고 말할 수 있습니다. 또한 지혜는 "사실의 현상적(現象的)인 분석과 기술(記述)이라기보다는 그 내면적 근거와 본질 및 전체적 의미 연관을 통찰하여 보다 근원적으로 사태를 파악하고 판단하는 능력"(소광희, 이석윤, 김정선, 1999: 30)을 의미합니다. 이는 철학의 관심이 눈으로 관찰할 수 있는 겉으로 드러나 있는 현상이 아니라 그 현상 이면에 놓인 본질에 있다는 점을 말합니다.

다음으로 철학을 한다는 것이 무엇인지를 그 유사 활동인 과학적 활동과의 구분을 통해 좀 더 구체적으로 살펴봅시다.

2. 철학적 활동과 과학적 활동

'지혜에 관한 탐구'로서의 철학은 "인생과 세계를 그 전체적 의미 연관에서 이해하고 그 내면의 깊이를 통찰하는 올바른 '판단(또는 평가)'의 활동"입니다(소광희 외, 1999: 29). 여기서 핵심 문장은 '올바른 판단의 활동'이라는 말입니다. 이는 철학이 지식 발견을 목적으로 하는 과학과 다른 차원의 활동이라는 점을 말합니다. 과학적 활동은 사실이나 사실들 사이에 성립하는 법칙을 발견하기 위해 경험적으로 증명하는 활동입니다. 철학이 하는 판단(또는 평가)의 활동은 임의적이거나 자의적인 평가나 판단이 아닙니다. 그것은 **합리적(또는 이성적) 판단**을 말합니다. '합리적이다' 또는 '이성적이다'라는 말은 우리가 이성(reason)에 근거해 판단하고 평가한다는 것을 의미합니다. 이성에 근거해 판단한다는 것은 무엇을 의미할까요? 이성을 뜻하는 서양어 'reason'이 이유, 까닭, 근거, 추론 등으로 번역된다는 점을 생각하면 이해가 쉬울 듯합니다. 이러한 뜻을 감안하면, 합리적 또는 이성적 판단은 이유와 근거에 기초해서 판단하고 평가하는 것을 말합니다. 이는 철학적 활동이 경험적으로 증명하는 활동이 아니라 **논리적(이론적)으로 증명**하는 활동이자 "근거의 학(學)"(소광희 외, 1999: 14)이라는 점을 말합니다. 사람들이 점(占)집을 철학관으로 부르는 것은 이 점에서 문제가 있습니다.

　과학은 사실들 사이에 성립하는 법칙의 발견을 목적으로 합니다. 이 법칙은 결국 사실을 사실로서 있는 그대로 '기술(記述)/서술'하는 데 불과합니다. 과학적 지식 그 자체는 본성상 '평가적' 요소를 포함하지 않습니다. 이에 과학적 지식에 선악(善惡), 미추(美醜), 귀천(貴賤) 등이 있을 수는 없습니다. 오직 진위(眞僞)만 있을 뿐입니다. 선악이나 미추, 귀천 같은 가치는 경험적으로(실험을 통해) 증명하기 어렵기 때문입니다. 사실에 대한 지식은 사실에 대한 평가를 포함하지 않기 때문에 사실로부터 가치를 도출할 수도 없습니다(소광희 외, 1999: 28-30). 우리가 살아가면서 부딪힐 수 있는 문제들을 생각해 봅시다. 경험적으로 증명하기는 어렵지만 피해 갈 수 없는 중요한 문제들이 있을 수 있겠지요. 옳고 그름, 좋음과 나쁨 같은 가치를 둘러싼 문제들이 아마 여기에 해당될 듯싶습니다. 그러면 이러한 가치의 문제들은 어떻게 다루어야 할까요? 경험적으로 증명하기 어려운 문제들은 전통적으로 철학의 탐구 영역으로 넘겨져 왔습니다. 다음의 설명이 이를 말해 줍니다.

　　과학자와 철학자의 차이점은, 과학자는 실험이나 관찰에 따라 결정될 수 있는 문제들을 연구한다는 것이다. 그러나 세상에는 시간에 시작이 있는지 없는지에 관해 말해 주거나, '무엇이 옳은지'를 말해 주는 실험이나 관찰은 없다. 합리적 탐구는 가능하지만 과학적 방법으로는 탐구가 불가능한 이러한 문제들은 전형적으로 철학자들에게로 넘겨진다(Magee, 1998: 6-7).

철학은 과학과 다르며 수학과도 다르다. 실험이나 관찰에 의존하는 과학과 달리, 철학은 오직 사유에만 의존한다. 또한 수학과 달리 형식화된 증명 방법이 없다(Nagel, 1987: 11).

이에 철학은 주로 '보편성이 높은 가설(또는 검증 가능성이 낮은 가설)'을 다룹니다. 반면, 과학은 주로 '검증 가능성이 높은 가설'을 다룹니다. 여기에 철학적 활동과 과학적 활동의 성격상의 차이가 있습니다. '검증 가능하다'는 말은 "주어진 가설의 진위 여부가 실험에 의해 명백하게 확인되거나 반증될 수 있다."는 점을 말합니다. 반대로 '검증 불가능하다.'는 말은 "그 가설이 확인되거나 반증되는 것이 매우 어렵거나 불가능하다."는 것을 말합니다 (Glossop, 1974: 25). 이에 따르면 다윈(Darwin)의 생물학적 진화론은 과학의 문제이며, 이 진화론이 함축하고 있는 윤리적인 문제는 철학의 문제가 됩니다. "어떤 철학적 주제에 대해 확정적으로 단정 지을 수 있는 진리를 갖는 지식이 가능하게 되면, 이 주제는 더 이상 철학이라 불리지 않게 되며 개별 과학의 주제"가 됩니다(Russell, 1998: 202). 철학이 과학과 달리 진위가 명백히 나누어지지 않는다는 점은 "도덕적 선악이나 가치의 절대적 보편적 기준이 존재하지 않는다."(박이문, 2006: 85)는 말이기도 합니다. 박이문(2006: 85) 선생이 잘 표현한 바처럼 바로 여기에 "도덕적 결단과 판단의 철학적 악몽"이 존재하며, 그러한 "악몽과의 끊임없는 대결이 인간의 삶"일지 모르겠습니다. 이에 "우리에게 정답을 말해 주세요."라는 요구는 철학적 주제를 다루는 수업에서 적합하지 않을 수 있습니다. 논리 추론을 해 가며 해답에 이르는 길과 그 논리 전제에 대한 비판적 판단이나 평가를 통해 보편성을 획득하려는 끊임없는 대결만이 있을 뿐입니다.

정리하면, 철학적 활동은 경험적으로(실험이나 관찰을 통해) 증명하는 활동이 아니라 논증을 검토하는 이론적 활동입니다. 다음의 설명에서 이를 확인할 수 있습니다.

> 철학적 작업이란 논증을 검토하는 일이다. 철학을 공부한다는 것은 복잡하고 긴 말 속에서 꾸밈말이나 명령, 감탄 등 주장과 직접적인 관련이 없는 표현을 일단 배제하면서 주장과 그 논거를 간단명료하게 정리하고, 말 속에 있는 논리적 비약과 모순 등을 찾아내는 훈련을 의미한다(강순전, 이진오, 2011: 29).

우리가 앞으로 하게 될 교육철학적 작업은 바로 이러한 논증을 검토하는 일이 될 것입니다.

3. 철학자의 태도와 종교가의 태도

철학의 성격은 철학자의 태도와 종교가의 태도 사이의 차이를 통해서도 드러납니다. 철학은 절대자를 신앙의 대상으로 삼기보다는 이성적으로 탐구할 수 있는 대상으로 삼습니다. 철학자들은 절대자를 의문시한다는 점에서, 하물며 그의 존재를 증명하려고까지 한 점에서 한때 위험인물로 여겨지기도 했습니다. **비판적으로 질문**하는 방식을 채택하는 것이 바로 철학자의 태도입니다. 반면, 사제나 목사는 해답을 가졌다고 주장하면서 그것을 받아들이도록 설득하는 일을 주로 합니다.

> 대부분의 종교집단은 사람들이 기존의 종교 신념에 대해 비판적으로 생각하도록 하기보다 그것을 그대로 수용하도록 하는 데 더 많은 노력을 기울이게 한다(Glossop, 1974: 16).

요컨대 종교에서 이성적 탐구는 믿음이나 계시보다 부수적인 것으로 취급됩니다.

> 이성을 강조하는 것이 철학의 표징이다. …… 종교에서 때때로 이성이 요구되기도 하지만 믿음, 계시, 예배, 복종이 필수불가결한 역할을 하고 이성은 부수적이다(Magee, 1998: 8).

참고로 예술가들도 "합리적 논증보다는 즉각적인 지각과 직관에 의존하는 형태로 자신의 통찰을 표출한다."(Magee, 1998: 8)는 점에서 철학자와는 다른 태도를 보입니다. 우리 교사들 역시 철학자의 태도와 종교가의 태도 모두를 교육의 과정에서 보일 수 있습니다. 예컨대 우리는 교단을 설교단상으로 여기면서 교과서

속의 내용을 성서적 교리로, 교사인 자신의 말을 신의 말씀처럼 받아들이도록 설득하려는 태도를 취할 수 있겠지요. 또한 우리는 교과서 속의 내용이나 교사의 말이 최대한 객관적이고 중립적이기를 기대하지만, 거기에도 어떤 오류나 비약이 있을 수 있으니 그 내용과 교사의 말에 의심을 보내고 질문하도록 하는 태도를 취할 수도 있겠지요. 교사의 역할은 비판적으로 질문하게 하는 것일까요, 설득하는 것일까요, 아니면 둘 모두일까요? 이런 고민 역시 철학적 고민이자 교육철학적 고민일 것입니다.

4. 다시 철학이란

지금까지 철학적 활동이 비판적으로 질문하는 방식을 채택하는 일이자 논증을 검토하는 이론적 활동이라는 점을 살펴보았습니다. 이는 철학적 활동이 질문에서 출발한다는 것을 말합니다. 그러면 우리는 언제 질문을 제기할까요? 플라톤(Platon)과 아리스토텔레스(Aristoteles)의 다음의 말을 읽어 봅시다.

놀라워하는 것, 이것이야말로 철학자의 상태이기에 하는 말이네. 이것 말고 철학의 다른 시작은 없으니까(Platon, **테아이테토스**[1], 155d).

지금이나 예전이나 사람들은 '(어떤 것을) 의아하게 생각함(驚異)'으

---

1 번역은 정준영 역(2013)을 따랐다.

로써 '지혜를 추구하기(철학하기)' 시작했다. 처음에는 가까이에서 벌어진 뜻밖의 (조그만) 일들을 의아하게 생각하고, 놀라고, 그다음에는 조금씩 앞으로 나아가, 예를 들어 달의 겪이(현상)들, 해와 별들의 주변 현상들, 우주의 생성에 관해 의문을 품었다. 그리고 영문을 몰라 (어떤 것을) 의아하게 생각하는 사람은 자신이 모른다(무지하다)고 생각한다. …… 그래서 그들이 무지에서 벗어나려고 철학을 했다면, 그들은 분명히 쓸모(유용성)를 위해서가 아니라 이해를 위해 앎을 추구했다(Aristoteles, **형이상학**[2], 982b).

김진성(2007: 38)의 해석에 따르면, '의아하게 생각한다.'라는 말은 "주어진 현상에 단순히 놀라는 수동적인 마음의 상태가 아니라, 주어진 현상에 놀라 이를 의아하게 생각하여 묻는 능동적인 태도"를 뜻합니다. 그것이 '지혜를 추구하는 마음의 상태'라는 것이지요. 결국 질문은 우리가 어떤 경이로움을 느낄 때, 놀랍고 신기하고 새로운 것을 만날 때, 내가 제대로 안다는 착각에 빠져 있었다는 것을 깨달을 때 제기될 수 있습니다. 이 점에서 철학은 의아하게 생각하는 것(경이, 驚異)과 무지(無知)를 깨닫는 데서 발단합니다. 의아하게 생각하는 것(놀라워하는 것)이 '왜'라는 의문으로 이어지고, 그 의문이 근원에 대한 물음으로 이어집니다. 그리고 그 물음에 대한 참된 답을 찾아가는 과정이 이어진다는 것이지요. 우리는 그 과정을 철학(함)이라고 부를 수 있을 것입니다. 이에 우리는 근원에 대한 물음을 제기하는 데 주저하지 않아야 합

---

2 번역은 김진성 역주(2007)를 따랐다.

니다. 그것이 철학적 사유에서 가장 지배적이기 때문입니다(소광희 외, 1999: 12). 우리는 이 책에서 철학을 잠정적으로 "항상 모든 문제의 근거를 근원적으로 탐구하려는 물음의 제기와 그 해결의 노력"으로 이해하고자 합니다(Ibid.: 30).

> 철학적 정신은 묻는 데 있다. 묻지 않는 곳에 해답이 있을 수 없고, 물음이 없는 곳에 철학적 고민이 있을 리 없다. 모든 해답은 이미 물음 속에 내재하는 것이다. 무엇을 어떻게 묻느냐가 중요하다. 철학은 근원에 대한 물음을 잉태하고 끝내 그것을 해답으로서 생산하려는 고뇌에 찬 노력이다(소광희 외, 1999: 12).

> 철학의 핵심은 반성 능력을 갖춘 인간 정신이 자연스럽게 의문을 갖는 문제들 안에 놓여 있으며, 철학 공부를 시작하는 가장 좋은 방법은 그와 같은 문제들에 대해 직접 생각해 보는 것이다(Nagel, 1987: 10).

"항상 모든 문제의 근거를 근원적으로 탐구하려는 물음의 제기와 그 해결의 노력"이라는 잠정적 정의는 그것이 일종의 **철학하기**(철학적으로 사유하기; philosophieren)와 관련된다는 점을 말합니다. 즉, 동사로서의 철학하기를 말합니다. "철학은…… 이성과 관련해서는 기껏해야 철학함만을 배울 수 있다."(Kant, **순수이성비판**[3], **A837 B865**)라는 칸트의 유명한 말처럼 말이지요. 이에 이 책은 (교육)철학의 내용을 요약된 방식으로 전하는 것(예컨대, 플라

---

3 번역은 백종현 역(2006)을 따랐다.

톤에 따르면 '교육은 ~이다.', 루소에 따르면 '교육은 ~이다.' 등)이 아니라 철학적으로 사고하는 과정(철학하기)을 배우는 데 도움을 주고자 합니다. 아마도 그것은 "자기 이성을 스스로 사용하는 것을 배운다."(백종현 역, 2006: 959에서 재인용)는 것을 의미할 것입니다. 요컨대, (교육)철학적 지식의 소유가 아니라 다음과 같은 철학하기의 경험이 제공되었으면 합니다.

> 철학한다는 것은 질문을 던지고, 논증하고, 생각들을 짜내고, 그 생각들에 대해 가능한 반론들을 생각해 보고, 우리의 개념들이 실제로 어떻게 작용하는지 궁금해하는 것에 다름 아니다(Nagel, 1987: 11).

이상의 철학(철학하기)에 대한 이해에 기초해 교육철학의 필요성을 생각해 봅시다.

5. 교육철학

> 모든 인간의 행동 영역에는 그 영역의 기본 개념, 원리, 방법 등에 대한 질문과 관련된 '~의 철학'이 있다. 그래서 철학이 과학철학, 종교철학, 예술철학 등으로 나뉘어 있는 것이다(Magee, 1998: 6-7).

이에 우선 우리는 교육철학을 교육 영역의 기본 개념, 원리, 방법 등에 대한 질문 제기와 그 해결의 노력으로 정리할 수 있겠습니다. 다음과 같은 사전적 정의가 이와 관련됩니다.

교육철학이란 교육이라는 세계에서 발생하는 이슈들에 중점을 두고 철학적 탐구를 추구하는 탐구영역이다(Phillips, 2010: 40).

이에 우리는 **교육철학**을 교육이라는 세계에서 발생하는 이슈를 탐구'대상'으로 하여 철학적 '방법'(예컨대, 논리적 증명활동)으로 탐구하는 학문으로 간략히 정의할 수 있겠습니다. 에어스(Ayers, 2010: 61)에 따르면, (교육)철학을 한다는 것은 "교육에 대한 근본적인 질문을 되풀이해서 계속 던지는 것"을 가리킵니다. 그러면 교육 세계에서 발생하는 이슈와 관련된 질문으로는 어떤 것들이 있을까요? 앞 인용문의 필립스(Phillips, 2010: 39-40)는 그러한 이슈들을 메타 이슈, 규범적 이슈, 인식론적 이슈, 정치철학의 중심 이슈, 윤리적 이슈로 나누어 소개합니다. **메타 이슈**는 '메타 수준'에서 교육(학) 연구 담론을 내려다보며 성찰하는 것과 관련이 있습니다. **규범적 이슈**는 교육의 목적, 아동을 어떻게 대우해야 하는가 등과 관련된 교육 행위의 규범(준거)을 묻는 것과 관련이 있습니다. **인식론적 이슈**는 학교에서 어떤 지식을 가르쳐야 하는지, 그런 지식이 어떻게 정당화되는지, 지식이 어떻게 습득되는지 등의 문제와 관련이 있습니다. **정치철학의 중심 이슈**는 아동의 교육권과 부모나 국가 교육권 간의 우선권 문제, 아동의 자율성 발달과 관련된 문제들과, **윤리적 이슈**는 교사와 학생 또는 학생들 간의 상호작용 문제나 학생 개인을 연구 대상으로 어떻게 취급해야 하는가 등의 문제들과 관련됩니다. 교육철학을 학문의 반열에 올려놓았다고 평가받는 피터스(Peters, 1966: 13)는 그 대표 질문을 다음과 같이 제시한 바 있습니다. 그것은 첫째, 교육, 수업, 대학, 학교 같은 교육에서 특수한 개념을 분석하는 문제, 둘째, 교육을 통하여 전달할 가치 있는 내용이 무엇인지에 관한 가정과 그 내용을 전달하는 과정으로서 어떤 것이 바람직한지에 관한 가정을 정당화하는 문제, 특히 후자와 관련해 자유, 평등, 권위, 벌과 관련된 윤리학적 문제, 셋째, 학습이나 동기 등 교육내용을 전달하는 활동과 관련된 문제, 넷째, 과학, 역사, 도덕, 수학 같은 분화된 사고의 형식을 특징짓는 것이 무엇인지와 그것과 교과와의 관계 같은 교육과정과 관련된 온갖 문제입니다. 교육에 종사하고 있거나 하려는 사람들은 분명 이러한 질문들을 한 번쯤 해 볼 수밖에 없을 듯합니다. 교육과정을 편성하는 방식, 가르치는 방법, 학생을 평가하는 방법, 훈육하는 방법, 학생과 교사 역할에 관한 견해, 가르치고 배워야 할 중요한 내용, 그것을 어떻게 가르쳐야 하는지, 결국 교육의 주요 목적은 무엇이어야 하는지, 어떤 사람을 교육받은 사람(educated person)이라 할 수 있는지, 지식은 무엇인지, 교육은 무엇인지, 교사 역할은 무엇인지, 학교의 목적은 무엇인지, 누가 학교에 다녀야 하는지, 학교에서 학생들은 어떻게 배워야 하는지 등등의 질문들을 해 볼 수 있다는 말입니다. 교육의 세계에서 우리는 이러한 질문에 계속해서 부딪힐 수밖에 없습니다. 이에 우리는 이러한 질문들과 씨름하면서 그에 대한 우리 자신의 철학적 견해를 갖추려고 노력할 필요가 있겠습니다. 즉, 우리는 교육 이슈를 바라보는 우리 자신의 논리적 견해를 발달시키는 것이 필요하겠지요.

문제는 이러한 질문에 대한 답을 우리가 경험적인 증명을 통해서, 즉 과학적 활동을 통해서 구하기가 어렵다는 점입니다. 그 질문들은 누가 실험을 하든 동일한 결과를 가져오는 과학적 성격의 질문들과 그 성격이 달라 보입니다. (학교)교육의 목적이나 좋은 교육이 무엇인지를 묻는 질문에 대한 답이 누구에게나 동일하다면, (학교)교육의 목적이나 좋은 교육이 무엇인지를 둘러싼 논쟁은 사회적으로 첨예하게 나타나지 않을 것입니다. 그 질문들은 일종의 가치를 묻는 것으로, 물이 어는 온도를 묻는 것과 같은 질문들과 분명 그 성격이 다를 것입니다. 과학이 이러한 성격의 질문을 철학의 영역으로 넘겨준 바처럼 우리는 이를 철학적 활동을 통해 탐구할 수밖에 없습니다. 교육철학을 공부해야 하는 이유를 우리는 바로 여기서 찾을 수 있겠습니다. 덧붙이면 "아이들은 현재를 위해서가 아니라 미래에 가능한 개선된, 현재보다 훨씬 더 나은 인간성의 상태를 위해 교육받아야 한다."라고 칸트는 말합니다(Kant, **교육학**, A17). 이는 교육이 언제나 지금보다 더 나은 인간성의 상태를 가정하는 행위라는 말입니다. 이는 우리가 교육이라는 행위를 할 때 현재보다 더 나은 상태가 무엇인지를 항상 질문하도록 만듭니다. 이처럼 교육 행위는 무엇이 더 나은 상태인가라는 가치문제를 피해 갈 수 없습니다. 교육 행위 속에 그 자체의 목적과 의미가 포함될 수밖에 없기 때문입니다. 이 점에서 교육은 아리스토텔레스가 말하는 '자체 안에 목적을 가지는 행위'인 실천(프락시스, praxis)의 성격을 가진다고 할 수 있겠습니다. 교육이 개선된 인간성의 상태 같은 목적을 가진 행위라는 것이지요. 이에 이러한 성격의 인간 행위, 즉 실천(praxis)에 담긴 목적(가치)의 합리성을 탐구한다는 점에서 교육철학은 한편으로 윤리학과 같은 **실천철학**의 성격을 갖습니다. 그러면 칸트의 말처럼 "인간성의 이념과 인간성의 전 규정(사명)에 부합하는 것"이 더 나은 인간의 상태일까요, 아니면 다른 무엇일까요? "인간성의 이념과 인간성의 사명"은 무엇일까요? 이런 고민은 결국 교육 행위 자체가 교육철학적 질문을 그 안에 포함하고 있다는 것을 말합니다. 이 역시 우리가 교육철학을 외면하지 못하게 하는 또 하나의 중요한 이유일 것입니다.

교육철학적 작업은 또한 역사적 작업을 동시에 요구합니다. 선학들의 사상과 대화하며 그것을 분석하고 종합하는 가운데 우리가 교육자로서 우리 작업을 안내할 우리 자신의 실천이론이나 철학의 실마리를 구할 수 있기 때문입니다. 앞에서 언급한 여러 질문에 대한 고민을 우리가 무(無)의 상태에서 하기는 어려울 수 있습니다. 선학들과 대화하면서 우리는 오늘날의 교육 문제들이 역사 전체에 걸쳐 있어 왔던 문제들과 거의 다르지 않다는 것도 확인할 수 있습니다. 앞에서 제기한 질문들을 깊이·이해하고 교육 실천의 근거를 얻기 위해서라도 우리는 역사적 뿌리를 함께 공부할 필요가 있습니다. 요컨대 앞의 질문들이 경험적인 증명(또는 실험적 검증)을 통해 진위를 가릴 수 있는 과학적 성격의 질문이 아니라는 점이 우리로 하여금 여러 교육사상가나 철학자의 논리 근거에 주목해 우리가 그 질문들을 끊임없이 사유하도록 만듭니다. 네이글(Nagel, 1987: 13)의 말처럼 "대부분의 철학적 문제들은 여전히 풀리지 않았고, 아마도 그 가운데 어떤 문제들은 영원히 풀리지 않을 것"이기 때문인지도 모르겠습니다. 아니면 러셀의 말처럼 철학의 가치가 대부분 그 불확실성에 있어서이기 때문인지도 모르겠습니다(Russell, 1998: 204). 우리가 여러 사상가나 철학자에 주목하면서 앞의 질문들에 대한 해결책과 오류들을 계속해서 검토하고 탐구해야 하는 이유가 바로 여기에 있습니다. 이러한 사유 작업이 충족될 때라야 우리는 주어진 이론의 단순 집행자에서 벗어나 우리의 실천을 스스로 이끌고 통제할 수 있을 것입니다. 그것이 바로 우리 교사들이 반성적이고 헌신적이면서도 전문성을 갖춘 교사가 되기 위한 하나의 길일 수 있을 것입니다.

이 책에서는 교육을 바라보는 대표적 관점과 이론 네 가지를 소재로 이러한 작업을 해 보려고 합니다. 각 관점은 나름의 교육 개념과 목적, 역사적 배경과 근거이론이 있고, 여전히 그것을 지지하는 사람들이 존재합니다. 이에 각 관점과 이론을 둘러싼 논쟁도 치열합니다. 이후 장들에서는 이를 차례로 다루면서 각 관점에 제시된 논리 근거들을 살피고 평가해 보겠습니다. 이러한 과정이 교육철학적 사고를 안내하는 출발점이 되기를 바랍니다.

제2장
교육과 사회번영

1. 개요

우리는 교육의 목적을 사회적 번영이나 유용성 또는 효율성 측면에서 바라보곤 합니다. 교육을 사회적 유용성을 위한 도구나 수단으로 본다는 점에서 이를 도구적 접근으로 부를 수 있겠습니다.. 아니면 사회의 안녕이나 번영으로 이끄는 교육을 좋은 교육으로 본다는 점에서 '공리주의적 접근(utilitarian approach)'(Lloyd, 1976: 91)으로 부를 수도 있을 것입니다. '비용-편익(便益)'이나 '비용-효과성'을 교육적 가치 판단의 기준으로 삼는 것이지요. 이 관점에 서 있는 사람들은 무엇보다 많은 지식의 습득, 즉 높은 학업성취도를 요구합니다. (학교)교육에서 지식 습득이나 전수를 무엇보다 중요시해 온 이유 중 하나를 우리는 여기서 찾을 수 있습니다. 다음의 내용을 읽어 봅시다.

> ① 방대한 인간의 지식체 중에는 누구나 알아야 하는 본질적인 것이라 불릴 수 있는 확실한 단편이 있다. ② 한 개인이 교육받았다고 간주될 수 있는 점, 즉 오늘날의 세계에서 지적으로 살아갈 만한 자격을 갖추고 있고 사회에서 유용한 구성원이라는 측면은 그가 지니고 있는 이러한 본질적인 지식의 양에 달려 있다. ③ 따라서 학교의 의무는 이러한 본질적인 지식을 가능한 한 많이 아이들의 마음속에 집어넣는 것이다(Darling & Nordenbo, 2003: 298에서 재인용).

한 개인을 사회의 유용한 구성원으로 만들기 위해서는 무엇보다 높은 학업성취도를 보이는 학생들이, 즉 가치 있고 본질적이라고 여겨지는 지식을 최대한 많이 습득한 학생들이 필요하다는 것이지요. 학업성취도 향상이 (학교)교육의 의무라는 것을 말하고 있습니다. 사실적 지식을 본질적인 것으로 여기면서 학교는 전통적으로 사실적 지식들을 가르치고 배우는 데 집중해 온 면이 있습니다. 디킨스(Dickens)의 소설 『어려운 시절(Hard Times)』에 묘사된 다음 대목이 이와 관련해 자주 소개되어 왔습니다.

> 자, 내가 원하는 것은 사실이오. 이 학생들에게 사실만을 가르치시오. 살아가는 데는 사실만이 필요한 거요. 사실 외에는 어떤 것도 심지 말고 사실 이외의 모든 것을 뽑아 버리시오. 사실에 기초할 때만

논리적으로 사고하는 인간을 만들 수 있는 거요. 학생들에게는 사실 이외의 어떤 것도 하등의 도움이 되지 못하오. 이것이 내가 내 자식들을 키우는 원칙이고, 이것이 내가 학생들을 교육시키는 원칙이오. 사실만을 고수하시오. 선생!(Dickens, 1854: 13)

국가경쟁력 향상 차원에서 학력 향상을 도모하기 위해 전개된 미국의 '기본으로 돌아가자.'는 개혁 운동도 본질적인 지식을 무엇으로 보는지와 관련해 참조할 만합니다. 그 운동은 3R(읽기, 쓰기, 셈하기), 학업 (성취)표준 향상, STEM(Science, Technology, Engineering, Math), 대학 진학을 최우선적인 기본으로 강조해 왔습니다(Robinson, 2015: 42). 이는 읽고, 쓰고, 셈하기라는 기초학습능력, 모든 아이가 도달해야 하는 엄격한 성취 표준(기준), 과학, 기술, 공학, 수학 지식의 융합, 대학 진학에 필요한 학문적 지식을 철저히 학습시키는 것이 국가 발전의 초석이라는 생각을 반영합니다. 이를 위해 사회적 번영이나 유용성을 목적으로 하는 교육은 주로 (학교)교육이 '교수-학습-시험이라는 전통적 모형'의 지배를 받게 해 왔습니다. 특히 평가와 관련해서는 정형화된 필기시험과 객관식 문제에 기초한 표준화 검사(시험)[1]를 중시

---

1 표준화 검사는 절차, 도구, 채점방법 등을 표준화하여 누가 그것을 사용하더라도 검사의 실시, 채점 및 결과 해석이 동일하도록 만들어 놓은 것이다. 표준화 검사는 한 개인의 성취도나 특성이 비교하려는 집단에서 어떤 위치에 속하는지를 알기 위해 정확한 근거(규준)가 필요하다. 이 근거(규준)에 의거해 검사 점수 해석이나 여러 사람의 행동(예컨대 성취도)을 표집하고 상호 간의 행동을 비교할 수 있다(고려대학교 교육문제연구소 편, 2007: 280). 즉, 검사 대상자와 비슷한 수많은 학생이 똑같이 표준화된 조건 아래서 시험을 치르게 하며, 그 결과를 같은 학년이나 나이의 학생들과 비교해 학생들의 성취결과에 대한 정확한 정보를 제공하려 한다. 우리나라에서 논란이 되었던 국가수준 학업성취도평가(일제고사)가 표준화 검사에 해당한다.

하는 경향이 있어 왔습니다. 이러한 전통 모형에서 교사들의 급여는 시험 결과와 연계되기도 했고, 시험에 통과할 가능성이 적은 성취능력이 떨어지는 아이들은 학교에서 무시를 당해 오기도 했습니다. 또한 암기학습을 격려하고 육체적 체벌을 용인하는 교수방법을 하나의 공통된 모습으로 취해 오기도 했습니다(Lloyd, 1976: 91).

　사회적 번영의 관점에서는 지식 습득을 "생산적인 노동력, 훌륭한 시민, 국가 안정, 지구적 경쟁력 같은 목표의 핵심"(Fenstermacher & Soltis, 2009: 98)으로 여겨 온 것입니다. 지식교육의 목표를 크게 **사회경제적인 측면**에서 찾아온 것이겠지요. 특히 정치인들은 학교에서 학업성취도 향상을 요구하면서 그것이 경제와 관련된 문제라고 말해 왔습니다(Robinson, 2015: 43). 예컨대 "디트로이트를 실패하게 만든 것이 생산라인 노동자들의 문맹이나 대학수학능력시험의 낮은 점수였지, 기업의 잘못된 판단이 아니었다."는 식의 신화를 계속해서 조장하는 것이지요(Meier, 1995: 148). 교육에서의 낮은 성취 수준이 실업 문제의 원인이라는 식으로 비난의 화살을 교육에 돌리는 것입니다. 그러면서도 그들은 경쟁력을 끌어올리는 주된 방안을 임시직을 활용하는 '감량 경영'과 노조 업무 배제 같은 기업경영의 측면에서 찾는 모순된 모습을 보여 왔습니다(Ibid.). 그럼에도 (학교)교육은 사회경제적 목적을 달성한다는 도구적 관점에서 계속해서 학업성취도를 강조하는 면이 있습니다. 학업성취도를 계속 국가 번영의 결정적인 요인으로 보는 것이라 할 수 있겠지요. 다음의 진술이 이를 잘 표현해 줍니다.

학업성취도가 높은 교육제도는 국가의 경제 번영과 경쟁력 우위에 결정적 요소이다. 즉, 학업성취도의 표준은 높은 것이 좋으며, 학교들은 이 표준을 끌어올릴 만한 과목과 지도법에 우선순위를 매겨야 한다. 지식 경제의 성장에 맞추려면 많은 학생이 고등교육, 특히 4년제 대학과 종합대학에 진학하는 것도 중요하다(Robinson, 2015: 41).

이러한 전제는 기업의 생산성을 이윤 창출과 관련짓는 것처럼 학교의 생산성을 주로 사회적으로 유용한 개인 양성을 위한 학업성취도 향상 측면에서 바라보게 해 온 주된 이유였습니다. 사회적 번영이나 유용성 측면에서 보면 우리가 학교에서 과학, 수학, 국어 같은 교과를 공부하는 목적도 교육 그 자체에 있기보다 외적인 것에 있게 됩니다. 교과 그 자체에 내재한 가치를 맛보는 것이 아니라 생산적 노동력, 지구적 경쟁력과 같은 성과를 불러오기 위한 것이 되겠지요. 이에 우리가 아이들을 교육하는 주된 이유는 학생들을 국가적·사회적으로 유용한 개인을 길러 내기 위해 거기에 필요한 (사실적) 지식을 최대한 많이 습득하게 하는 데 있습니다. 즉, 학업성취도를 최대한 끌어올리는 것이 되겠지요. 예컨대 영국과 미국을 비롯한 세계 다수의 나라들은 1980년대 이래 경제위기의 원인을 학생들의 낮은 성취도로 보면서 학업성취도를 끌어올리는 교육정책을 시행해 왔습니다. 낮은 학업성취도가 경제 위기를 초래하고 삶의 방식에까지 영향을 미쳐 왔다는 것이지요. 이러한 원인 진단은 엄격한 성취 기준(표준)을 정하고, 그 성취 기준 도달 여부를 점검하는 일제고사 형태의 표준화 검사(시험)를 자주 치르고, 그 시험 결과에 기초해 교사와 학교를 비교하고 책무성을 강조하는 정책으로 이어졌습니다. 교사 해직까지 불러왔던 일제고사를 둘러싼 갈등이 있었던 우리나라도 예외가 아닐 것입니다. 이런 상황은 자꾸만 (사실적) 지식 습득을 교육의 중심으로, 학교 교육의 제1목적을 학업성취도 향상으로 바라보게 합니다. 많은 지식을 전수받은 성취도 높은 학생들이 결국 사회의 유용한 개인이 되고, 학교나 학생들이 기대하거나 예상하는 점수보다 시험에서 더 높은 점수를 받게 하는 교사를 유능한 교사로 여기도록 만듭니다. 물론 지위재가 되어 버린 우리의 독특한 학벌사회 구조도 학교교육의 목적을 학업성취도에 초점을 맞추게 해 온 또 하나의 주요 요인이라 할 수 있겠지요.

이상 설명한 대로 교육의 목적이 생산적인 노동자나 세계적 경쟁력을 갖춘 노동자 양성 같은 사회경제적인 측면에 있고 그것이 학업성취도가 높은 학생들을 요구한다면, 일단 그들을 학습하도록 하는 것이 필요할 것입니다. 우리는 흔히 학생들을 그냥 내버려 두면 학습(공부)하지 않을 것이라고 가정하곤 합니다. 아니면 그들은 자신들이 관심을 두고 있는 것에만 몰두한다고 할 수도 있을 것입니다. 이에 학생들이 현재 하고 싶은 것들을 일단 참게 만들면서 그들이 습득해야 하는 지식들을 학습하게 만드는 일이 무엇보다 필요합니다. 이에 가만히 내버려 두면 학습(공부)하지 않고 딴짓을 할 것 같은, 따라서 학습이라는 결과물을 가져오지 않을 것 같은 학생들에게 의도적이고 강제로라도 공부하게 만드는 일이 교사의 중요한 과제가 됩니다. 학생들을 학습하게 하는 외적인 동기를 어떻게 불러일으킬 것인지가 교사의 중요한 문제로 등장하는 것이지요.

아동을 가르치는 것은 학습에 대한 아동의 자발적 동기를 찾아내는 문제가 아니라 그들이 자신이 바라는 바를 억제하면서 학습하게 하는 데 필요한 외적 동기를 제공하는 문제이다(Darling & Nordenbo, 2003: 297).

이러한 고민을 해결하는 데 큰 도움을 준 대표 이론 중 하나가 바로 **행동주의 심리학**이었습니다. 이에 행동주의 이론에 담긴 교육관이 어떤 것인지를 살펴보겠습니다.

2. 행동주의 교육

행동주의 교육관은 "인간에 관한 관찰 가능한 행동 자료에 의거해 심리 현상을 설명할 수 있고 인간을 통제할 수 있다고 믿는 심리학적 행동주의의 학설에 기초"(이돈희, 1992: 356)합니다. 이러한 이론에서 가르침(teaching)과 학습(learning), 인간, 교사의 역할을 어떻게 전제하는지를 차례로 살펴봅시다. 그리고 이러한 전제가 교육의 도구화와 연결될 수 있다는 점을 살펴보겠습니다.

1) 가르침과 학습

행동주의자들은 **가르침을 (외부)자극이자 원인**으로, **학습**을 그에 따른 **반응이자 결과**로 전제합니다. 그것은 학습이 가르침이라는 자극이나 원인이 없이는 발생하지 않는다고 가정하는 것이지요.

우리가 흔히 하는 "학생들은 가만히 내버려 두면 공부하지 않을 거야."라는 말이 이를 대변합니다. 이에 학습이라는 결과물을 가져오기 위해서는 학생들을 그대로 내버려 두어서는 안 되겠지요. 이는 가르침이라는 원인을 반드시 제공해야 한다는 생각을 불러오게 했습니다. 우리가 그동안 가르침의 기능에 크게 집착해 온 하나의 이유가 여기에 있을 것입니다. '원인'으로서의 가르침과 '결과'로서의 학습이 서로 밀접히 관련된다는 전제 아래서 학업 성취도 향상과 관련된 '교사-효과성'을 다루는 연구가 유행하기도 했습니다(Fenstermacher & Soltis, 2009: 55-60 참조). 교사가 어떻게 가르치는지가 어떤 학습의 효과성(성취도 향상)을 가져오는지 그 상관성을 연구하는 것이지요. 행동주의자들은 가르침이라는 원인 제공이나 자극을 강화를 적절히 배치하는 것으로 보았습니다. 이에 가르침은 "'의도적 강화'라든가 '인정된 반응의 보상'이라는 방법을 통해 학생들에게 올바른 유형의 반응을 증가시키는 일"(Cohen, 1982: 20)이 되었습니다. 학생들이 인정된 반응을 보이지 않으면 학생들이 싫어하거나 혐오감을 갖는 처벌 같은 자극을 줌으로써 그것을 피하고 싶어서라도 교사가 원하는 인정된 반응을 보이도록 해 온 것이지요. 어린 시절 숙제를 해 가지 않았을 때 선생님들이 내렸던 (체)벌 같은 조치를 생각해 보면 이해가 쉬울 듯합니다. 그것은 우리로 하여금 (체)벌 받고 싶지 않아서라도 하기 싫은 숙제를 억지로 하도록 우리의 행동에 영향을 미쳤을 것입니다. 이는 인간 행동의 효율적인 원인이 개인 외부에 있고, 따라서 외적인 자극을 통해서만 행동이 일어나게 한다고 보는 것이지요(Rogers, 1983: 366). 말하자면, 우리가 조건화에 따라 행동

한다는 것입니다.

　스키너(Skinner)에 따르면 조작적 행동(operant)은 반사적이지 않은 행동을 말합니다(Slater, 2004: 24). 먹이를 보면 개가 침을 흘리는 것이 반사적 행동(또는 생리적 반응)의 대표적인 예입니다. 우리가 누군가를 교육한다는 것은 반사적인 행동을 조건화하는 것처럼 자동적으로 나오는 반사적이거나 생리적인 반응 같은 것을 행하게 조건화하는 것은 아닐 것입니다. 가만히 내버려 두면 나타나지 않을 반사적이지 않은 행동, 예컨대 곰이 재주 부리는 것과 같은 의도적인 행동을 하도록 하는 것이 분명 교육 개념에 더 가까울 것입니다. 스키너가 고민했던 부분이 바로 이것이었습니다. 그는 우리가 반사적 행동을 조건화할 수 있다면, 한 걸음 더 나아가 반사적이지 않은 다른 행동도 조건화할 수 있을 것이라고 가정했으며(Slater, 2004: 24), 제대로 된 훈련, 즉 조건화만 있으면 우리 인간이 비둘기가 탁구 치는 법을 배우는 것보다 훨씬 더 놀라운 기술을 배울 수 있다고 생각했습니다(Slater, 2004: 29). 이처럼 행동주의자들에게 교육은 일종의 조작적 조건화를 적용하는 것으로 이해되었습니다. 교육, 가르침과 학습의 관계를 이상의 내용처럼 전제하게 되면 교육의 과정은 대체로 다음과 같이 이해됩니다.

　　교육의 과정은 인간의 행동과 사고와 감정을 '조건화(conditioning)
　　의 원리'에 의해서 설정된 목표에 맞추어 주형하는 것이다(이돈희,
　　1992: 356-357).

여기서 조건화는 "어떤 기준(설정된 목표—필자)에 의해서 바람직한 행동은 보상을 통해 권장하고 그렇지 못한 행동은 처벌을 통해 제거함으로써 바라는 바의 행동 특성을 형성시켜 가는 과정"(이돈희, 1992: 357)을 말합니다. 학생들의 학업성취도를 끌어올리는 것도 이렇게 의도적으로라도 행동하고 사고하고 학습하고픈 마음이 들게 만들 때 더 효과적일 수 있을 듯합니다.

2) 인간

행동주의 이론은 우리가 교육 대상인 학습자를 바라보는 데도 영향을 미쳤습니다. 행동주의자들은 인간이 **자기외적인 요소**에 의해 **통제**되기 때문에 자유롭지 않을 뿐더러 자유인으로서 어떤 목적에 관여할 수 없다고 보았습니다(Rogers, 1983: 366). 그러면서 우리 인간을 기계와 같은 존재로 바라보게 합니다.

> 이 모든 증거를 보면 인간은 복잡한 기계이고 자연과학의 통제에 점진적으로 좌우되는 기계라고 나는 생각한다. …… 인간은 하나의 기계이고 자유롭지 않으며, 어떤 의미 있는 판단력으로 스스로 책임질 능력이 없다. 인간은 자기 외부의 계획적 혹은 무계획적인 힘에 의하여 통제될 뿐이다(Rogers, 1983: 371).

우리 모두를 통제 가능한 대상으로 보는 것이지요. 인간을 기계처럼 본다는 것이 어떻다는 것인지를 좀 더 보충해 봅시다. 로이드(Lloyd, 1976: 91-92)의 설명에 따르면 기계로서의 인간관은 미리 정해진 목적에 따라 맞물려 돌아가는 톱니바퀴처럼, 인간을 움직이는 일련의 지레, 톱니바퀴의 이, 축 등으로 구성된 기계와 같은 존재로 이해합니다. 우리가 인간에 관한 기계론적인 견해를 갖고 있다면, 우리 신체 내부 어딘가에 마음이 존재하고 있다는 생각은 부정됩니다. 인간은 물리적 법칙에 종속되며, 그 결과 인간 본성에 대한 연구는 물리학의 한 분야가 됩니다. 이러한 인간 이해는 살아 있는 유기체와 어떤 생명 없는 사물들 사이의 차이를 이해하기 어렵게 만듭니다. 이는 우리가 인간이 지닌 감정과 정서의 다양성을 이해하도록 돕지 못합니다. 기계로 인간을 이해하는 입장은 또한 우리 인간을 권리를 가진 존재로 존중받지 못하게 하고, 우리를 수리할 수 있는 존재나 수리가 불가능하다면 처분되는 존재로 취급받게 합니다. 인간을 이러한 기계와 같은 존재로 파악하는 견해는 학생들을 대체로 무지하고 지식을 넘겨받아야 하는 생각 없는 존재로 여기는 입장과도 관련됩니다. 학생들은 그 자신의 특성이 거의 없는 존재로 이해되며, 교사는 그 학생들이 무엇으로 존재하는지가 아니라 오히려 그가 무엇으로 만들어질 것인지를 강조하는 데 관심을 두게 됩니다.

우리가 인간을 이러한 방식으로 보게 되면, 교육은 국가사회가 요구하는 인간형을 공장에서 물건을 찍어 내듯 만들어 내는 일종의 **만드는 행위**(make)나 **공장형 모형**으로 이해됩니다. 심한 비유로 여겨지겠지만, 이 점에서 오늘날의 대학과 학교는 어떤 측정 가능한 생산과 소비의 공장 시설로 이야기됩니다. 교사는 생산라인의 관리자이고, 학생은 원료로서 공장에 들어오고, 어떤 과정을 거쳐서 인간 제품으로 '조립'되는 것이지요(Fenstermacher &

Soltis, 2009: 174). 스키너 역시 조작적 조건화를 통해 행동을 형성시키는 것은 마치 조각가가 진흙 덩어리로 무엇인가를 만드는 것과 다름없다고 말한 바 있습니다(Cohen, 1982: 23). 인간을 "마치 장인의 손에 의해서 변화되는 '재료'와 같은"(이돈희, 1992: 357) 존재로 보게 해 온 것이지요. 이는 우리가 교육을 일종의 만드는 행위로 이해하게 해 왔습니다.

> 만든다 함은 무엇인가. 목수가 책상을 만들고 공장 근로자가 자동차를 짜 맞추는 상품 제작 과정을 교육의 모델로 삼음을 말한다. 제품은 잘 팔리기 위해 끊임없이 손질되어야 한다. 제품 자체에 가치가 있는 게 아니다. 그것은 돈을 벌기 위한 수단에 지나지 않는다. 이렇게 교육은 밖으로부터의 형성(조작; formation from without)이란다. ……
> 교육은 국가 발전이나 체제 유지나 경제 성장에 필요한 인적 자원을 생산·공급하는 일이란다. 국가 체제, 경제가 요구하는 대로 사람을 만들어 바치면 그만이다. 교육을 이렇게 보는 것을 목공적(혹은 상품 제작적) 모델이라 한다. 이 모델은 또 동물 훈련적 모델이라고 불린다. 서커스단에서 새끼 곰을 데려다가 먹이와 매로 다스려 억지로 춤추게 길들이는 과정을 교육의 모델로 보기 때문이다(김정환, 1995: 18).

3) 교육의 도구화

교육의 과정을 설정된 목표에 맞추어 인간(학생)의 행동과 사고와 감정을 주형하는 것(또는 만드는 것)이라고 보는 행동주의 교육관은 **설정된 목표 달성을 위한 도구나 수단으로 교육을 사고하게** 하는 데도 영향을 미쳐 왔습니다. 도구(주의)적 접근은 다음의 설명에서처럼 교육이나 가르치는 일을 외재적인 목적과의 관련 속에서 이해하는 것입니다.

> 그것은 어떤 특수한 외재적인 목적과의 관련 속에서 교수(teaching)를 이해하는 방법이다. 여기서 교육자는 교수 상황을 통제하고, 교육 내용을 결정하며, 이를 위한 효과적 방법을 고안한다. 목적과 방법에 관한 문제에 있어서 중심 위치를 차지하는 사람은 학생이 아니고 교사이다(Cohen, 1982: 20).

여기서 아동은 하나의 대상으로 간주되고, 상황을 통제하는 성인들이 미리 선택하여 구체화시킨 방법에 따라서 아동의 행동이 변화된다고 이해됩니다(Cohen, 1982: 13). 교육의 도구화는 "교육을 경제, 정치, 때로는 종교의 도구로 보고 각 부문의 가치 실현을 위한 도구로 활용"(김신일, 2003: 392)하는 것으로도 이해할 수 있습니다. 어느 사회든지 교육은 도구적 관점에서 국가권력이나 지배집단의 요구와 이익에 복무하는 순종적인 개인을 형성하려 해 온 측면이 있습니다. 국가권력이나 지배집단이 요구하는 지식이나 기술을 습득한 유형화된 인간상에 초점을 맞춘 것이지요. 예컨대 고대시대에 사람들은 생존을 위해 공동으로 방위할 필요가 있었고, 그에 따라 자녀를 부모의 자연양육에 맡기는 대신 국가권력 밑에 두었습니다. 그러면서 그 권력으로 강제교육을 시키려 했지요. 우리가 알고 있는 성년식은 이러한 의도에서 계획적으로 아동을 교육한 최초의 사례였습니다(梅根梧, 1967: 44). 성년식 이래 국가권력은 유용성(효율성)을 좋은 교육의 근거로 삼으면서 계속해서 전사(戰士) 양성을 위한 군인교육을, 19세기에는 국민을 교육시켜 국가에 충성하고 봉사하게 하며 국가의 부를 증진시키고 군사적 힘을 배양하여 강한 국가를 형성하고자 하는 국가주의 교육을 전개해 왔습니다. 또한 오늘날에는 국가사회와 산업계가 요구하는 노동능력과 노동 자세를 갖춘 노동인력 양성이 이러한 유용성의 측면에서 강조되고 있습니다.

4) 교사의 역할

그러면 이러한 교육관에서 교사의 역할은 어떻게 이해될까요? 교사는 공장 경영자, 생산라인 감독자, 혹은 노예선 노잡이 대장과 같은 역할을 하며, 과업과 의무이행, 성취결과, 산출실패의 책임 등을 중요하게 떠맡게 됩니다(Fenstermacher & Soltis, 2009: 175). 국가적으로나 사회적으로 유용한 사람으로 만들기 위해, 예컨대 생산적 노동자를 만드는 데 요구되는 지식이나 기능(예컨대 3R, 성취 기준, STEM 등)을 최대한 많이 습득시키는 것을 자신의 핵심 과업이자 의무로 여기도록 강제받는 것이지요. 학생들이 습득해야 하는 지식은 자주 국가가 위임한 교육과정 지침과 국가수준 학업성취도평가 같은 성취 기준 충족 여부를 묻는 시험이나 학년 진급이나 졸업을 위한 시험에 의해 결정됩니다. 아니면 교육이 도구적 가치에 목표를 두기 때문에 교사 자신들이 아닌 교육을 도구로 이용하려는 집단의 판단에 따라 교육내용이 결정될 수 있습니다. 무엇을 가르칠 것인지에 대한 교사의 전문성이 제약되는 것이지요. 결국 교사는 전혀 지식이 없다고 가정되는 학생들에게 그러한 도구적 성격의 지식을 전달하는 사람으로 자신의 역할을 제약받을 수 있습니다.

3. 대표적인 사상가

여기서는 행동주의 심리학의 대표자인 스키너와 최근 행동주의의 정적 강화를 강하게 옹호하는 책을 펴낸 플로라(Flora), 그리고 행동주의 교육관과 유사하게 교육을 일종의 행동 변화로 보는 정범모의 교육 정의를 살펴보겠습니다.

1) 스키너

스키너(B. F. Skinner, 1904~1990)는 "통제를 통한 자유"[2]에서 어떤 강화의 방식으로 학생들을 효과적으로 통제할 수 있는지를 소개합니다.

첫째, 스키너는 자유와 통제를 대립 관계로 보지 않고, **통제를 통한 자유**로 이해합니다. 통제를 당하면서도 통제당하고 있다는 느낌을 받지 않는 상태를 일종의 자유로 볼 수도 있다는 것입니다.

---

2 유현옥 편역(1996)에 실린 스키너의 글 "통제를 통한 자유"에 기초했다. 이하 제시되는 페이지 번호는 그 책의 페이지 번호이다.

스키너

자유를 비혐오적 통제와 관련된 개인의 상황으로 정의해 온 전통도 있음을 짐작해 볼 수 있는데, 이 입장에서는 그 강조점이 개인이 원하는 바를 행하는 것에 관련된 마음의 상태에 있다고 할 수 있다(p. 152).

그는 이러한 비혐오적 통제 방법은 혐오적 통제 방법처럼 눈에 잘 띄지 않아 비판의 대상이 되는 속도가 매우 느리고, 그러한 방법의 사용을 촉진시키는 충분한 이점이 있다고 말합니다(p. 152). 이러한 점에서 보면 우리 인간은 자유 의지가 아니라 통제를 위한 (비혐오적인) 강화물(자극)에 의해 움직이는 존재라 할 수도 있겠습니다.

둘째, 그러나 그는 자유를 다룬 기존의 문헌들이 이를 이해하지 못하고 통제를 자유와 반대되는 것으로, 혐오적인 것이자 나쁜 것으로 생각하게 해 왔다고 지적합니다. 모든 종류의 통제가 잘못된 것이라고 낙인찍게 하면서 말입니다. 이에 인간의 행동을 조정하는 사람은 사악한 인간이자 착취에 열심인 사람이 됩니다(p. 153). 그는 혐오적인 방식으로 인간을 통제해 온 데 원인이 있다고 말합니다. 예컨대, 노예 감독은 노예가 일하기를 멈출 때, 그를 채찍질하여 일하게 합니다. 노예는 다시 일을 함으로써 채찍질로부터 벗어날 수 있겠지요. 그리고 이는 동시에 노예 감독의 채찍을 휘두르는 행위를 강화합니다. 즉, 채찍질 같은 **혐오적인 통제**를 피하고 싶으면 일을 하라는 것이고, 노예 감독의 입장에서는 그것이 효과적이면 계속 그 방법을 사용할 수 있다는 것입니다. 또 다른 예로 교사는 학생이 주의를 집중하지 않으면, 체벌을 가하거나 낙제를 시키겠다고 위협할 수 있습니다. 학생들은 주의 집중을 통해 처벌의 위협에서 벗어나고, 효과를 본 교사는 그러한 위협을 계속 사용합니다(pp. 147-148). 채찍질이나 처벌은 거기에서 '벗어나고' 싶은 마음을 들게 한다는 면에서 혐오적인 성격이 있다고 할 수 있습니다(p. 147). 혐오적인 성격의 자극을 주어 거기에서 벗어나고 싶어서라도 통제자가 원하는 행동을 하게 하는 것이지요. 이를 우리는 부적 강화라고 부르기도 합니다. 그러나 스키너는 이러한 혐오적 성격의 통제는 결국 통제하는 사람을 공격하게 하거나 그들로부터 도피하게 만들 수 있다고 말합니다. 통제당하는 노예나 학생들이 차츰 통제를 약화시키고 파괴시키는 데 관심을 갖게 된다는 것이지요(pp. 148-150).

> 자유에 관한 문헌은 온갖 유형의 통제자로부터 도피하거나 그들에 대한 반격을 가하게 조장해 왔는데, 그 방법은 어떤 형태의 것이든 통제란 혐오적인 것으로 보게 만드는 방법을 통해서였다(p. 155).

이는 그들이 혐오적인 방식으로 통제당하고 있다는 느낌을 강하게 받게 하면서 차츰 통제하는 사람을 공격하게 하거나 그로부터 도망치게 만든다는 점에서 효과적인 통제의 방법이 아닐 수 있습니다. 혐오적인 성격의 통제에 잘 따르던 학생들이 어느 날 갑자기 교사를 공격하려 들거나 교사로부터 도망칠 수도 있다는 것이지요.

셋째, 이에 그는 통제에 혐오적인 것만이 있는지를 물으면서,

혐오적인 결과를 야기하는 일이 없는 **비혐오적인 성격의 통제**를 우리가 이해할 필요가 있다고 말합니다. 예컨대 노동의 생산성을 올리기 위해 벌 대신 임금을 이용하거나 노동시간을 줄이고 노동조건을 향상시키는 방법을 쓸 수 있다는 것입니다. 임금을 지불함으로써 주어진 방식대로 행동하면서 앞으로도 동일한 방식으로 계속 일하게 할 수 있다는 것이지요. 노동을 덜 혐오적인 것으로 만들면서요. 마찬가지로 가르치는 일이 지금껏 거의 혐오적인 통제에 의존해 왔다면, 즉 학생들이 벌을 피하기 위해 공부하게 해 왔다면, 이제는 칭찬하거나 보상하는 것 같은 비혐오적인 방법에 의존할 수 있다는 것입니다. 이러한 종류의 유인 체제를 우리는 정적 강화라 부를 수 있습니다.

넷째, 따라서 문제는 인간을 통제로부터 자유롭게 하는 데 있는 것이 아니라 특정한 유형의 통제, 즉 혐오적 성격의 통제로부터 자유롭게 하는 것이 됩니다(p. 155). "인간을 통제로부터 자유롭게 만드는 것이 아니라, 인간이 겪게 되는 통제의 유형을 분석하여 그것을 비혐오적인 것으로 변화시키는 일"(p. 157)이 나아가야 할 과제인 것이지요. 스키너는 이러한 비혐오적인 방식의 통제 아래서 학생들이 통제당하고 있다는 느낌을 들게 하지 않으면서 그들을 효과적으로 통제할 수 있다는 점을 말하고 있습니다. 이는 우리가 학교에서 학생들을 강제로라도 공부하게 만드는 데 정적 강화가 부적 강화보다 훨씬 더 효과적일 수 있다는 점을 시사합니다.

스키너 박사 덕분에 사람들이 처벌보다 보상에 더 많이 반응한다는 사실도 알게 되었습니다. …… 아이들에게 긍정적 강화를 주는 방법을 알게 된 것도 마찬가지입니다. 그가 긍정적 강화의 힘을 강조했기 때문에 행동의 형성에 있어 처벌보다 보상이 더 많은 작용을 한다는 것을 알게 된 것입니다(Slater, 2004: 33에서 재인용).

우리는 칭찬 스티커 붙이기 같은 것을 하면서 교사로부터 통제받고 있다는 느낌을 받았을까요? 만약 그렇지 않다면, 그것이 스키너가 말하는 통제 속에서 자유로움을 느끼는 상태일 수 있을 것입니다. 아무튼 스키너의 이러한 접근은 보상과 같은 정적 강화의 힘을 이용해 인간행동을 과학적으로 통제할 수 있다는 '행동 공학'적 사고를 보여 준다고 할 수 있겠습니다.

2) 플로라

플로라(S. R. Flora, 1963~)는 현재 미국 영스타운 주립대학교 심리학과 교수로, 2004년에 『강화의 힘(The Power of Reinforcement)』[3]을 펴냈습니다. 이 책은 강화에 대한 신화와 오해를 반박하면서 스키너가 비혐오적 통제의 방법으로 강하게 옹호하는 정적 강화의 힘을 역설합니다. 대표 사상가의 범주에 넣기에는 이른 감이 있지만, 스키너와의 연속적 관점에서 그의 논지를 간략히 소개하겠습니다. 그는 이 책 10장의 '정적 강화와 학교에서의 교육'이라는 부분에서 행동주의에서 교육을 바라보는 기본 입장뿐 아니라,

---

3 이 책은 국내에 『학습과 보상』(임웅, 이경민 공역, 학지사, 2015)이라는 제목으로 번역되었다. 이하 페이지 번호는 이 번역본의 페이지 번호이다.

교육의 성과를 높이고자 하는 최근의 정책을 이해하는 데도 도움이 되는 내용을 논하고 있습니다.

첫째, 플로라는 개별 수업의 측면에서 "체계적인 정적 강화가 학업성취에 즉각적으로 효과가 있을 뿐 아니라 누적 효과 또한 갖는다."고 말합니다(p. 235). "칭찬을 통해 체계적으로 강화를 주는 것이 모든 교육 수준에서 교육적 성취를 향상시킬 수 있다."면서 말입니다(p. 237). 또한 그는 구조화된 강화 프로그램이 학습의 즐거움을 증가시키고, 반응에 대한 반복적인 강화를 통해 현재 통용되는 지식을 배우게 하는 것이 훗날 창의적인 성과를 이루는 기초를 형성하고, 의미 있는 자아존중감도 강화를 받는 행동으로부터 만들어진다고 말합니다(pp. 239-240).

> 누차 강조하지만, 교수의 전달 매체가 무엇이든(컴퓨터, 교사, 부모, 동료), 강화물의 형태가 무엇이든(칭찬, 토큰, 점수, 사탕), 처치를 받는 사람이 누구이든(대학생, 유아, 지체아, 영재, 마약재활 환자) 간에, **학업 목표나 인생 목표에 이르기까지 근사치에 체계적으로 강화를 주는 것이 가장 효과적인 교육방법인 것이다**(p. 245).

둘째, 그는 학급경영의 측면에서도 "학업 관련 행동에 제공되는 높은 빈도의 체계적인 정적 강화가 학급의 규율을 세우는 데 있어서도 매우 효과적인 방법"이라고 말합니다(p. 245). 학업성취에 대한 정적 강화가 좋지 않은 행동의 발생을 억제시킨다면서 말입니다(p. 247). 학업성취에 대한 정적 강화가 학업성취의 증가에만 긍정적인 효과를 갖는 것이 아니라 문제행동 역시 대폭 감소시킬 수 있다는 것이지요.

셋째, 플로라는 "가르치는 행동을 조성하고 유지하는 가장 효과적인 방법은 체계적인 정적 강화이다."라는 말로 학교에서의 성과급 체제를 정당화합니다(p. 247). 교육의 질을 높이는 가장 손쉬운 방법을 좋은 가르침에 대해 보수를 높여 주는 것으로 들면서 말입니다(p. 247). 물론 여기에서 말하는 교육의 질이나 좋은 가르침은 학생 성취를 뜻합니다.

> 성과를 내기 위해 기업에서 사용되는 성과급이라든가 기타 여러
> 정적 강화물은 가르치는 일에서도 성과 향상에 대한 동기 부여에 사
> 용될 수 있으며, 이로 인해 학생의 성취가 향상될 수 있을 것이다
> (p. 249).

일반 기업에서 활용하는 성과급 제도가 공적 기관인 학교에도 똑같이 적용될 수 있다고 보는 것이지요. 학생의 학업을 향상시키고자 하는 교사의 동기가 떨어지는 이유를 학생의 성취에 따라 교사가 강화를 받는 정적 체계가 없기 때문이라고 보면서 말입니다(p. 249). "연봉의 인상이나 성과급, 그리고 정적 강화가 학생의 성취라는 결과에 근거하여 제공되어야 한다."는 것입니다(p. 250). 이에 학생의 실패는 곧 '교사'의 실패로 여겨집니다(p. 251). 성과급 제도가 우리 학교교육에도 일부 도입되었다는 점을 감안하면, 이러한 이야기가 아주 낯설게 들리지는 않을 것입니다.

더욱이 학생의 성취는 결국 교수 효과성을 측정하는 것이고, 이는 학생의 향상 정도에 따라 강화를 받게 되기 때문에(금전적이든 혹은 다른 방식으로든) 교수 효과성은 교사에게 조건화된 강화물로서 기능하게 될 것이다(p. 250).

이렇게 되면 교사에 대한 진정한 평가의 준거는 학생의 성취가 될 것이고, 학생의 성취를 측정하는 표준화 시험은 교사 자신의 효과성을 판정하는 수단으로 중요하게 취급될 것입니다(p. 253). 표준화 시험 실시, 표준화 시험 결과에 따른 교수 효과성 측정, 그에 기초한 정적 강화로서의 성과급 제공이라는 하나의 공식이 만들어지는 것이지요. 이런 상황에서 교사의 관심사는 표준화 시험에서의 성취 결과에 집중될 수밖에 없을 것입니다. "시험에 대해 가르치는 것과 표준화된 시험을 보는 것이 학습이 일어날 수 있는 매우 좋은 기회이며, 교사와 학생 모두에게 정적 강화를 제공할 수 있는 기회"가 되는 것이지요(p. 257). 학업성취도가 높은 교육제도를 경제 번영과 경쟁적 우위의 결정적인 요소로 보는 입장에서는 이러한 생각이 크게 문제가 되지는 않을 듯합니다. 성과급 같은 정적 강화가 학업성취도가 높은 교육제도를 불러오는 가장 강력한 무기로 작용할 테니까요.

그러나 스키너나 플로라와 입장을 달리하는 사람들도 존재합니다. 그들은 정적 강화의 사용이 외부 자극이나 원인에 의해서만 인간을 움직이게 함으로써 인간의 내재적 동기를 방해하고, 인간을 통제의 대상으로 바라본다는 점에서 문제가 있다고 반론을 제기합니다. 이에 대한 여러분의 생각은 어떠한지요? 행동주의 교육관에 대한 비평을 다루는 부분에서 이 문제를 다루어 보겠습니다.

3) 정범모

정범모(1925~)는 자신의 대표작인 『교육과 교육학』[4]에서 교육을 "**인간행동의 계획적인 변화**"라고 정의합니다. 그는 그 책 서문에서 교육이 "인간행동형, 예컨대 사고력·창의력 또는 가치관·정신자세 또는 지식·기술 등을 의도대로 계획에 따라 척척조성하고 중대하고 교정하고 한다는 것을

정범모

의미"(p. 5)한다고 분명히 밝히고 있습니다. 이러한 정의는 여전히 많은 교육 관련 책에서 교육에 대한 대표 정의로 사용됩니다. 이것이 구체적으로 무엇을 의미하는지를 핵심어인 '인간행동' '계획적' '변화'로 나누어 살펴보겠습니다.

첫째, 그는 교육이 다루는 인간 개념을 보다 명석히 하기 위하여 행동 내지 인간행동이라는 개념을 동원합니다(p. 18). 이와 관련해 그는 행동과 행동주의라는 개념의 혼동을 지적합니다. 자신이 말하는 행동이 행동주의에서만 사용되는 용어가 아니라는 것입니다. 심리학 같은 행동의 과학이 행동주의적으로만 연구되어야 한다고, 즉 표출된 행동만을 연구 대상으로 삼아야 한다고 전

---

4 1968년에 초판이 발행되었으며, 여기서는 1976년에 발행된 개정 증보판을 참고했다.

제할 필요가 없다는 것입니다. 행동주의는 인간행동을 연구하는 접근 중 하나의 학파에 불과하기 때문에 우리가 행동을 보다 넓은 심리학적 개념으로 다루어야 한다는 것입니다. 이에 그는 행동에 표출적인 행동뿐 아니라 지식, 사고, 가치관, 동기체제, 성격특성, 자아개념 등 내면적이고 불가시(不可視)한 행동이나 특성을 포함시켰습니다(p. 18).

> 이런 내면적인 것은 보다 일반적인 것도 된다는 견지에서 '행동' 대신 '행동형' 또는 '행동특성'이라는 개념을 써도 좋다. 심리학에서 흔히 사용하는 도식을 빌려, 인간의 행동상황을 S-O-R, 즉 자극-유기체-반응으로 표시한다면, 외부로 표출하는 반응으로서의 R만 아니라 유기체, 즉 인간 내의 여러 특성이나 내적 형태인 O도 '행동' 내지 '행동형'으로 포함해서 생각할 수 있다. 다만 이때, 아무리 내면 깊숙이 가정되는 것이라도 심리학은 그것을 궁극적으로는 과학적으로 의미 있게 파악할 수 있는 행동으로 정의할 수 있어야 할 것을 주장한다 (pp. 18-19).

이에 "인간행동의 계획적 변화"는 "인간의 지식, 사고력, 태도, 가치관, 성격 등"도 계획적으로 변화시킨다는 의미로 해석할 수 있겠습니다. 이 말에 기초하면 그의 교육 정의를 행동주의 교육관과 연계해 소개하는 것은 부당해 보일 수도 있겠습니다. 그러나 내면 깊숙이 가정되는, 예컨대 불가시한 행동이나 특성을 과학적으로 의미 있게 파악할 수 있는 행동으로 정의한다는 것, 즉 인간행동을 과학적으로 파악한다는 것은 결국 내면적인 것을 외

현적·표출적 행동으로 유추·설명할 수밖에 없을 것입니다. 불가시한 내면적 행동의 변화는 결국 표출적 행동의 변화로 확인될 수밖에 없을 것 같기 때문입니다. 또한 사고력, 태도, 가치관 같은 내면의 불가시한 특성을 무엇으로 파악하든 그것을 표출적 인간행동처럼 변화시킬 수 있다는 것은 인간의 행동과 사고와 감정을 조건화 원리에 따라 설정된 목표에 맞게 주형할 수 있다는 행동주의자들의 교육관과 완전히 구분된다고 말하기 어려운 부분도 있습니다. 그렇다면 그의 정의는 인간의 행동을 조작, 통제, 예측하려는 스키너 같은 행동주의자들의 행동 공학적 사고와 완전히 무관해 보이지 않습니다.

둘째, 그가 말하는 변화는 "육성, 조성, 함양, 계발, 교정, 개선, 성숙, 계발, 증대 등을 포함하는 포괄적 개념"(p. 19)을 뜻합니다.

> 교육은 없던 지식을 갖게 하고, 미숙했던 사고력을 숙달케 하며, 몰랐던 기술을 몸에 붙여 주고, 이러했던 "관(觀)"을 저런 "관"으로 바꾸어 놓으며, 저런 "정신"을 이런 "정신"으로 변화시키는 데 관심이 있다. 교육은 근본적으로 인간의 생성에 관심을 갖는 역동적인 작업인 것이다(p. 20).

교육은 "인간조성과 인간개조에 관심"을 두는 활동이며, 교육에서 변화가 "중핵적 개념"(p. 20)이라는 말입니다. "변화의 길이 개인에게 선천적으로 결정되어 있지 않기"(p. 20) 때문에 행동의 변화를 위해서는 교육이 필수적이라는 것이지요. 바로 여기에 교육의 존재 이유가 있다는 것입니다.

교육은 인간행동을 능동적으로 가변한 것으로 보는 한도에서 존립한다(p. 21).

이에 교육은 "인간행동이 자연으로 변화해 가는 것에 관심이 있는 것이 아니라, 그것을 의도적으로 변화시키는 데 관심"(p. 21)을 갖습니다. 교육의 성과를 인간에게 나타나는 성과(p. 17)로 이해하게 하는 것이라 하겠습니다.

셋째, 계획적이라는 표현은 교육이 계획적인 인간행동의 변화라는 점을 말합니다. "이런 행동을 이렇게 변화시키겠다는 의도와 계획이 있는 것에 한해서만"(p. 23) 우리가 그것을 교육이라고 규정할 수 있다는 말이지요.

계획적이라 함은, 첫째, 기르고자 하는 또는 길러야 할 인간행동에 관한 명확한 설정과 의식이 있다는 것, 둘째는 그것을 기를 수 있는 "이렇게 하면 이것은 길러진다."는 이론과 실증의 뒷받침이 있는 계획과 과정이 있다는 것을 의미한다. 전자는 명확한 교육목적이 있다는 말이며, 후자는 교육(육성)이론 그리고 그것에 터한 교육 프로그램 내지 교육과정이 있다는 말이다. 길러야 할 인간행동으로서의 교육목적에 관한 명확한 의식이 없는 정도에 따라 그리고 이론적으로 실증적으로 자신 있는 교육 계획이 없는 정도에 따라 학교라 할지라도 거기에 교육은 없다(pp. 23-24).

이는 인간행동의 변화가 실증된 이론과 원칙이 뒷받침하는 교육 프로그램(교육계획 또는 교육과정)을 통해 추동되어야만 교육일 수 있다는 점을 의미합니다.

> 교육 프로그램은 무엇보다, 첫째, 실증된 이론과 원칙이 뒷받침을
> 가지고 있을 것이 요망된다(p. 25).

교육을 이렇게 바라보는 것은 행동주의적 교육관처럼 교육을 일종의 만드는 행위로 보는 것이라 하겠습니다. 행동주의 심리학의 조건화 이론은 "행동의 변화가 가르치는(teaching) 과정의 목표이다."(Cohen, 1982: 23)라고 분명히 말하고 있습니다. 조작적 조건화 계획, 즉 실증적으로 뒷받침된 교육 프로그램으로 어떤 인간행동이든 변화시킬 수 있다고 가정하는 것입니다. 이는 다음의 인용문처럼 교육을 "마력적인 가공할 만한 힘"(p. 5)의 가능성을 가지고 있는 것으로 바라보게 합니다.

> 인간행동을 계획적으로 변화시키는 일을 교육이라고 규정하고, 그
> 일을 담당하는 사람들을 교육자라고 하고, 그 상황을 이론적으로 캐
> 어 들어가는 학문을 교육학이라고 한다면, 이 정의에 따르는 교육과
> 교육자와 교육학은 실로 무서운 힘의 소유자라고 하여도 좋을 것이
> 다. 왜냐하면 문자 그대로 계획대로 인간을 기르고 바꾸는 일과 사람
> 과 학문을 말하기 때문이다. 성인을 만들려면 성인을 만들고, 도둑을
> 만들려면 도둑을 만들 것이며, 사고력을 기른다면 사고력을 기르고,
> 둔재도 뜻대로 기를 것이기 때문이다. 공산주의자를 민주주의자로
> 바꿀 것이며, 민주주의자를 공산주의자로도 바꿀 것이기 때문이다
> (p. 26).

이것이 가능하다면, 인간의 행동을 조작, 통제, 예측하려는 **행동 공학적인 방법으로 교육(학) 탐구**를 가능하게 한다는 점에서 교육(학)의 공학화(과학화[5])에 상당한 기여를 했다고 평가할 수 있을 것입니다. 그러나 다른 한편으로 그러한 정의는 다른 무언가를 위한 도구나 수단으로 교육을 바라보게 하는 데 큰 영향력을 행사할 수 있을 것입니다. 교육이 경제 발전의 직접적인 전선활동, 예컨대 농업활동이나 경제활동에 필요한 인간을 만듦으로써 경제 발전에 기여하는 관계에 있다(p. 17)고 그 자신이 말하고 있는 것처럼 말입니다.

그러면 우리 교육은 이상의 교육을 바라보는 관점과 무관할까요? 발전국가에서 신자유주의 국가로의 전환을 겪으며 그것이 우리 교육을 어떻게 조건화해 왔는지를 간략히 살펴보면서, 이상의 논의가 우리의 교육 상황을 이해하는 데 어떤 도움을 줄 수 있는지를 생각해 봅시다.

4. 도구주의 교육과 한국 교육[6]

1) 발전국가와 한국 교육

1990년대 중·후반 이전까지의 한국 교육은 발전국가(또는 개

---

5 이는 '기술, 설명, 예측, 통제'를 목적으로 하는 자연과학의 방법처럼 교육(학)을 탐구할 수 있다는 점을 의미한다.
6 제4절의 내용은 정훈(2016)을 참고해 재정리한 것이다.

발국가, developmental state)에 의해 조건화되어 왔습니다. 발전국가는 대체로 다음과 같이 이해됩니다.

> 1961년의 5·16 군사 쿠데타 이후 선성장 후분배를 내세운 이른바 '개발독재'를 통해 고도경제성장을 주도한 국가는 흔히 '개발국가(또는 발전국가)'라고 불린다(지주형, 2013: 203).

> 개발국가는 국가 주도에 의한 '개발'을 추구했다. …… 시장과 민간의 자율에 맡기는 것이 아니라 국가의 목표를 정하고 이를 달성하기 위해 사회적·경제적 자원을 동원하는 방식이었다. 이 과정에서 국가는 이른바 '관치'를 시행하였다(Ibid.: 204).

인용문의 내용처럼 광복 후 발전국가 체제는 대체로 국가 주도의 경제개발이 추진되기 시작한 1960년대부터 본격화되었습니다. 그 시기는 "전무후무한 양적 성장의 시기였으며, 동시에 전무후무한 국가 주도의 시대"(김정주, 2005: 27)이기도 했습니다. 교육역시 국가 주도의 개발 추구를 위해 동원되었습니다. 발전국가체제가 교육의 도구화라는 유산을 우리에게 남긴 것이지요. 우리는 이를 다음과 같이 정리해 볼 수 있을 듯합니다. 발전국가에서의 교육은 우리에게 치열한 교육경쟁, 산업 노동자와 국민 만들기 같은 외재적 교육 목적, 군사조직처럼 일사불란하게 움직이게하는 학교, 발전을 위한 도구로서의 교육이라는 유산을 남겼다고말입니다. 여기서는 이를 경제적 측면과 정치적 측면에 한정해우리 교육이 어떤 점에서 도구적 성격을 지녀 왔는지를 살펴보겠습니다.

먼저, **경제적 도구화 측면에서 교육은 산업과 밀접히 결부**되었습니다. 교육의 목적을 산업 노동자 양성 같은 경제적 목적에 두도록 해 온 것이지요. 그것은 초등교육과 중등교육, 고등교육의 확대로 이어지면서 1960년대의 노동 집약적 경공업에 필요한 인력, 1970년대의 자본 집약적 중화학공업에 필요한 인력, 1980년대의 기술 집약적 산업과 이후의 지식·정보 집약적 산업에 필요한 인력을 적시에 공급할 수 있게 했다는 점에서 긍정적으로 평가되기도 합니다(김영화, 2010: 298). 그러나 교육의 목적이 대량생산체제에 적합한 노동자 양성과 '따라잡기형(catch-up)' 산업화에 집중됨으로써 한편으로 시험 위주 주입식 교육을 뿌리내리게 하는 데 영향을 미쳤습니다. 발전국가를 지향했던 다른 동아시아 국가들과 마찬가지로 압축성장 과정에서 한국의 학교들 역시 "대량의 지식을 획일적·효율적으로 전달하고, 개인 간의 경쟁을 조직하여 확실하게 습득시키는 교육을 추진"(佐藤學, 2000: 40)했고, "생산성과 효율성을 내걸고 대량생산을 실현하는 대공장시스템의 학교교육을 추구"(Ibid.)해 왔습니다. 시험 위주 주입식 교육은 대량의 지식을 효율적으로 전달하고 그것을 확실하게 습득시키기 위한 교육의 필연적 산물이었습니다. 발전국가의 기업들은 중화학공업 위주의 대량생산체제를 조기에 구축하고 수출을 일으켜 단기간에 선진국을 따라잡고자 하는 '따라잡기형 산업 정책'을 추구했습니다(권현지, 2015: 223). 이에 서구나 일본으로부터 기술과 자본을 도입하는 것이 개발과 성장의 원동력이었고, 그 자체가 발전을 의미하는 것이었습니다(이광일, 2003: 207). 또한 김진경(1996: 114)의 설명처럼 미국과 일본을 최단시간에 따라잡기 위해서는 "미국과 일본에서 생산된 지식을, 의심의 여지없이, 될 수 있는 한 빠른 속도로 암기 습득한 인재"를 양성하는 것이 필요했습니다. 주입식 교육은 이를 가능하게 하는 강력한 무기였습니다. 이 점에서 한국 주입식 교육의 병폐가 발전국가 시대의 산업화 과정에서 파생된 측면이 있다는 지적은 설득력을 가질 수 있을 듯합니다.

교육과 산업의 결합은 또한 교육을 경제적 목적을 위한 도구로 활용하고 바라보게 해 왔습니다. 박정희의 **제2경제론**이 이에 대한 하나의 상징적 사례였습니다. 김정훈과 조희연(2003: 157)의 설명에 따르면, 그것은 사회를 경제와 비경제로 구분하고, 그 비경제를 제2경제로 칭하는 것입니다. 그들은 그 논리가 "시민사회=경제라는 등식을 만들어 냄"으로써 시민사회를 "자율적 삶의 영역이 아니라 오직 경제를 위한 공간"으로 만들어 버렸다고 진단합니다. 여기서 비경제에 속하는 교육은 가치관이나 사고방식, 생활태도 측면에서 제1경제를 지원하는 도구로서 제2경제의 역할을 떠맡게 되었습니다. 이는 "학생들의 사회화 과정에 개입하여 '권위주의적 발전국가' 및 '발전역군'의 이미지를 그들의 심상에 내면화시키려는 조직적 노력의 일단"(안병영, 하연섭, 2015: 46)이었다고 볼 수 있습니다. 그리고 그러한 사회화 과정은 "교육의 과정을 인간의 행동·사고·감정을 조작적 조건화에 의해 설정된 목표에 맞추어 주형한다."는 행동주의 교육관과 맞물리면서, 우리 사회에 도구적 교육관을 뿌리내리게 하는 데 큰 영향력을 행사했습니다. 교육을 경제발전을 위한 의식개혁의 도구로, 그리고 아이들을 얼마든지 사회경제적 목적에 따라 주형할 수 있는 대상으로 이해하게 하는 풍토를 조성했던 것이지요.

다음으로 발전국가 체제는 **정치적 도구화** 측면에서 교육이 자율성을 갖춘 민주시민 양성보다는 **국민 만들기**에 집중하도록 해 왔습니다. 박정희 정권 시기 교육의 첫 번째 목표는 '국적 있는 교육' '충효 교육'을 통해 전사 혹은 반공주의로 무장한 충성스러운 국민을 양성하는 일이었습니다(김동춘, 2015: 233). 1968년에 제정된 「국민교육헌장」은 박정희 정권 약 20년간의 교육이념 및 정책의 방향을 특징지은 것으로, 우리 국민 만들기의 대표적 상징물로 거론할 수 있습니다. 박정희 정권의 교육은 "주로 민족주체성교육 및 안보교육 강화 중심으로 실시되면서 국사교육·윤리교육·반공교육·군사교육을 강화"(강만길, 1994: 361)하는 데 초점을 맞추었습니다. 또한 "'유신체제' 아래서는 '유신'교육·새마을교육·충효교육 등이 강조되면서 국가의 지배이데올로기를 일방적으로 주입"(Ibid.: 362)했습니다. 이를 통치 차원에서 강조한 일종의 국민 만들기라고 할 수 있겠죠. 교육을 통한 국민 만들기는 전두환 정권으로도 계속 이어졌습니다. 그는 권력의 정당성 취약에서 오는 부담과 1970년대 말~1980년대 초엽에 걸친 경제공황을 극복하기 위해 이를 활용했습니다. 전두환 정권은 '민족·국가 공동체의 존속과 번영을 위해 국민생활에 요청되는 기본적 가치관의 형성과 이에 따른 실천적 태도의 함양을 위한 국민정신교육'을 강조했습니다(Ibid.: 362-363).

결국 산업 노동자, 발전 역군, 국민 만들기라는 외재적 목적의 강조는 교육이 비판적 사고력 함양이나 도덕성 함양 같은 그 자체의 목적 추구보다 앞서 언급한 외재적 목적 달성을 위한 도구로 더 많이 복무하게 해 왔습니다. 그렇다면 발전국가의 이러한 교육 유산은 이후 청산의 길을 걸었을까요? 신자유주의 국가로의 전환과 그 속에서 보이는 교육의 성격을 논하는 것으로 이 문제를 계속 다루어 보고자 합니다.

2) 신자유주의와 한국 교육

한국 신자유주의의 밑그림은 1970년대 말부터 미국 유학파 관료들의 주도로 그려지기 시작했습니다. 이후 그것은 시장화와 민영화라는 새로운 이데올로기에 영향을 받은 젊은 관료들을 대거 기용했던 전두환 정권, '세계화'와 개방을 표방했던 김영삼 정부를 거치면서 부분적으로 시행되었습니다(지주형, 2011). 그러다가 신자유주의는 1997년의 IMF 위기를 계기로 본격화되었다고 설명됩니다.

> IMF 위기는 개발국가의 유산과 신자유주의적 지구화 사이에서 방황하던 한국이 신자유주의적 정치경제로 전환하는 결정적 계기가 되었습니다(지주형, 2011: 225).

신자유주의 시대의 3대 슬로건인 '규제 철폐, 감세, 민영화'가 1997년의 IMF 위기를 계기로 본격적으로 한국 사회에 깊이 뿌리내리기 시작했습니다(이병천, 2014: 295). 교육 영역에서도 1980년대 중반 이후부터 세계정세의 급격한 변화에 대응해 교육개혁을 해야 한다는 움직임과 경제 부문에서의 국제경쟁력 약화에 대한 대비책을 교육에서 찾아야 한다는 요구가 커졌습니다. 그러면서 1980년대 중반 이후부터 **교육의 다양성**과 **수월성 추구**가 교육정책의 기본 방향이 되었습니다. 특히 교육의 수월성 추구는 발전국가 시기의 노동 집약적 산업에서 첨단기술산업으로의 변화과정에 대응하기 위해 우수인력을 확보해야 한다는 경제적 요구가 반영된 것이었습니다(강만길, 1994: 364-365). 결과적으로 이러한 요구는 1995년 **5 · 31 교육개혁안**으로 집약되어 제시되었습니다. 5 · 31 교육개혁안의 핵심은 다음과 같이 정리할 수 있습니다(김진경, 1996: 134; 안병영, 하연섭, 2015).

첫째, 소품종대량생산 체제에서 다품종소량생산 체제로 산업체계가 변화하는 데 따라 획일적인 학교교육을 다양화하고 창의성과 자발성을 존중한다(교육의 다양화).

둘째, 학교교육을 학생, 학부모, 기업 등 소비자의 요구를 중심으로 편성한다(학습자 중심 교육, 교육선택권 확대).

셋째, 학교교육에 정보의 수요와 공급이라는 시장 개념을 도입한다(자율과 책무성에 바탕을 둔 학교운영).

이와 같이 산업체계의 변화에 따라 교육의 변화를 이야기하는 논리는 산업적 관점에서 교육을 바라보는 시각이 여전히 계속된다는 점을 말해 줍니다. 1995년 5 · 31 교육개혁안을 계기로 우리 교육의 초점은 학생 · 학부모 등 **수요자 중심 교육**과 '**시장원리**'가 적용된 **교육**으로 재편되기 시작했습니다. 5 · 31 교육개혁안 전편을 관통하는 기본 정신은 "자율을 바탕으로 양질의 교육서비스 창출을 위하여 각급 학교를 경쟁하도록 유도한다."는 신자유주의적 처방이었습니다(안병영, 하연섭, 2015: 302). 5 · 31 교육개혁은 이후 김대중 정부, 노무현 정부에서도 그대로 계승되었으며, 이명박 정부에 와서는 신자유주의적 내용이 한층 더 강화된 방향으로 전개되었다고 평가됩니다(안병영, 하연섭, 2015: 393). 애플(Apple, 1996: 132)은 미국에서 신자유주의가 신보수주의와 결합되어 다음과 같은 교육정책을 출현시켰다고 말합니다.

> 첫째, 학교를 이상적인 자유시장경제 체제로 만들기 위한 바우처 제도나 세금 공제 제도, 둘째, "학력 수준을 높이고", 국가 학력평가를 통해 교사와 학생들에게 "능력"을 의무화하고 기본 교육목표와 지식을 강요하려는 국가와 주 단위 운동, 셋째, 학교 교육과정이 반가족적이고, 반자유기업적 "편견"이나, 세속적인 인본주의, 애국심의 결핍, "서구 전통"의 가치 및 지식과 "실용지식"을 무시한다며 점점 거세게 학교를 공격하는 것, 넷째, 기업과 산업에 필요한 교육 목표를 학교의 일차적 목표로 만들려는 압력의 증가이다(Apple, 1996: 68).

사실 이러한 정책은 미국뿐만 아니라 신자유주의 교육을 취하는 대다수 나라들의 공통 특징이며(Whitty, Power, & Halpin, 1998 참조), 바우처 제도를 학교 선택제로 바꾼다면 한국도 예외가 아닐 듯합니다. 이에 이를 준거로 현재의 한국 교육을 조건화하는 환경이 무엇이고 어떤 특성이 나타나고 있는지를 좀 더 보충해 보겠습니다.

애플이 지적하는 두 번째 측면은 학력 수준의 저하, 즉 낮은 성취도가 경제 위기를 불러왔다며, 경제 회복을 위해 교육정책이 **학력 향상**(성취도 향상)에 초점을 맞추어야 한다는 입장과 관련됩니다. 그에 따르면 "미국의 정치 우파들은 경제위기를 교육의 위기 탓으로 돌리면서, 학교 체제와 교사들을 공격하는 일에 크게 성공"했습니다. "그 주요 성과는 실업, 낮은 고용률, 경제 경쟁력 상실, 가족 · 교육 · 무보수 노동 및 임금 노동 현장에서 일어나는 '전통적인' 가치와 기준의 붕괴의 책임을 경제 · 문화 · 사회정책 · 지배 집단의 책임에서 학교와 기타 공공기관의 책임으로 전가한 것"이었습니다(Apple, 1996: 68-69). 이처럼 경제위기나 사회위기의 원인을 학교교육 탓으로 전가하며, 국가수준 학업성취도평가 같은 학력 향상 정책이나 기업친화형 교육, 학생 의식개혁 같은 것들로 교육을 조건화하려는 시도는 한국 사회에서도 그리 낯선 장면은 아닐 듯합니다. 특히 미국의 정치 우파들과 같은 주장은 공교육의 모델을 계속해서 전통적인 학업성취에 집중하도록 만드는 데 영향을 미칩니다. 수행 성과의 표준화된 지표(즉, 엄격한 성취 기준)들을 개발하고, 정부가 이를 '교육 결과물'로 감시하고 학부모들에게 '소비자 정보'를 제공하는 방법으로 그 결과물을 활용하는 것은 **교육 시장화 정책의 핵심**입니다(이하 관련 설명은 정훈, 2011: 162 참조). 영국, 뉴질랜드, 미국의 일부 주들과 오스트레일리아에서는 시장 책임성을 강화하기 위해 학교로 하여금 학생 성취도를 공표하도록 요구하고, 이를 종종 각 지역 수준이나 국가 수준에서 학교성적 순위표로 편찬해 왔습니다(Whitty et al., 1998: 142). 국가 교육과정과 국가수준 학업성취도평가가 자리 잡게 되면 학교별로 비교 가능한 자료(성적 등)를 이용한 상품 간 비교가 가능해지고, 소비자는 어떤 학교가 성공적인지 아니면 형편 없는지에 대한 객관적인 자료를 갖게 됨으로써 자유시장의 형성이 가능해지기 때문이지요. 합리적인 소비자 선택에 기반한다고 가정되는 시장은 그 체제 아래에서 좋은 학교는 더 많은 학생을 얻고 나쁜 학교는 사라질 것이라는 원리를 보증하는 기제로 작동하게 됩니다(Apple, 2001: 104). 소비자의 선택을 받는 물건이 시장에서 계속 살아남고 그렇지 않은 물건이 시장에서 저절로 사라지는 것처럼 말입니다. 이에 역설적이기는 하지만, 국가 교육과정과 국가 수준의 평가 프로그램(예컨대 국가수준 학업성취도평가)은 시장화의 가장 본질적인 단계로 시행됩니다(Apple, 2001: 190). 우리나라에서 학력 신장을 목적으로 제도화되어 시행되던 일련의 국가수준 학업성취도평가와 점수 공개 움직임의 이면에는 이러한 시장화의 논리가 놓여 있다고 해석할 수 있습니다(정훈, 2010: 113). 이는 우리의 '학력(學力)' 개념을 다시 표준화 시험(일제고사)의 성취결과로, 학교교육의 풍토를 표준화 시험에 대한 성취 결과 중심으로 확고히 고정시키게 합니다. 시장의 모델은 학교교육의 성공 정도를 측정하기 위해 '표준화 검사' 결과를 광범위하게 활용합니다. 그 상황에서 책무성을 평가받는 교사들은 자율성과 전문성을 향상시키는 것이 아니라 오히려 경쟁의 강화를 경험하게 되겠지요(Apple, 2001: 135). 이 경쟁 구도 속에서 표준화된 시험에서의 높은 성취도는 교사들에게 큰 압박(또는 고부담)으로 다가오게 되고, 성취도에 기반한 교사 책무성에 대한 요청도 점차 증가하게 될 것입니다.

우리나라에서도 일부이기는 하지만 국가수준 학업성취도평가와 같은 표준화 시험의 결과를 공개하고, 그것을 단위학교경영평가, 교사 승진 및 성과와 연계하고 교사의 책무성을 물으려는 일련의 움직임이 현실화되기도 했습니다. 예컨대 교육부는 2011년 2월에 "일제고사 성적 향상도 등에 따라 학교를 S · A · B 등급으로 나누고 이에 따라 성과급을 차등지급하겠다."고 밝힌 바 있으며, 교과부의 시 · 도교육청 평가 지표에서 '일제고사 기초학력미달 비율'을 7점으로 할당함으로써 정량평가의 개별항목 중 '사교육비 절감 성과' '교육과정 선진화'와 함께 가장 높은 배점을 차지하게 해 시 · 도교육청에 배부되는 특별교부금에 큰 영향을 미치게 한 바 있습니다(경향신문, 2011. 7. 7. 14면). 또한 일부 학교에서는 기초학력 미달 제로(ZERO)화 교과목 교사에게 상품권 및 동계스키 무료 참여 인센티브를 부여한다는 시상내역을 내걸어 윤리적 논쟁을 불러오기도 했었습니다(한겨레, 2011. 7. 6. 10면). 이는 교사의 관심사뿐 아니라 교사 전문성 담론을 점점 더 학업성취 결과를 향하도록 부추길 것입니다.

그나마 다행인 것은 박근혜 정부에서 초등학교 단계에서의 국가수준 학업성취도평가를 폐지하고 2017년에 교육부가 전체 학생을 대상으로 하던 시험을 표집 시행으로 계획을 변경한다고 발표한 점입니다. 이는 해직까지 감수하며 이를 반대해 온 우리 교사들의 저항의 결과일 수 있을 듯합니다. 그러나 2019년 9월 서울특별시교육청의 '2020 학생 기초학력 보장방안' 발표를 계기로 학업성취도 평가를 둘러싼 논쟁은 끝나지 않는 논쟁이 되고 있습니다. 그 방안은 서울 초등학교 3학년생의 경우 읽기 · 쓰기 · 셈하기 능력을, 중학교 1학년생의 경우 읽기·쓰기·셈하기 능력과 교과학습능력(국어, 영어, 수학)을 평가한다는 내용을 담고 있습니다. 서울특별시교육청은 기존의 국가수준 학업성취도평가(일제고사)와 달리 단일 척도를 사용하지 않고 학교별로 자율평가한다는 점에서 학교서열화 문제가 발생하지 않을 것이라고 주장합니다. 그러나 그것을 우려하는 사람들은 그러한 평가가 문제풀이식 시험 위주 교육을 부활시키고 학교서열화나 부진학생 낙인찍기 같은 부작용을 다시 발생시킬 것이라고 문제를 제기합니다.[7] 애플의 다음의 설명도 이러한 우려를 이해하는 데 도움이 될 듯합니다. 애플(Apple, 2001: 135)은 시장화 모델을 통해 예상과 달리 학교들 자체는 당초의 목적대로 다양해졌다기보다는 더욱 비슷해졌고, 결국 표준적이고 전통적인 강의식 교수법, 그리고 표준적이고 전통적인 교육과정에 더욱 전념하게 되는 결과들이 나타났다는 점을 지적한 바 있습니다. 그것은 국가 교육과정에 유기적으로 밀착된 국가수준 학업성취도평가 같은 학력평가 프로그램이 결국은 '교수-학습-시험이라는 전통적 모형'에 의해 지배받고 있다는 점을 명백히 드러내 줍니다(Apple, 2001: 154). 이는 우리 교육이 서구 신자유주의 교육 정책의 기조를 계속 따라가려는 한 교사들의 관심사를 계속해서 학업성취도에 초점을 맞추게 할 수 있다는 점을 말합니다. 아무리 다양한 교수방법이 소개되더라도 교사들이 시험 위주 교육의 유혹에서 쉽사리 벗어나지 못하게 하는 구조가 만들어지는 것이지요.

---

7 이에 대한 자세한 사항은 서울특별시교육청의 보도자료(http://enews.sen.go.kr/news/view.do?bbsSn=163930&step1=3&step2=1)를 참조할 수 있다.

애플이 지적하는 네 번째 측면과 관련해 한국 5·31 교육개혁안은 압축성장 시기의 포드주의 시스템에 필요한 노동력 생산에 효과적이었던 암기식·주입식 교육 체제를 신자유주의 시대의 다품종소량생산에 필요한 창의성과 다양성을 존중하는 교육체제로의 전환을 모색한 것으로 해석할 수 있습니다. 그리고 그러한 변화 필요성은 학교교육에 기업의 경쟁논리뿐 아니라 효율성 개념을 그대로 도입하게 만들었습니다(김진경, 1996: 178). 이는 국가가 필요로 하는 인간상이 기존의 암기형 인간에서 창의력과 문제해결력을 갖춘 인간으로 변한 것일 뿐, 인간을 국가성장과 경제발전의 도구와 수단으로 보는 근본 시각이 변한 것은 아닙니다. 이처럼 교육의 일차적 목적을 경제계의 요구에 종속시키는 것은 발전국가 시대에서와 마찬가지로 자율적이고 주체적인 인간이 아닌 인적자원을 기르는 교육을 최우선시하게 할 수 있습니다.

경제성장 외의 모든 것은 경제성장을 위한 수단과 도구로서 의미를 가질 뿐이다. 예컨대 2만 달러 시대에 걸맞은 교육이란 그 시대가 요구하는 이른바 '창의적'이고 '생산적'인 인재를 기르는 교육을 가리킨다. 그것은 학생들의 인권을 보장하고 학생들을 자율적이고 주체적인 개인과 성숙하고 도덕적인 시민으로 키우는 교육이 아니다. 그것은 2만 달러 시대, 3만 달러 시대, 4만 달러 시대가 필요로 하는 인적자원을 기르는 교육일 뿐이다(김덕영, 2014: 25).

이러한 교육은 그것이 직접적으로든 간접적으로든 경제적 생산성에 기여하는지 여부에 기초한 도구적 관점에서 교육의 가치를 생각하게 만들 수 있을 것입니다.

애플이 지적하는 세 번째 측면과 관련시켜 보면, 한국 교육은 여전히 발전국가 시대에서와 같은 국민 만들기의 유혹에서 벗어나지 못하고 있습니다. 엄격한 국가기준과 학업 성취 위주의 학력평가 체제로 엮어진 국가 교육과정은 더 좋은 '인적자원'의 효율적인 '생산'을 목표로 하는 것이면서도 과거의 전통적 가치에 대한 향수 어린 열망을 대변합니다(Apple, 1996: 72). 미국 신자유주의는 국가 교육과정, 국가 수준의 성취표준, 국가 수준의 평가 시스템을 통해 내용과 행동을 규제하는 신보수주의의 압력을 수반했습니다(Apple, 2000: 244). 특히 국가 교육과정은 지식 선별, 조직, 평가의 과정을 근본적으로 재배치하는 것에서 엄청난 힘을 발휘합니다(Ibid.: 239). 사회 교과서나 역사 교과서에 대해 한국의 보수진영은 국가 교육과정이 반자유기업적이고 애국심의 결핍 등을 담고 있다며 역사 교과서를 비롯한 기존 교과서를 공격하고 개정하려고 했었습니다. 국가 교육과정에 발전국가 시대의 보수적 가치들을 담고, 그에 기초한 국가수준 학업성취도평가를 실시하고, 그 평가 결과에 기초해 교사나 학교의 책무성을 묻는 일련의 과정은 보수적 가치를 내면화한 기존 국민 만들기의 연장선이라고 평가할 수도 있을 듯합니다. 그것은 창의성과 다양성이 요구되는 시대에 '가치구조의 획일화'를 여전히 불러올 수 있다는 점에서 문제의 소지가 있어 보입니다.

5. 비평

발전국가와 그와 결합된 신자유주의 국가 통치를 거치면서 우리 교육이 교육의 도구화와 행동주의 교육관, '교수-학습-시험'이라는 학업성취 중심의 전통적 교육 모형을 우리 (학교)교육 한편에 뿌리내리게 해 왔다는 점을 살펴보았습니다. 우리 (학교)교육을 사회적 번영이나 유용성 관점에서 학업성취 중심으로 계속 몰아가는 것은 우리 교육에 어떤 긍정적인 영향을 미쳐 왔고, 앞으로도 그러할까요? 그동안 교사들이 노력해 온 수업 변화의 노력은 이러한 상황과 어떤 연관성이 있을까요? 마지막 절에서는 이 문제를 함께 생각해 보고자 합니다. 여기서는 편의상 학업성취도 중심 교육 모델, 교수 효과성 측정과 차별화된 보상, 행동주의 교육관, 교육의 도구화라는 네 측면으로 나누어 평가해 보겠습니다.

1) 학업성취도 중심의 교육 모델이 간과하는 요소는 무엇일까?

전쟁 이후 압축성장을 거쳐 우리가 이만큼 발전적인 국가를 만든 데는 전반적으로 높은 성취도를 유지해 온 교육의 힘이 한편으로 영향을 미쳤을 것입니다. 그러나 그것은 학교교육의 관심을 학업성취도로 한정하면서 학교교육이 중시해야 하는 여타의 요소들을 간과하도록 해 왔습니다. 첫 번째로 우리는 학교나 교사가 학생들의 학업성취도만 높여 주면 그 책무를 다한 것인지를 생각해 볼 수 있습니다. 예컨대 학교는 지식 습득(성취도)만이 아니라 그에 대한 충분한 이해를 심어 주고 그것을 적절히 활용할 수 있는 능력을 배양하는 데도 신경 써야 할 것입니다. 학생들의 신체적 · 정서적 행복(well-being)을 기르는 것도 필요할 것입니다. 또한 직업을 얻는 데 필요한 능력, 민주적 시민성, 도덕적 덕성을 연습시키는 일도 필요할 듯합니다(Fenstermacher & Soltis, 2009: 175). 학생들이 자신의 일을 하며 수입을 얻고, 자신의 행복에 대한 의미를 찾고, 자립할 수 있도록, 학교는 그들이 자신의 적성과 소질에 맞는 직업을 준비할 수 있게 해 주어야 할 것입니다. 그러나 학교의 관심사를 학업성취도에 한정하게 만드는 것은 그 성취 기준에 적응하지 못하는 학생들을 학교교육에서 소외시킬 수 있겠지요. 그것은 학생들 각자의 소질과 적성을 반영한 진로탐색을 어렵게 할 수 있을 것입니다. 또한 우리의 관심사를 학업성취도에 대한 유 · 불리를 따지는 이해타산에 집중하게 함으로써, 공유된 시민 정체성 형성이나 시민으로서 갖추어야 할 공적인 능력의 형성을 어렵게 할 수 있을 것입니다(정훈, 2010: 127-129).

두 번째로 특히나 우리는 국가수준 학업성취도평가나 대학수학능력시험 같은 시험이 교육을 지배할 때 그것이 제약하는 것이 무엇인지를 생각해 볼 수 있습니다. 예컨대 프링(Pring, 1999)은 인간적인 조건에서 가치 있는 학습 영역이지만, 학업성취 중심의 시험 위주 교육에 의해 간과될 수 있는 영역을 제시한 바 있습니다. 우리는 그것을 참조할 수 있겠습니다. 그것은, 첫째, 다양한 과학 영역이 획득한 자연세계에 관한 지식, 둘째, 사회적 · 정치적 · 경제적 관계인 사회적 세계, 셋째, 미술과 음악에 대한 감수성과 이해를 통해 아는 세계인 미적인 세계에 관한 이해와 감상, 마지막으로 노력할 만한 이상과 가치들의 세계인 도덕적 세계에 관한 이해와 관심(awareness)입니다. 시험 위주 교육에 의해 간과될 여지가 많지만, 이 영역들에 해당하는 세계는 여전히 가치 있는 교육내용으로 다루어질 필요가 있습니다. 엄격한 성취 기준(표준)을 설정하고 그 기준 달성 여부를 자주 측정하려는 표준화 운동에서의 평가는 학생들의 답안을 쉽게 취합 처리할 수 있도록 정형화된 필기시험과 객관식 문제의 포괄적 활용을 중시합니다. 대신 정량화가 쉽지 않은 교과별 학습과제, 포트폴리오 평가, 오픈북 테스트, 동료평가 등은 상대적으로 경시됩니다(Robinson, 2015: 45). 최근 과정중심평가를 통해 이러한 문제들을 해결하려는 시도가 도입되고는 있지만, 그간 우리 교육도 대학수학능력시험의 영향 아래서 이와 유사한 모습을 보여 왔습니다. 여기서 지식은 시험문제를 잘 풀기 위한(성취도를 증명하는) 단편적이거나 사실적인 지식 혹은 기능일 가능성이 높습니다. 표준화 검사에 기초한 시험 위주 교육은 또한 교사, 교재, 시험이 제기하는 질문에 대해 너무 정답을 강조한다는 점에서 그에 벗어나 사고하는 것을 제약한다는 문제가 있습니다(Fenstermacher & Soltis, 2009: 179).

세 번째로, 시험을 통해 획득되는 지식이 학생들에게 어떤 의미를 제공하고 있는지 여부를 생각해 볼 수 있습니다. 다음과 같은 문제제기가 대표적이라 할 수 있겠습니다.

> 지식이 강압적으로 획득되는 곳에서는 학생들이 시험에 통과하기 위해 지식을 흡수하는 것이 필요하기 때문에 지식이 학습자의 삶에

거의 인상을 남기지 못할 수 있다. 왜냐하면 그 인상은 단지 학생들이 배우기를 원하거나 배우는 것이 필요할 때 발생할 것 같기 때문이다 (Darling & Nordenbo, 2003: 299-300).

이에 그동안 시험을 목적으로 공부해 온 지식들이 우리에게 현재 얼마나 의미 있게 남아 있는지를 질문해 볼 수 있겠습니다. 시험 때문에 강제로라도 머릿속에 집어넣었던 지식들이 언젠가는 우리 삶에 의미 있는 것이 되는지, 아니면 인용문의 말처럼 시험 때문에 마지못해 습득한 지식이 우리 삶에 거의 인상을 남기지 못하는 무용한 것인지를 말이지요. 아마도 우리는 자유교양교육과 진보주의 교육을 다루는 이후의 장들에서 시험과 상관없이 우리 삶에 깊이 새겨지는 지식탐구가 어떻게 가능한지를 살펴볼 수 있을 겁니다. 하지만 그에 앞서 표준화 시험에서의 성취도를 강조하는 것이 우리 삶에 의미 있는 지식을 심어 주고 있는지의 여부를 생각해 보면 좋겠습니다.

2) 학업성취 결과에 기초한 교수 효과성 측정과 차별화된 보상은 타당한가?

앞서 살펴본 정적 강화의 옹호자인 플로라나 교육에 시장의 원리를 적용하려는 사람들은 교사에 대한 진정한 평가 준거가 학생 성취여야 하고, 그에 기초한 차별화된 보상이 교사들에게 제공되어야 한다는 의견을 옹호합니다. 그것이 무사안일에 빠지지 않도록 교사들 사이의 경쟁을 유도하고, 학생들의 학업성취도 향상에 더욱 힘쓰도록 교사들을 독려할 수 있다는 것이지요. 학생들이 오랜 시간 학교에 머물면서도 읽기나 쓰기, 셈하기 같은 기초 학습능력이나 기본 지식을 습득하지 못하게 된다면 그것이 바로 교사의 실패라면서 말입니다. 학업성취가 부족한 학생들을 계속해서 그 부족한 상태로 내버려 두는 것은 교사로서 무책임한 일이라는 것이지요. 또한 플로라(2004: 257)는 표준화 시험을 많이 치를수록 교사들이 학업성취도 향상에 강화를 줄 수 있는 기회를 더 많이 가질 것이라는 점에서 표준화 시험을 옹호합니다. 시장주의자들 역시 국가수준 학업성취도평가 같은 표준화 시험을 학교선택을 위한 정보제공 차원이나 교사의 책무성을 묻기 위한 수단으로 중시합니다. 표준화 시험을 강조하면서 그 결과를 성과급 같은 정적 강화와 연계하는 것으로 학생들의 성취 수준을 향상시켜 경제발전이나 경쟁력 우위에 서겠다는 것이지요. 이러한 측면에서 우리는 학생 성취결과와 성과급 제도를 연계하려는 시도의 정당성을 생각할 수 있겠습니다.

그러나 다음의 측면에서 그것이 지닌 문제점도 생각해 볼 수 있을 것입니다.

첫째, 우리는 교사의 관심을 학업성취도 향상에만 집중하게 만드는 것에 질문을 제기해 볼 수 있습니다. 교사가 학생들의 학업성취에 신경을 써야 하는 것은 분명한 사실일 것입니다. 가르치는 입장에 서 있는 필자 역시 그러하니까 말입니다. 그렇다 하더라도 교사가 학생들의 학업성취 결과만 잘 향상시키면 교사로서의 성과와 책무를 다한 것이라고 말할 수 있을까요? 첫 번째 비평질문인 '학업성취도 중심의 교육 모델이 간과하는 요소는 무엇일까?'에서 언급한 바처럼, 교사의 책무는 분명 학업성취도 향상에만 있지는 않을 것입니다. 그리고 학생의 학업성취를 좋은 교사의 가장 결정적인 판단 준거로 삼는 것은 타당할까요? 학업성취에 영향을 미치는 결정적인 요인이 무엇인지를 구명한 유명한 연구인 콜맨 보고서(Coleman Report)의 연구결과는 교사와 같은 학교 내의 요인이 아니라 부모의 교육 수준이나 소득 수준과 같은 부모의 사회경제적 배경이 학업성취의 가장 결정적인 요인이라는 점을 제시한 바 있습니다. 학생 성취에 대한 책임이나 좋은 교사의 평가 준거를 학생의 성취 결과로만 보는 것이 부당할 수 있다는 점을 말하고 있는 것이지요. 이에 학생 성취 결과에 기초해 교사의 책무성이나 성과를 평가하는 것은 공정하지 않은 수 있을 것입니다. 정적 강화 차원에서 학생의 학업성취와 성과급을 연계하는 것은 교사들의 관심사를 학업성취 향상에만 집중하게 하고, 학생 학업 실패의 책임을 교사에게만 전가시킬 수 있다는 점에서 문제의 소지가 있을 수 있습니다.

둘째, 더욱 중요한 문제로 교수(teaching) 효과성이나 좋은 교사의 주된 평가 준거를 표준화 시험에서의 학생성취 결과에 두게 되면, 교사의 전문성을 학업성취 향상의 측면이나 정적 강화에 기초한 가르치는 기술의 측면으로 좁혀서 바라보게 할 가능성이 높습니다. 정적 강화에 기초한 가르치는 기술의 능숙함이 교사의 전문성을 대표할 수 있을까요? 표준화 시험을 위해 제공되는 지식을 가져다가 그 주어진 지식을 잘만 가르치기만 하면 전문성이 높은 교사일까요? 그것은 전문가라기보다 가르치는 기술자에 더 가까울지 모르겠습니다. 전문가로서의 교사에게는 가르치는 기술뿐 아니라 시험을 위해 제공되거나 평가되는 지식이 어떤 성격의 지식인지와 관련된 교육과정에 대한 전문성, 학생들의 성장 과정을 제대로 평가할 수 있는 평가에 대한 전문성, 교육을 바라보는 비판적 안목 같은 것이 더 필요할 것입니다.

셋째, 학생의 학업성취와 성과급을 연계하는 것은 비윤리적이거나 비교육적인 부작용을 불러온다는 점에서도 비판점을 생각할 수 있습니다. 성취도가 낮은 학생의 성적을 교사에게 유리하게 조작하는 문제가 나타날 수도 있을 것이고, 자신이 의도하지 않더라도 내 성과급에 도움이 되는 학생인지 아니면 그렇지 않은 학생인지를 구분해서 학생들을 바라보게 할 수도 있을 것입니다. 성과급을 둘러싼 교사들 간의 경쟁이 교사 공동체를 와해시킬 것이라는 우려도 존재할 것입니다. 그리고 무엇보다, 학업성취를 눈에 띄게 향상시키지 못하는 교사를 해고하고, 향상시킬 가능성이 높은 교사를 신규 채용하기 위한 발판이 될 수도 있다는 점에서, 즉 교직의 고용 안정성을 깨뜨릴 수 있다는 점에서 그것이 지닌 문제를 생각할 수 있겠습니다.

여전히 우리 교육의 한편에는 교사들이 무사안일에 빠지지 않게 하면서 학생들의 학업성취 향상에 집중하도록 성과급 체제 같은 외적인 동기를 부여해야 한다는 주장이 존재합니다. 학교 실패나 기초학력 저하를 거론하면서 표준화 시험 도입과 그 결과를 성과급과 연계하는 것으로 교사들을 계속해서 자극해야 한다고 주장하는 것이지요. 다른 한편에서는 앞에서 제시한 세 가지 이유 등을 거론하면서 그에 대한 강한 우려를 표명하기도 합니다. 여러분의 생각은 어떤지요? 고민해 보면 좋겠습니다.

3) 행동주의 교육관이 가정하는 인간관은 타당한가?

"조건화가 없으면, 아동은 대화 언어, 예절, 도덕, 자기 고향의 억양 등을 획득하지 못할 것이다."(Cohen, 1982: 56에서 재인용)라는 행동주의 교육관에 대한 긍정적 의견도 있습니다. 그러나 첫 번째로 우리는 인간 행동에 대한 이해와 관련해 조건화가 지닌 문제를 생각해 볼 수 있습니다. 인간 행동을 기계적으로 설명하거나 수동적인 행해짐으로 바라보는 것에 문제가 있다는 것이지요. 코헨(Cohen, 1982)은 햄린(Hamlyn)의 말을 인용해 조건화의 한계를 다음과 같이 지적합니다.

> 조건화는 근본적으로 수동적인 개념인 반면, 행동은 행위라는 개념에 뿌리를 두고 있다. 조건화는 동물이나 인간에게 '발생'하는 일에 적용할 수 있는 개념이지만, 그들이 '행하는' 일에 적용하기는 어려운 개념이다. 조건화는 기껏해야 동물에게 '일어나는' 일에 적용될 수 있고, '행하는' 일에는 적용될 수 없다. 한 가지 분명한 점은, 행동에 관한 과학적 연구에 있어서 조건화가 차지할 여지는 없다는 것이다(Cohen, 1982: 24에서 재인용). 그러므로 인간 행동에 관한 '기계적' 설명은 적절하지 못한, 잘못된 것이다. 행동이란 근본적으로 '행해짐'이 아니고 '행함'의 일이기 때문이다(Cohen, 1982: 24).

결국 인간의 행동이나 사고나 감정이 체계적인 자극에 의해 주형될 수 있다면 주형의 모습, 즉 교육의 목표가 무엇이고 그것을 누가 결정할 것인지의 문제와 인간은 궁극적으로 자유로우냐, 아니면 기계론적으로 결정된 존재냐에 대한 질문으로 귀착될 수 있을 듯합니다(이돈희, 1992: 357).

> 극단적 행동주의자들은 과학적 방법으로 설명할 수 없고 통제할 수도 없는 내면적 자아의 결정을 뜻하는 자유의 개념을 부정하고 있다. …… 이러한 인간관에 의하면, 교육은 오직 행동 주형의 과정이라 할 수 있고, 학습자는 오직 피동적이고 타율적인 존재일 뿐이다(이돈희, 1992: 357).

자유의지가 없는 자동장치처럼, 우리 인간은 자유의지가 없을까요? 오로지 강화물에 의해 지배된다는 스키너와 같은 행동주의자들의 이론을 우리는 믿을 수 있을까요? 아마도 그들은 우리의 자유의지를 사실상 어떤 자극에 대한 반응으로 이해하는 것이 가능하다고 보는 듯합니다(Slater, 2004: 31). 두 번째로, 조건화는 최근의 화두인 학습자 중심 교육과 갈등의 소지가 있다는 점을 생각해 볼 수 있습니다. 코헨(Cohen, 1982: 28-29)은 조건화를 모형으로 삼고 있는 접근 방식 속에서는 목표 자체가 교사의 언어로 구성되어 있고, 그 목표가 교사의 목표, 의도, 해석이라는 점에서 문제가 있다는 점을 제시합니다. 그것이 학습자 중심의 접근 방법과 갈등을 일으킬 수 있다는 것이지요. 그래서 학습자의 욕구보다는 교사의 목표를 강조하기 때문에 불만이 생길 수 있다고 말합니다. 학습자의 잠재력을 제대로 고려하지 못한다는 점에서도 그렇습니다.

그러한 접근 방법은 창의성, 혁신 그리고 독창성에 관한 학습자의 잠재력을 제대로 인식하지 못하며, 잠재력을 위한 여지를 제공하지 못한다(Cohen, 1982: 29).

우리 2015 개정 교육과정이 학습자의 자율성과 창의성을 신장하기 위해 학생 중심의 교육을 천명하고 있다면, 교육의 방향도 이와 궤를 같이할 필요가 있겠습니다. 표면적으로는 학생 중심 교육을 이야기하고는 있지만, 학생들을 조건화의 대상으로 전제하는 입장을 우리가 여전히 포기하지 못하고 있는 것은 아닌지도 생각해 볼 수 있겠습니다. 다른 한편에서 은연중 표준화 시험에서의 높은 성취도나 사회적 유용성을 강조하면서 말입니다. 세 번째로, 코헨(Cohen, 1982: 25-26)의 지적처럼 조건화 이론이 실험실을 벗어나 교실로 확장되고 그곳에서도 동일하게 적용될 수 있는가 하는 문제도 생각해 볼 수 있겠습니다. 실험실 상황이 학생들의 역동성이 존재하는 교실 상황으로 그대로 환원되지 않을 것 같기 때문입니다. 예컨대 한 명의 인간으로서 학생들을 교육하는 일은 분명 기계를 다루는 것처럼 공학적 계산이나 원인-결과의 법칙에 따라 진행되지 않을 수 있습니다. 동물들도 우리가 의도하는 바대로 언제나 조련되거나 길들여지는 것이 아닐 수 있겠고요. 우리는 기계를 다루거나 동물을 조련하는 방식처럼 인간을 교육할 수 있을까요, 그렇지 않을까요? 그것이 가능하다 하더라도 그것은 도덕적으로 문제가 없을까요? 이 역시 고민해 볼 주제일 듯합니다.

4) 좋은 교육의 기준을 사회적 번영 같은 도구적 측면에 두어야 할까?

듀이의 말처럼 "사회적 효율성이…… 사회적으로 의미 있는 일에 개인의 타고난 능력을 적극적으로 활용하는 데서 얻어진다고 생각하는 한, 사회적 효율성을 위한 교육은 건전한 것"(Dewey, 1916: 186)이 될 수 있을지도 모르겠습니다. 그러나 첫 번째로, 우리는 듀이의 말처럼 "사회적 효율성을 확보하기 위한 방안을 '활용'에서 찾는 것이 아니라 '복종'에서 찾으려고 하는 데"(Dewey, 1916: 186)서 문제가 발생할 수 있다는 점을 생각해 볼 수 있습니다. 학생과 교사의 상호작용보다 지시에 따르고, 교사와 학생들이 개발한 목표보다 항상 처방된 목표를 따르고, 방법을 개발해 가기보다 처방에 따르기를 더 강조하는 수업의 방식을 통해서 말입니다. 그것은 학생들에게 어떤 정신과 태도를 심어 줄 수 있을까요? 아마 학생들에게 은연중 복종과 순종의 태도를 심어 주거나, 어떤 명령이나 지시나 지침이 없으면 아무것도 스스로 할 줄 모르는 습성을 심어 줄지 모르겠습니다. 두 번째로, 경제성장을 지향하는 교육이 학생들을 생산의 도구로 간주하고 그들이 스스로를 도구로 생각하도록 가르친다는 점에서 교육하는 일 그 자체를 망친다는 허친스(Hutchins) 같은 사람들의 문제제기(김신일, 2003: 405)를 생각할 수 있겠습니다. 교육의 도구화 속에서 비판적 사고능력이나 창의적 사고능력 함양 같은 교육의 본질적 목적은 방해받을 가능성이 높습니다. 끝으로 경제발전과 정치발전에 이바지하기 위하여 계획하고 시행한 교육이 실제로 경제와 정치의 발전에 기여하는지의 문제(김신일, 2003: 404)도 생각해 볼 수 있을 듯합니다. 한국의 경제성장과 교육의 관계를 자세하게 분석한 한국개발연구원의 보고서는 교육이 경제성장을 선도하였거나 촉진한 뚜렷한 증거를 찾을 수 없다고 결론짓고 있기도 합니다(김신일, 2003: 404). 장하준(2010)의 말처럼 한 나라의 수학 성적과 그 나라의 경제 실적은 관련이 없기에, "교육의 진정한 가치는 생산성을 높이는 데에 있는 것이 아니라 우리가 잠재력을 발휘하고 더 만족스럽고 독립된 생활을 할 수 있도록 하는 데 있는"(장하준, 2010: 250) 것일까요, 아니면 교육은 경제적 성장이나 번영을 위해 요구되는 지식을 일단 최대한 많이 집어넣도록 학업성취도를 최대한 끌어올리는 데 계속해서 주안점을 두어야 할까요? 이는 교육을 바라보는 관점과 관련해 여전히 중요한 논쟁일 수 있을 듯합니다. 이어지는 장들에서 소개하는 내용들이 우리가 좋은 교육의 기준으로 고려해야 할 것들이 무엇일지를 좀 더 사유하는 기회가 되면 좋겠습니다.

제3장
교육과 합리적 마음 계발

1. 개요

　제2장에서 지식교육의 목적을 사회경제적 목적과 같은 외적인 측면에서 찾았다면, 우리는 지식을 공부하는 두 번째 목적을 이성적/합리적 마음(정신)의 계발과 같은 내재적인 측면에서 찾을 수 있습니다. 전자의 지식 모델의 경우 지식을 안다는 것은 주로 파편화되고 구체적인 어떤 사실을 알고, 표준화 검사(시험)를 통해 "구체적인 '행동의 결과'나 '측정 가능한 능력'의 형태로 제시"됩니다(Fenstermacher & Soltis, 2009: 143). 교사의 임무도 최대한 많은 지식을(교과 내용을) 학습자의 마음속으로 옮기는 데 있겠지요. 이는

지식교육의 목적을 지식의 증대, 예컨대 창고에 물건을 쌓아 두듯 일단 지식을 최대한 많이 마음속에 쌓는 데 두는 것입니다.

반면, 내재적인 측면에서 찾는 접근은 지식 획득의 목적을 "사실적 지식을 획득하는 것뿐만 아니라 복잡한 개념의 구조(scheme), 여러 가지 형태의 추론과 판단에 필요한 기예와 기술 같은 것들을 획득"하는 데 둡니다(Hirst, 1972: 408). 이는 지식을 "학생들이 입문해야 하는 통찰, 이해, 생각, 이론, 절차의 거대한 집합체"(Fenstermacher & Soltis, 2009: 143)로 바라보는 것입니다. 예컨대 하나의 교과를 공부한다는 것은 다음과 같은 깊이를 요구합니다.

> …… 그래서 어느 하나의 학문(물리, 화학, 역사, 심리학 등의 교과)을 공부한다는 것은 그 중요 개념을 배우고, 그 논리 구조를 이해하고, 그 경험 영역 내에서 '통제된' 탐구를 수행하고, 발견 내용과 산출된 결과의 가치와 장점이 무엇인가를 파악하는 일이 된다(Fenstermacher & Soltis, 2009: 144).

이는 우리가 지식교육의 목적을 이해의 차원에서, 지적 안목의 형성 차원에서 찾아야 한다는 점을 말합니다. 그러면서 학생들이 '비판적이고 회의적인 탐구자'가 되는 것을 목적으로 삼는 것이지요. 또한 이는 그렇게 습득된 지식이 이성적/합리적 마음을 잘 계발하는 것(cultivate/culture)으로 이어지게 한다는 말이기도 합니다. 그렇게 습득된 지식이 마음 계발을 위한 가장 좋은 수단이며, 바로 거기에 우리가 지식을 탐구해야 하는 이유가 있다는 것이지요. 이는 우리가 **자유교양교육**(liberal education)이라고 부르는 교육

전통에서 교육을 바라보는 관점과 관련이 있습니다. 자유교양교육은 세부적인 데서는 의견 차이가 있을 수 있겠지만, 대체로 "지식과 이해를 추구하는 것이 마음의 자유로운 발달을 가져온다."는 관점에 서 있습니다(신차균, 1989: 7).

2. 자유교양교육

자유교양교육에 관한 생각은 서양 각국 및 서구교육의 영향을 받은 대다수 나라에서 표준적 교육관으로 이해되어 왔습니다(신차균, 1989: 2에서 재인용). 우리가 교육의 본질적 가치나 본질적 목적이 무엇인지를 상투적으로 묻고 말할 때, 서구교육의 전통에서 있는 나라들에서 대체로 자유교양교육을 교육의 본질이나 목적의 표준으로 삼아 왔다는 말입니다. 교육의 본질이 무엇인가 하는 질문에, '그것은 지식을 가르침으로써 합리적으로 사고하고 판단하는 능력을 길러 주는 것이다.'라는 오래된 답변이 이와 관련된다고 하겠습니다.

'liberal education'을 자유교양교육으로 번역한 데는 나름의 이유가 있습니다. 여기서 자유는 마음의 자유, 즉 우리 마음을 오류와 속박으로부터 벗어나게 하는 것을 목적으로 한다는 말과 관련됩니다. 'liberal education'은 교양교육으로도 번역됩니다. 그것이 교양이라는 말과 밀접히 관련이 있기 때문입니다. 그렇다면 교양이란 무엇일까요? 교양을 뜻하는 대표적인 영어 단어는 우리가 흔히 문화로 번역하는 'culture'입니다. 'culture'는 '경작, 경작하다(cultivate)'의 의미를 가지고 있습니다. 이에 교양이라는 말은 무언가를 경작하는 행위, 특히 우리의 이성적(지성적) 마음/정신(mind)을 경작하는 행위와 관련이 있습니다. 한마디로 '자유교양(liberal)'은 우리 **마음의 경작**(cultura animi, culture of mind)인 것이지요. 자연 상태의 땅을 우리가 쓸모 있는 경작지로 일구듯이 우리의 이성적 마음을 경작(계발)한다는 말입니다. 참고로 독일어 'Kultur(cultura)'는 독일에서 교양을 뜻하는 단어인 '빌둥(Bildung)'으로 대체되었습니다. 칸트(Kant)가 Kultur를 "예술과 학문에 의해 높은 수준으로 교화된" 도덕성 이념이자 자연이 부여한 능력과 소질을 계발한다는 의미로 사용한 것처럼(안성찬 역, 2011: 198-199), 빌둥은 대체로 "자율적이고 능동적으로 세계에 대한 지식을 얻고 내적 수양을 행함으로써 전인적 인격을 형성하는 교육"(Ibid.: 197)으로 이해됩니다. 일종의 '**자기형성**(self-formation)' 또는 '**자기경작**(self-cultivation)'이라 하겠습니다. 교양을 이처럼 우리 마음의 경작으로 이해한다면, 교양인이란 집에 명화를 걸어 두고, 클래식 음악을 틀고, 책장에 고전이라 불리는 책들을 꽂아 두고 있는 사람이 아니라, 그것을 매개로 자신의 마음을 잘 경작한 사람일 것입니다.

마음의 경작(culture of mind)이라는 자유교양(liberal)의 의미는 다음의 내용을 포함합니다(서경석, Field, 加藤周一, 2005: 27-28).

1 이성/지성을 전반적으로 확충하고 다듬는 것이 목표이다.
2 그 자체로 가치를 인정받는 리버럴 아츠(liberal arts)를 자유롭게 탐구하며, 주체적 '개인'으로 성장한다.

③ 노예적 혹은 기계적이라는 의미와 반대이며, 지성을 전문적 기술
  이나 직업을 얻기 위한 것으로 한정하지 않는다.

④ 원래 '자유인(free man)'에게 어울리는 '학예(arts)' 및 '학문
  (sciences)'적 성향을 지칭한다.

이 네 가지 항목에 기초해 자유교양교육의 의미와 목적을 좀
더 풀어서 이야기해 보겠습니다.

첫째, "이성/지성을 전반적으로 확충하고 다듬는 것이 목표"라
는 말 속에 합리적 마음을 위해서는 그것을 전반적으로 확충하고
다듬는 것(cultivate)이 필요하다는 자유교양(liberal)의 의미가 가
장 잘 드러나 있습니다. 여기서 '전반적'이라는 말도 중요합니다.
그것은 우리가 이성과 지성의 특정한 측면만이 아니라 폭넓은 측
면, 즉 그것을 전반적으로 경작해야 한다는 말입니다. 음악가나
운동선수 또는 특정한 전문직에 종사하는 사람이 거기에 필요한
기술이나 거기에 한정된 특정 영역의 지식만 배운다면 그 사람은
교육받은 사람이 아니라 훈련된 기술자에 불과할 수 있기 때문입
니다. 자유교양교육은 우리의 "지성을 전문적 기술이나 직업을
얻기 위한 것으로 한정"하는 데 반대합니다. 지성을 특정한 영역
으로 한정하는 것은 우리를 운동하는 기계, 그림 그리는 기계, 글
쓰는 기계처럼 훈련된 노예나 기계로 만들 뿐이라는 것이죠. 우
리의 자유를 이해하고 선택하는 능력도 궁극적으로 인류에 의해
축적된 충분한 범위의 지식과 이해를 숙지하는 것에 널리 의존하
며, 이를 통해 우리는 우리의 마음을 온갖 불합리한 속박이나 제
약으로부터 벗어나게 할 수 있습니다(Fenstermacher & Soltis, 2009:

132; Hirst, 1972). 학창시절에 선생님들께서 "지금 너희는 합리적 선택과 자유행사를 못할 테니, 너희들의 자유와 선택의 기회를 제한할 수밖에 없다. 그러니 일단 합리적 사유와 판단, 분별의 능력을 갖추도록 폭넓은 범위의 지식과 이해를 우선 갖추도록 노력해라. 그러지 않는다면 너희들은 비합리적인 선택과 자유행사로 어떤 오류에 빠질 수 있다."라고 말씀하셨을지도 모르겠습니다. 이러한 선생님들의 의견이 자유교양교육론자들의 입장을 일정 정도 반영한다고 하겠습니다.

둘째, "그 자체로 가치를 인정받는 **리버럴 아츠**(liberal arts)를 자유롭게 탐구하며, 주체적 '개인'으로 성장"한다는 말은 우리가 이성/지성을 전반적으로 확충하고 다듬기 위해서는 그 자체로 인정받는 리버럴 아츠에 해당하는 학문이나 예술을 중요하게 탐구해야 한다는 말입니다. 리버럴 아츠는 한마디로 인류의 지적인 유산 중 특히나 마음의 경작(culture of mind)에 도움이 되는 학문이나 예술들(arts)이 있다는 것을 말합니다. 여기에 해당하는 학문에는 어떤 것이 있을까요? 인문대학이나 문과대학을 지칭하는 하나의 영어표현이 리버럴 아츠 칼리지(liberal arts college)였다는 점을 생각하면 쉽게 유추할 수 있을 듯합니다. '리버럴 아츠'에 해당하는 학문을 탐구하는 학과들로 구성된 인문대학은 국어국문학, 영어영문학, 불어불문학 같은 문학, 그리고 역사학, 철학을 전공하는 학과들이 대표적으로 있어 왔습니다. 소위 말하는 문사철이 대표적이라 할 수 있겠지요. 초창기 리버럴 아츠로는 **3학**(문법, 수사학, 논리학)과 **4과**(산술, 기하, 천문, 음악/화성학), 그 둘을 합친 **7자유학과**(seven liberal arts)가 대표적이었습니다. 오늘날의 학문 구분에 기초하면 3학은 주로 문학이나 철학, 4과는 수학과 관련이 있습니다. 자유교양교육은 이러한 학문적 성격의 교과를 탐구하는 것을 주된 교육과정으로 삼아 왔습니다. 대표적인 예가 허스트(Hirst)가 말하는 **지식의 형식**에 해당하는 학문들(순수수학과 논리학, 자연과학, 역사와 인간학, 미학, 도덕, 철학, 종교)이 교육과정 구성의 핵심을 이루어야 한다는 주장입니다. 허스트는 지식의 형식이 인간존재로서 우리가 세계에 있는 것에 관해 알게 될 수 있는 모든 종류의 것을 포괄한다고 주장한 바 있습니다. 자유교양교육에 대한 허스트의 생각은 뒤에서 자세히 다루겠습니다. 그러면 리버럴 아츠에 해당하는 '예술'에는 어떤 것들이 있을까요? 주로 우리가 클래식(고전)이라고 부르는 셰익스피어(Shakespeare)의 문학작품, 베토벤(Beethoven)의 음악, 렘브란트(Rembrandt)의 그림 같은 위대한 작품들이 지성 발달이나 정서 발달에 도움이 된다고 여겨져 왔습니다. 이러한 생각에서 소위 대중문화(예술)로 여겨지는 통속 소설이나 대중가요, 만화 등을 그동안 학교교육과정에서 배제해 온 경향이 있습니다.

다음으로 우리는 "그 자체로 가치를 인정받는"이라는 대목에 주목해야 합니다. 그것은 리버럴 아츠에 해당하는 학문들이 시험이나 취업 같은 사회적 유용성이나 생산성과 상관없이 그 자체로 탐구할 만한 가치가 있다는 말입니다. 최근 기업 관계자들은 대학 졸업자들이 지금 당장 쓸모 있는 기술이나 지식을 배워 오는데 그치지 않고, 급변하는 기술과 지식을 받아들이고 새로운 아이디어를 창출할 수 있는 비판적이고 창의적인 사고력을 요구하고 있습니다. 이는 결국 먼 미래를 보았을 때 그 자체로 가치가 있는 리버럴 아츠에 해당하는 학문(또는 학문적 성격의 교과)을 탐구하며 이성/지성의 능력을 잘 갈고닦은 교양인이 당장 쓸모 있는 기술이나 지식만을 배워 온 졸업생들보다 훨씬 더 기업의 생산성에 기여할 수 있을 거라는 생각을 반영합니다. 이는 그 자체로 가치가 있는 리버럴 아츠를 탐구하는 것이 유용성이나 생산성과 전혀 상관이 없는 게 아니라는 점을 말하는 것이기도 합니다. 그러나 거꾸로 유용성이나 생산성을 앞세워 이를 탐구하면 이성/지성의 경작이라는 본래 목적을 달성하기는 어려울 수 있습니다. 우리가 학교에서 문학, 역사, 수학, 과학 같은 학문적 성격의 교과를 그 자체의 목적을 위해 공부해야 하는 하나의 이유를 우리는 이러한 이성적/지성적 마음의 경작 차원에서 찾을 수 있겠습니다.

> 우리가 학교에서 배우는 교과들은 잘 추론하고, 좋은 판단을 하고, 예술적 특성을 분별하고 호기심과 궁금증을 느끼는 능력을 함양하기 위한 수단으로 가치가 있다(Fenstermacher & Soltis, 2009: 145).

요컨대 인간이 탐구해 온 다양한 학문에 기반한 교과들, 즉 학문적 교과들로부터 우리가 "사고하고, 숙고하고, 분별하고, 상상하고, 탐구하는 데 필요한 기술들"을 가장 잘 획득할 수 있다는 것입니다(Ibid.: 132). 또한 그러한 교과들에 높은 수준의 복잡성과 뉘앙스가 숨어 있고 그것이 비판적 분별, 상상력, 심오한 통찰을 함양시키는 데 중요하다는 것입니다(Ibid.: 142).

리버럴 아츠를 '자유롭게' 닦는다는 대목도 자유교양교육의 특성을 잘 말해 주는 대목입니다. 앞에서 언급한 대로 우리가 학교에서 문학, 역사, 과학, 수학 같은 교과목을 잘 공부했다면 자유교양교육자들의 주장처럼 우리는 이성적 마음을 잘 경작해 보다 잘 추론하고, 좋은 판단을 하고, 예술적 특성을 분별하고, 지적인 호기심을 갖고 궁금해하는 능력을 무엇보다 잘 길렀어야 했을 것입니다. 그리고 주체적 개인이라는 말에서처럼 종교적 권위나 정치권력, 식자들의 권위에 기대어 사유하고 판단하고 분별하는 대신 내 자신의 이성에 기초해 스스로 사유하고 판단하고 비판하는 능력을 잘 발휘할 수 있어야 하겠지요. 만일 그렇지 않다면 이는 어디에 원인이 있을까요? 자유교양교육자들의 주장에 논리적 모순이 있는 것일까요, 아니면 잘못된 지식교육의 방법에 그 원인이 있을까요? 이들은 잘못된 지식교육 방법에 그 원인이 있다고 말합니다. 이에 자유교양교육이 마음의 경작(계발)이라는 목적을 달성하기 위해서는 무엇보다 방법상의 자유를 확보하는 일이 필요합니다. 리버럴 아츠에 해당하는 학문이나 교과를 '자유롭게' 탐구하는 게 중요한 것이지요. 이는 가르칠 내용이 리버럴 아츠에 해당하는 것처럼 아무리 좋다 하더라도 그것을 가르치는 방법에 따라 자유교양교육일 수도 있고 자유교양교육과 거리가 먼 **훈련**이나 **교화**(indoctrination)일 수도 있다는 말입니다. 훈련처럼 "지적인 요소가 개입될 여지가 없는 틀에 박힌 일을 아무 생각 없이 반복적으로 연습하도록 하는 것은…… 교육의 개념에서 제외"(Peters, 1966: 51-52)됩니다. 훈련은 최소한의 의식(wittingness)과 자발성(voluntariness)의 기준에 저촉된다는 점에서 교육의 방법이 아니라는 것이지요(Ibid.: 53). 교화는 지식을 일종의 종교적 교리(doctrine)처럼 묻거나 따지지 말고 참으로 받아들이도록 하는 행위와 관련이 있습니다. 교화는 "분명히 교리라는 것과 관계가 있는데, 교리란 일종의 신념임에 틀림없습니다"(Peters, 1966: 52). 그것은 피터스의 다음의 말에서처럼 비판이나 평가를 생략하게 한다는 점에서 문제가 있습니다.

> 교화는 우리가 바라는 정신 상태를 만들어 내기 위한 것이지만, 교화를 당하는 동안에 사람들은 신념의 근거를 파악하지 못하거나, 아니면 신념에 대하여 비판이나 평가를 하게끔 되어 있지 않은 상태에서 (예컨대 권위의존적으로) 신념을 믿게 되기 때문에 교화는 교육의 방법이 아니다(Peters, 1966: 53).

그런데 우리의 지식교육은 훈련이나 교화의 형태를 띠어 온 경향이 있습니다. 그 이유는 어디에 있을까요? 아마도 그것은 우리가 지식탐구의 목적을 시험이나 취업 같은 외적인 목적에 두었기 때문일 듯합니다. 이에 우리는 교과 속의 지식을 일단 외적인 목적으로부터 자유로운 상태에서 그 자체의 목적을 위해 탐구하도록 해야 할 것입니다.

> 가르치는 일은 무엇보다…… 지식과 이해를 개발하는 데 알맞은 방법을 채택하는 일이 중요시된다(Peters, 1966: 49).

> 학생이 학습해야 할 지식과 기능이 과연 그들의 정신을 자유롭게 할 것인지 혹은 무미건조하고 관련성 없는 사실과 기능으로 말미암아 그들의 정신이 속박되고 말 것인지의 여부는 교사의 방법

(manner)에 대체로 달려 있다(Fenstermacher & Soltis, 2009: 140).

그러면 지식과 이해를 개발하는 적절한 방법은 무엇일까요? 피터스가 말하는 '**절차상의 원칙**(procedural principle)'이 이를 위한 하나의 예일 수 있습니다. 즉, 우리는 증거를 존중하고, 논증의 원천으로서 사람을 존중하고, 대안의 제시를 간섭하지 않고, 상이한 견해를 가졌다고 무시하거나 매도하지 않아야 합니다 (Fenstermacher & Soltis, 2009: 140에서 재인용). 정직, 성실, 공정, 정당한 대우 같은 도덕적 덕목과 합리성, 개방성, 증거존중, 호기심, 반성적 정신태도, 회의주의와 같은 지적 덕목, 그리고 성격특성 같은 행동자세 역시 교사가 내용에 접근하고 그 내용을 다루는 방식에 따라 배웁니다(Fenstermacher & Soltis, 2009: 139-140). 따라서 교사가 가르치는 방법과 자세는 자유교양교육에서 상당히 중요합니다.

셋째, "원래 '자유인'에게 어울리는 '학예' 및 '학문'적 성향을 지칭"한다는 의미는 자유교양교육이 고대사회의 자유인들과 관련이 있다는 말입니다. 그들은 생산적인 일에 종사할 필요가 거의 없는 여가 시간이 많은 사람들이었습니다. 그들은 이 여가시간에 자신들에게 어울리는 학문들을 탐구하고 토론하면서 이성이나 지성을 다듬고 확충하면서 시간을 보냈습니다. 그들이 향유했던 이러한 여가를 뜻하는 말이 당시에 '**스콜라/스콜레**(schola/scholē)'였습니다. 이 말이 바로 오늘날 학교를 뜻하는 **스쿨**(school)의 어원입니다. 이는 학교의 본래적 목적이 자유교양교육의 목적과 밀접한 관련이 있다는 점을 말합니다. 이성이나 지성을 계발하는 데 도움이 되는 학문이나 예술을 탐구하면서 이성적 마음을 계발해 합리적으로 사유하고 판단하고 분별하는 능력을 계발한다는 목적 말입니다.

자유교양교육의 이러한 본질 특성을 우리는 **피터스**가 말하는 **교육의 세 가지 기준**을 통해 다시 한번 정리할 수 있겠습니다. 첫째, 그는 전통적으로 자유교양교육을 해야 한다는 주장이 교육에서 어떤 외재적 목표─예컨대 재화 생산, 일자리 구하기, 전문가 양성─를 달성하는 데 도움이 되는 것만 가르치는 것에 대한 반발로 대두되었다고 말합니다. 외재적 목표를 달성할 수 있는 것만을 교육과정으로 보는 것을 비판하는 것이지요. 둘째, 그는 자유라는 말 속에 교육이 전문적인 훈련에 국한되어 마음이 오직 한 가지 사고방식에 편협하게 갇혀서는 안 된다는 뜻이 있다고 말합니다. 우리가 인지적 측면에서 '세상을 보는 또 다른 방식', 즉 또 다른 사고 양식을 철저하게 추구해야 한다는 것이지요. 셋째, 그는 사람들의 신념을 편협한 교의적 노선에 가두려는 비자유적인 경향에 반대함으로써, 교육의 절차상의 원칙을 강조합니다. 이상은 피터스가 교육이라는 말의 사용 기준으로 정의한 ① 교육은 (내재적으로) 가치 있는 일을 전달해야 하고, ② 교육은 지식과 이해, 폭넓은 지적 안목을 길러 주어야 하며, ③ 교육은 교육받는 사람의 의식과 자발성을 전제로 해야 한다는 사항과 자유교양교육이 일치한다는 점을 말합니다(Peters, 1966: 55-59). 이에 피터스는 자신의 교육 개념과 자유교양교육 개념을 동일시합니다.

3. 대표적인 사상가

자유교양교육의 기원은 대체로 고대 그리스 시대로 거슬러 올라갑니다. 가장 대표적인 인물은 플라톤과 아리스토텔레스, 이소크라테스입니다. 이들은 교육의 목적을 사냥하고 채집하고 농사짓거나 생산하는 데 필요한 기능을 연마하는 것으로부터, 사고하고 숙고하고 분별하고 상상하고 탐구하는 데 필요한 기술을 함양하는 것으로 이동시켰습니다(Fenstermacher & Soltis, 2009: 132). 동물 단계에서 필요한 기술에서 인간의 고유한 특성을 발휘하는 데 필요한 기술을 함양하는 쪽으로 한층 올라섰다고 할 수 있겠습니다. 여기서는 이들을 포함해 현대의 대표적인 자유교양교육 사상가들을 차례로 살펴보겠습니다.

1) 플라톤

플라톤(Platon, BC 427경~BC 347경)은 자신의 대표 저작인 『국가 · 政體(Politeia)』 제7권에서 자유교양교육과 관련해 중요한 사항을 언급하였습니다. 그는 일반 사람들 중에 철학자가 있고, 이 철학자가 좋음의 이데아에 대한 인식의 길로 들어서게 하는 것으

플라톤

로 철학자가 통치하는 좋은 국가가 될 수 있다고 말합니다. 그렇다면 이런 철학자는 어떻게 생기게 될까요?

그러면 이제는 이 문제를, 즉 그런 사람들[1]이 이 나라에 어떤 방식으로 생기게 되며, 또한 어떻게 이들을 광명으로 인도하게 될 것인지를 우리가 생각해 보기를 자네는 원하는가? …… 이건 물론 '조가비(도편) 돌려 던지기'가 아니라, 밤과도 같은 낮에서 진짜 낮으로 향하는 '혼의 전환(psychēs periagōgē)'이며, 이것이야말로 진정한 철학(지혜의 사랑)이라고 우리가 말하게 될 실재(to on)로 향한 등정(오름, epanodos)일 것 같으이(521c).

이에 플라톤이 이야기하는 교육의 목적은 진짜 낮이 상징하는 영원불변한 진리가 담겨 있는 참된 이데아의 세계를 발견할 수 있게 영혼을 전향시키는 일이 됩니다. 그런데 문제는 이데아의 세계를 우리가 감각기관을 통해 볼 수 없다는 데 있습니다. 그것은 우리가 감각기관을 통해서 볼 수 있는 가시적(可視的) 세계와 구분된 세계에 존재합니다. 그것은 지성의 능력을 통해서만 볼 수 있는 가지적(可知的) 세계에 존재합니다. 따라서 가지적 세계인 참된 이데아의 세계로 우리가 등정(登頂)하기 위해서는 무엇보다 지성의 능력을 키우는 것이 선행되어야 하겠습니다. 그러면 우리는 이 지성의 능력을 어떻게 키울 수 있을까요? 플라톤은 어떤 교과들이 이에 도움이 되는지를 묻습니다.

그렇다면 교과들(학문들, mathēmata) 중에서 어느 것이 이런 힘을 지니고 있는지 생각해 보아야만 되지 않겠는가? …… 그러면 글라우

---

1 훌륭하고 슬기로운 삶으로 풍부한 사람들, 즉 철학자를 말한다(521a). 이하 번역은 박종현 역주(1997)를 따랐다.

콘, 생성되는 것(to gignomenon)에서 실재로 혼을 끌어당기는 교과(학문, mathēma)는 무엇이겠는가?(521d)

플라톤은『국가·政體(Politeia)』제7권에서 **지성의 능력을 키우는데 도움이 되는 교과들(학문)**로 산술과 수론, 기하학(평면기하학과 입체기하학), 천문학, 화성학(음악), 변증술을 차례로 거론하였습니다. 이 중 변증술은 일종의 '본 악곡'으로, 산술에서 화성학에 이르는 교과들은 변증술 탐구를 위한 예비교과들에 해당됩니다.

그럼 여보게나! 이 교과[산술(logistikē)과 수론(arithmētikē)—필자]는 혼으로 하여금 진리 자체를 위해 '지성에 의한 이해(앎)' 자체를 이용하지 않을 수 없도록 하는 것 같아 보이므로, 우리를 위해서는 참으로 필수적인 것인 것 같다는 걸 알겠는가?(526b)

…… 정작 생각해 보아야 할 것은 기하학의 많은 부분이 그리고 그 고급 단계가 '좋음(善)의 이데아'를 더 쉽게 '보도록(katidein)' 만드는데 어떤 점에서 기여하는 면이 있는가 하는 것일세(526e). …… 그러니까, 여보게나! 그것은(기하학은—필자) 혼을 진리로 이끄는 것일 것이며, 지금 우리가 옳지 않게 아래로 향해 갖고 있는 철학적인 사고를 위쪽으로 향하여 갖도록 만드는 것일 걸세(527b).

어떤가? 천문학(astronomia)을 세 번째 것으로 우리가 정할 것인가? 혹시 그렇게 생각되지 않는가?(527d) 하늘에 있는 장식들은, 눈에 보이는 것에 장식되어 있기 때문에, 눈에 보이는 것들 가운데서는 가장 아름답고 가장 정확한 것들이라 믿어지지만, 참된 것들에는 많이 미치지 못한다네. 즉, '실재하는 빠름'과 '실재하는 느림'이 참된 수(數)와 온갖 참된 도형(圖形, schēma)에 있어서 상호 간의 관계 속에서 운동하며, 아울러 그 안에 실재하는 것들을 운동시키는 그런 운동들에는 말일세. 이것들이야말로 이성(logos)과 추론적 사고(dianoia)에 의해서 파악되는 것들이지. 시각에 의해서는 파악되지 않는 것들이네. 혹시 자네는 달리 생각하는가?[2](529d)

눈이 천문학에 맞추어졌듯, 귀는 화성적(和聲的) 운동(enarmonios phora)에 맞추어져 있으며, 이 학문들(epistēai)은 서로 자매 관계에 있는 것들인 것 같으이. 여보게 글라우콘! 피타고라스 학파가 [그렇게] 주장하고, 우리도 동의하듯 말일세(530d).

"그러면 글라우콘, 이건 이미 '변증술적 논변(to dialegesthai)'이 끝을 맺어 줄 바로 그 '본 악곡'이 아니겠는가? 이는 '지성에 의해서[라야] 알 수 있는 것'이긴 하지만, 시각의 힘이 이를 흉내 내고자 하네. 시각이 어느새 생물들을 그 자체로, 별들도 그 자체로, 그리고 마침내는 태양을 그 자체로 바라보려고 꾀하는 걸로 우리가 말했네. 마찬가지로 누군가가 '변증술적 논변'에 의해서 일체의 감각(aisthēsis)은 쓰지 않고서 '이성적 논의'(이성: logos)를 통해서 '각각인(-ㄴ, x인) 것 자체(auto ho estin hekaston)'로 향해서 출발하려 하고, 그래서 '좋은 것 자체(auto ho estin agathon)'를 '지성에 의한 이해(앎) 자체(autē

---

2 "당시 사람들이 알고 있는 천문학은 육안의 관찰에 의존하는 것이었지만, 플라톤이 생각하고 있던 천문학은 dianoia(추론적 사고)의 대상으로서 다분히 수학적"이었다(박종현 역주, 1997: 480주44).

noēsis)'에 의해서 파악하게 되기 전에는 물러서지 않을 때, 그는 '지성에 의해서[라야] 알 수 있는 것(to noēton)'의 바로 그 끝에 이르게 되네. 마치 동굴을 벗어나 그 죄수가 그때 '가시적인 것(to horaton)'의 끝에 이르렀듯 말일세." 내가 말했네(532b).

그러니까 자네가 생각하기에 변증술(dialektikē)이 마치 갓돌처럼 우리의 다른 교과들 위에 놓이지, 다른 교과가 이것보다도 더 위에 놓인다는 것은 결코 옳지 못하며, 따라서 교과들의 문제는 어느새 끝맺음을 본 것 같은가? 내가 물었네(534e).

우리가 이상의 교과들(산술과 수론, 기하학, 천문학, 화성학, 변증술)을 차례로 탐구함으로써 지성의 능력을 계발할 수 있고, 그럼으로써 지성을 통해서만 볼 수 있는 참된 이데아의 세계 속의 진리와 가치를 볼 수 있게 된다는 것이지요. 4과에 해당하는 산술과 기하학, 천문학, 화성학, 3학의 일부인 변증술이 지성의 능력을 계발하는 대표 학문(교과)이라는 플라톤의 생각은 리버럴 아츠에 해당하는 학문(또는 교과)들을 탐구함으로써 우리의 지성을 확충하고 다듬는 것을 목표로 하는 자유교양교육의 정신과 맞닿아 있습니다. 플라톤이 서술한 이러한 교육의 기본 요소들은 2000년이 넘는 시간 동안 자유교양교육의 핵심으로 유지되어 왔다고 평가받습니다. 문학, 역사, 수학, 철학(플라톤 시대에 철학은 자연과학을 포함했는데, 그것은 다소 덜 고귀한 구성요소로 여겨졌습니다)이 여전히 학문적 교육과정의 근간을 형성하고 있다는 말입니다(Noddings, 1998: 11). 다만, 플라톤은 마지막으로 다음을 묻습니다.

그러면 이제 자네에게 남아 있는 일은 배정의 문제, 즉 이 교과들을 누구에게 그리고 어떤 방식으로 우리가 배정할 것인가 하는 것일세(535a).

이 질문에 대해 플라톤은 엄격한 선발의 과정을 제시하면서, 능력이 되는 선발된 사람들만이 그것을 탐구할 자격이 있다고 말합니다. 이는 이후 자유교양교육이 제한된 사람들에게만 적합한 교육이라는 생각으로 이어지게 하는 데 큰 영향을 미쳤습니다.

2) 아리스토텔레스

아리스토텔레스

아리스토텔레스(Aristoteles, BC 384~BC 322)는 교육의 최고 목적을 직업기술이나 실제적인 유용성을 얻는 데 두지 않았습니다. 이성을 훈련함으로써 사물의 본질을 관조(관상, 觀想, theōria)하는 최상의 행복을 맛볼 수 있게 준비시키는 것으로 보았습니다. 여기서 관조(관상, 觀想)는 지성의 활동으로 그 활동 자체 이외에는 다른 어떤 목적도 추구하지 않고 자신의 고유한 즐거움을 가지는 것입니다. 인간에 있어 지성을 따르는 삶이 가장 좋고 가장 즐거운 것이라는 말이지요(Aristoteles, **Ethica Nicomachea**, 1177b 20, 1178a 5). 여기서 우리는 어떤 직업을 목적으로 하는 교육이 아니라 인간의 영혼을 자유롭게 하는 것을 목적으로 하는 자유교양교육의 정신을 읽을 수 있겠습니다. 아리스토텔레스의 『정치학(Politika)』에 제시된 내용에 기초해 자유교양 교육과 관련된 그의 생각을 좀 더 살펴보겠습니다.

첫째, 그는 **다른 것의 수단이 아닌 그 자체로 좋은 교육**이 자유인에게 적절한 교육이라고 말합니다. 유용성을 추구하는 것이 자유로운 사람에게는 가장 덜 어울린다고 하면서 말입니다.

> 따라서 유용하고 필수 불가결하기 때문이 아니라 자유인답고 고귀하기 때문에 아들들에게 가르쳐야만 하는 어떤 교육이 있다는 것은 명백하다. 학과의 수가 하나이든 여럿이든 간에, 그것들이 어떤 것이며, 어떻게 가르쳐야만 하는지에 대해서는 나중에 따져 보아야 한다. 그러나 현재로서 우리에게 적어도 이만 한 정도의 방향(진전, pro hodou)으로 이루어져 왔다는 것은 또한 고대로부터 확립되어 있는 교육 과목[3]으로부터도 어떤 증거를 가지고 있기 때문이다(1338a 30).[4]

> 게다가 유용한 것들 중에 어떤 것은 아이들에게 교육되어야만 하는데, 유용성 때문만이 아니라(이를테면 읽기와 쓰기의 배움) 많은 다른 배움이 그것들을 통해서 가능할 수 있기 때문이다. 이와 마찬가지로 그림 그리기도 가르쳐야 하는데, 그들 각자의 구입에서 잘못을 저지르지 않기 위해서나 물품을 구입하고 팔 때에 속지 않기 위해서가 아니라, 오히려 그들로 하여금 신체상(peri ta sōmata)의 아름다움을 관

---

3 "필수 불가결한 것이 아니라 자유롭고 고귀한 것으로서 젊은이들에게 가르쳐 왔던 과목(커리큘럼)"을 뜻한다(김재홍 역, 2017: 583 주67).
4 이하 번역은 김재홍 역(2017)을 따랐다.

조하게 해 주기 때문에 가르쳐야만 한다. 어디서나 유용성을 추구한다는 것은 원대한 마음을 가진 사람(megalopsuchos)과 자유로운 사람에게는 가장 덜 어울리는 것이다(1338b 40).

유용성 같은 외적인 목적을 추구하는 것은 '자유롭지 못한 사람의 일'에 종사하게 하는 것이자 우리를 '비천한 일(banausos)에 참여하는 사람'으로 만들 뿐이라고 그는 말합니다.

그렇기 때문에 유용한 것들 중에서 필수 불가결한 것들을 교육해야만 하는 것은 불분명하지 않다. 그러나 [일은] 자유인의 일과 자유롭지 못한 사람의 일로 구별되는 것이기 때문에 모든 유용한 것들을 교육하지 않고, 비천한 일(banausos)에 참여하는 사람으로 만들지 않을 만큼의 그러한 유용한 일에만 참여하도록 교육해야만 한다는 것은 명백하다. 어떤 일, 기예나 배움이라도 자유인의 신체나 [혹은 영혼이나] 정신을 덕의 활용이나 실천을 위해 쓸모없게 만드는 한, 그것들은 비천한 일로 믿어져야만 한다. 이런 까닭에 우리는 신체를 나쁜 상태로 놓이게 하고, 또 임노동을 위한 그러한 일(ergasia) 모두를 비천하다고 부르는 것이다. 왜냐하면 그 기예들은 정신에 여가(scholē)를 남겨 두지 않으며, 또한 정신을 저질스럽게(tapeinos) 만들기 때문이다(1337b 10).

그러면 어떤 것이 유용한 것을 추구하는 교육일까요? 아마도 직업적 경쟁이나 시험, 경연 등을 목적으로 하는 교육이 대표적일 듯합니다.

이것(사람을 비천하게 만들어서는 안 된다는 것—필자)은 그들의 음악 공부에서 일어날 수 있을 텐데, 만일 음악을 공부하는 학생들이 전문가들 사이에서의 경쟁(agōn)을 위해 지향하는 것과 오늘날 경쟁으로 파고들어 왔고 또 경쟁으로부터 교육으로 파고들어 온 놀랍고도 색다른(비범한) 연주를 목적으로 열심히 배우고자 애쓰지 않는다면 말이다. 그러나 또한 만일 그들이 이러한 종류의 것을 배우되, 심지어 다른 어떤 동물조차도 즐길 수 있고, 게다가 다수의 노예나 아이들도 즐길 수 있는 것과 같은 단지 그런 종류의 통속적인 음악만이 아니라, 고귀한 멜로디와 리듬을 즐길 수 있는 정도에 이르기까지만(mechri per) 그들이 배운다면 말이다(1341a 10, 15).

공부의 1차적 목적을 시험이나 경연 같은 유용한 것에 두지 않고 공부 그 자체에 두어야 하는 이유 하나를 우리는 아리스토텔레스와 같은 자유교양교육자의 입장에서 찾을 수 있겠습니다. 시험이나 경연에서의 수상을 위해 억지로 피상적인 지식이나 기술을 주입하거나 가르치는 일을 반복하는 것은 우리의 마음 계발이나 폭넓은 세계 이해와 가치탐구를 어렵게 하고 우리를 비천하게 만드는 효과를 가져올 수 있다는 점에서 그러할 것입니다. 예컨대 우리가 당면한 환경과 단기적인 경제적 요구와의 관련성에 집착하게 되면 우리는 교육이 할 수 있는 삶의 가치를 풍성하게 하는 임무로부터 교육을 다른 곳으로 이끌어 갈지도 모르겠습니다. 시(詩)에 대한 평생의 사랑이나 역사에 대한 매력이나 추상적인 수학에 대한 열정을 학교에서 발달시키는 학생들은 비록 그것이 그 자신의 경제적 목적에 이바지하지 않는다 하더라도, 지극히 중요한 어떤 것을 얻을 수 있습니다(Brighouse, 2006: 4). 시험이나 경연 준비를 목적으로 하는 교육은 이러한 가치와 기쁨을 쉽게 빼앗을 수 있다는 말입니다. 인간의 덕을 실현하기 위한 이상적 학문은 '다른 것의 수단이 아닌 그 자체가 목적인 학문(knowledge for its own sake)'이어야 한다는 서양 자유교양교육의 기본적 전통은 바로 아리스토텔레스로부터 형성된 것이라 할 수 있겠습니다(이윤미, 2008: 58).

둘째, 그는 오늘날 학교를 뜻하는 '스쿨(school)'의 본질적 목적이 자유교양교육과 밀접한 연관이 있다는 점을 중요하게 언급하였습니다. 앞선 개요 부분에서 언급한 바처럼 스쿨의 어원은 '스콜레/스콜라(scholē/schola)'로 여가를 뜻하는 말이었습니다. 이에 우리는 학교의 본질적 목적을 **여가의 즐김, 여가의 활동**에서 찾을 수 있습니다. 그것은 일종의 이성적 즐김으로 자유교양교육이 추구하는 정신과 맞닿아 있습니다.

> 따라서 여가를 위한 활동(여가에서의 여갓거리, tēn en tēi scholēi diagōgēn)에 기여하는 것들을 배우거나 가르쳐야만 한다는 것은 명백하다. 또한 이것들의 가르침과 이것들의 배움은 그것들 자체를 위한 것이고, 일을 위한 배움들은 필수 불가결한 것들이나 [그것들 자체 이외의] 다른 것들을 위한 것들이라는 점도 명백하다. …… 따라서 남아 있는 것은 무시케란 여가에서의 여갓거리[5]를 위한 것이고, 바로 이런 이유로 사람들이 무시케를 교육으로 끌어들였다는 것은

---

5 "이성적인 즐김, 시간을 보냄"을 뜻한다(김재홍 역, 2017: 582각주61).

명백하다. 왜냐하면 그들은 그것이 자유인들에게 적합하다고 생각해서 여갓거리(여가의 즐김, 여가의 활동, diagōgē)에 놓았기 때문이다 (1338a 9, 15, 20).

이처럼 아리스토텔레스는 지성적 삶의 가치를 기타 실용적 삶의 가치와 구분하면서 자유인의 마음 계발(연마)을 위해 노동하지 않는 삶 혹은 여가(scholē)의 활동을 강조했습니다. 여기서 여갓거리는 자유교양교육이 무엇을 통해 가능할 수 있을 것인지에 대한 하나의 답일 수 있을 것입니다. 스쿨(school)의 어원인 스콜레(scholē)에 기초하면 학교의 본질은 여갓거리를 통해 인간의 (지성적) 마음을 경작(교양)하는 일일 것입니다. 현재의 학교는 이러한 학교의 본질에 충실할까요, 아니면 이러한 학교의 본질은 오늘날의 시대상에 더 이상 들어맞지 않는 개념일까요? 우리는 그것을 함께 논의해 볼 수 있겠습니다.

3) 이소크라테스

뮤어(Muir)나 킴벌(Kimball)과 같은 학자들은 플라톤과 아리스토텔레스에게서 자유교양교육의 기원을 찾는 것을 오류라고 지적합니다. 그들은 그것이 이소크라테스(Isocrates, BC 436~BC 338)로부터 비롯되었다고 주장합니다(유재봉, 정철민, 2010; 홍은숙, 2007). 이소크라테스가 수사학 학교를 아리스토텔레스

이소크라테스

의 학교보다 먼저 설립하고 운영했으며, 거기서 7자유학예(seven liberal arts)를 가르쳐 왔다는 것이 그 이유입니다. 그것이 훗날 허스트가 제시한 '지식의 형식'과 크게 차이가 나지 않는다면서 말입니다.

> 뮤어에 따르면, 7자유학예로 구성되는 자유교육 프로그램은 역사적으로 이소크라테스로부터 비롯되어 5~9개의 교과로 운영되어 오다가, 중세 카펠라(Capella)에 의해 7개의 교과로 확립되었다. 나아가, 허스트가 제시한 '지식의 형식', 예컨대 인문학, 과학, 역사, 문학, 종교, 철학, 수학 등도 따지고 보면, 이소크라테스가 주장한 내용의 재판에 불과하다고 할 수 있는 것이다(유재봉, 정철민, 2010: 113에서 재인용).

이소크라테스가 제시했던 일곱 가지 지식의 형식은 "(현대적 용어로 말하면) 정치학, 심리학, 사회학, 경제학 등과 같은 인문과학을 포함하는 폴리테이아, (음악을 포함하는) 수학, 자연과학, 역사, 문학, 종교, 철학"이었습니다(홍은숙, 2007: 309에서 재인용). 이러한 자유학예(liberal arts) 프로그램을 통해 그는 "단순한 말 이상의 말, 이성, 연설, 논리적이고 예술적인 화법, 논의, 이야기, 일련의 추리적 사고"에 능통한 **웅변가**(orator)이자 **수사적 인간**(rhētorikos)을 양성하려고 했습니다(홍은숙, 2007: 312). 그는 이런 사람을 양성하는 교육(paideia)을 철학(philosophia)이라고 지칭했습니다(김헌, 2013). 이소크라테스가 『안티도시스(Antidosis)』(BC 353)에서 정리한 교육 이념과 방법론은 다음과 같았습니다.

① 지혜(sophia)란 공동체 안의 다양한 정치적인(politikos) 상황에 맞는 시의적절(kairos)한 의견(doxa)을 구성할 줄 하는 능력(dunamis)이다.

② 의견은 말(logos)을 통해 드러난다. 말은 생각의 반영(eidōlon tēs dianoias)이기 때문이다.

③ 말의 교육(paideia logōn)은 시의적절한 의견을 구성하는 지혜와 그 의견을 말로 표현할 수 있는 능력을 갖추도록 도와주는데, 그것이 바로 지혜를 사랑하기, 즉 철학(philosophia)이다.

④ 이런 교육과 철학에 자신을 던지는 사람은 달변의 솜씨(rhētoreia)보다는 공정하고 균형 있는 판단력(epieikeia), 나아가 올바른 품성과 실천적인 지혜(phronēsis)를 갖추려는 데에 더 큰 관심을 갖게 된다(김헌, 2013: 85).

이는 단순히 재치 있는 웅변(연설) 훈련이 아니라 인문학적 교양의 거의 모든 분야를 망라하는 폭넓고 건전한 교양교육으로서 전인 계발을 말하고 있습니다(홍은숙, 2007: 312에서 재인용). 이소크라테스가 말한 철학이 결국 문화, 교양 있는 삶, 그리고 자유민에게 적합한 자유교양교육을 의미하는 것이었다는 말이지요(성기산, 2011: 87-88).

나의 철학이 제안한 것을 따르려는 사람들은 유창하게 연설하기(rhêtoreia)보다는 공정유연성(epieikeia) 쪽으로 훨씬 더 빨리 가도록 도움을 받을 것이다(**소피스트 반박 연설 21**, 김헌, 2015: 47에서 재인용).

여기서 **공정유연성**이란 "정의(dikê)의 원칙에 어긋나지 않는 '공정함'과, 정의의 원칙에 배치되는 것처럼 보일 수도 있지만 그 원칙을 넘어서는 고차원의 정의를 담보할 수 있는 합리성(reasonableness)과 유연성을 함께 갖는 개념"입니다(김헌, 2015: 47). 이러한 합리성의 추구는 이소크라테스의 교육이론이 교양교육의 정신에 있었고, 인간적 특질을 계발하는 것이 그의 주된 관심사였으며, 그가 보편적인 교양개념을 널리 전파했다는 점을 말해 줍니다(성기산, 2011: 91).

다음으로 이소크라테스의 자유교양교육은 이론적 지식을 강조해 온 전통적인 자유교양교육과 달리 실천적 삶을 위한(practical) 지식, 즉 자유학예에 기초한 실제적인 교육을 강조해 왔다는 점에서 주목받아 왔습니다. 그의 자유교양교육은 이론적 활동을 통해 사물의 본질을 관조하는 최상의 행복 대신 덕성과 결합된 수사학(교육)을 강조합니다. 정치적 · 시민적 덕을 갖춘 웅변가(연설가)를 양성하는 데 초점을 맞춘 것입니다. 이 점에서 킴벌은 이소크라테스에게서 자유교양교육의 기원을 찾는 입장을 소크라테스, 플라톤, 아리스토텔레스로 이어지는 '철학자 전통'과 구분해 '웅변가 전통'이라고 불렀습니다(홍은숙, 2007: 314-316). 플라톤이 이론적 삶을 교육내용으로 삼아야 한다고 했다면, 이소크라테스는 실천적 삶을 교육내용으로 삼아야 한다고 주장했던 것입니다(조무남, 2004: 100). 수사학의 바탕 위에 인문주의를 이룩했다고 할 수 있겠지요(Ibid.). 이소크라테스의 이러한 접근은 지식의 이론적 추구를 강조하는 자유교양교육과 함께 웅변가 양성과 같은 실천적 삶의 추구를 강조하는 자유교양교육의 전통 또한 있어 왔다는 사실을 말해 줍니다.

4) 허친스와 아들러

자유교양교육과 관련해 살펴보아야 할
또 다른 주요 인물은 허친스(R. M. Hutchins,
1899~1977)와 아들러(M. J. Adler, 1902~2001)
입니다. 첫째, 두 사람은 **위대한 저서**(the great
books) 읽기를 통한 자유교양교육을 이야기
했다는 점에서 중요합니다. 자유교양교육
이 리버럴 아츠(liberal arts)에 해당하는 학문

허친스

이나 예술에 기초해 왔다는 점을 감안한다면, 그들이 선별한 위
대한 저서들이 자유교양교육의 목적 달성을 위한 핵심 재료라는
점은 그렇게 낯설게 들리지는 않을 듯합니다.

> 교육제도의 목적이 젊은이들로 하여금 스스로 생각하기를 배우
> 도록 돕는 일이라면 그것은 그들에게 가장 중요한 교과에 관해 생
> 각하기를 도와주어야만 하며, 그리고 가장 중요한 교과는 과거와 현
> 재의 위대한 저술가들의 위대한 작품 속에 논의되어 있는 것이다
> (Hutchins, 1953: 19).

위대한 사상가들이 남긴 위대한 저서들을 읽고 이해하고 대
화하는 가운데 우리가 스스로 생각하기 같은 인간 본성의 지적
인 능력, 이성적 마음을 함양할 수 있다고 본 것이지요. "이해와

판단의 능력을 개발시킨다."는 자유교양교육의 목적(Hutchins, 1953: 75)이 위대한 저서들을 통해 가능할 뿐 아니라 그것이 우리를 "위대한 대화(The Great Conversation) 속의 참여자"(Ibid.: 83)로 만들어 줄 수 있다고 본 것입니다. 이에 두 사람은 자유교양교육을 실천하기 위해 '위대한 저서 읽기 운동'을 전개했습니다. 아들러는 '고전'보다는 '위대한 저서'가 더 좋은 단어라고 생각했습니다. "고전이라는 말이 살아 있는 자료라기보다는 과거에 발굴된 고문서에 대한 고고학적인 의미를 가지고 있다"(신득렬, 2003: 208-209에서 재인용)는 점이 그 이유였습니다. 그렇다 하더라도 그들이 말하는 위대한 저서는 고전(古典, classic)으로 불러도 무방하다고 생각합니다. 그들이 선정한 호머(Homer), 소포클레스(Sophocles), 헤로도토스(Herodotus), 플라톤(Platon), 아리스토텔레스(Aristoteles) 등의 저서들 모두[6]는 오늘날 여전히 고전이라 불리는 책들입니다.

이마미치 도모노부(今道友信, 2004: 14-16)에 따르면 고전을 뜻하는 서양어 클래식(classic)은 라틴어 '클라시쿠스(classicus)'라는 형용사에서 유래했다고 합니다. 원래 '함대(艦隊)'를 뜻하는 '클라시스(classis)'라는 명사에서 파생되었다는 것이지요. '클라시쿠스'라는 형용사는 "로마가 국가적 위기 상황에 맞닥뜨렸을 때, 국가를 위해 군함을, 그것도 한 척이 아니라 함대(클라시스)를 기부할 수 있는 부호를 뜻하는 말로, 국가에 도움을 주는 사람을 가리키는" 말이었고요. 그는 이러한 '클라시쿠스'의 의미가 변화되어,

---

6 두 사람이 선정했던 위대한 사상가와 저서들에 대한 상세한 목록은 신득렬(2003: 215-223)을 참고할 수 있다.

"인간의 심리적 위기에 진정한 정신적 힘을 부여해 주는 책을 일컬어 '클래식'이라 부르게 되었다."고 말합니다. 이에 우리는 "책뿐만 아니라, 회화든 음악이든 연극이든 정신에 위대한 힘을 주는 예술을 일반적으로 '클래식'이라 부를" 수 있겠지요. 또한 동양권에서는 이러한 클래식을 "오래전부터 소중하게 여겨 온 서적[典]"이라는 의미에서 고전으로 번역해 왔습니다. 그는 여기서 '典' 자가 상형문자로 "다리가 달린 책상 위에 옛 책의 형태인 두루마리를 소중히 올려놓은 것을 의미"한다고 말합니다. 여기서 책상 위에 올려 둔다는 것이 "읽지 않고 쌓아 두기만 한다."는 뜻이 아니라면서 말입니다. 그는 그것을 "소중히 여기고 늘 열심히 읽는다."는 뜻으로 해석합니다. 정신적 힘이 필요할 때마다 늘 꺼내 보는 책이 고전이라는 것이지요. 이 점에서 그는 고전이라는 단어가 클래식의 번역어로 적절하다고 말합니다. 우리는 자유교양교육과 관련해 이러한 고전이 갖는 의미를 함께 음미해 볼 필요가 있겠습니다.

둘째, 두 사람 모두가 자유교양교육의 혜택을 모든 사람이 받아야 한다고 강조했다는 점도 중요합니다. 플라톤과 생각을 달리했던 것이지요. 허친스는 위대한 저서들을 읽는 일이 쉽지 않은 것은 사실이지만, 그 위대한 저서들이 가진 가치 때문에라도 모든 사람에게 그것이 개방되어야 한다고 말했습니다. 학식 있는 소수의 사람들에게만 위대한 책을 읽게 하고 그 밖의 사람들을 내버려 두는 것을 지독한 귀족주의라고 말하면서 말입니다(신득렬, 2003: 212). 자유와 책임이 있는 인간다움의 기초를 다지기 위해서는 누구에게나 자유교양교육이 필요하다고 본 것이었지요.

만약에 모든 인간이 자유롭기 위해서는 모든 사람이 이러한 교육(자유교양교육—필자)을 받아야 한다. 어떻게 생계를 유지하며 특별한 흥미나 재능이 무엇인지는 중요하지 않다. 그들은 교양교육을 통해서 자유와 책임 있는 인간다움의 기초를 놓은 후에 생계를 배울 수 있고 특별한 흥미나 재능을 개발할 수 있다(Hutchins, 1953: 74-75).

아들러

아들러도 『파이데이아 제안(The Paideia Proposal)』(1982)을 통해 모든 학생에게 동일한 교육과정을 제공하는 것으로 교육기회에서의 질적인 평등을 가져올 수 있다고 주장했습니다.

교육기회의 평등이라는 것이 모든 아동에게 동일한 시간 수, 일수 그리고 연수 동안 공립학교에 재학시키는 것 이상의 의미를 갖지 못한다면 실제로 실현된 것이 아니다. …… 공교육제도가 실패하게 된 것은 동일한 질이 아닌 동일한 양의 공립학교 교육만을 실현했기 때문이었다. 이러한 실패는 우리의 민주주의 원리를 완전히 위반했다는 것을 의미한다. …… 사회적 평등의 가장 심오한 의미는 그것이 본질적으로 만인을 위한 동일한 삶의 질을 의미하는 것이다. 이것은 만인을 위한 동일한 질의 학교교육을 요청하고 있다(Adler, 1982: 15).[7]

---

7 번역은 신득렬 역(1993)을 따랐다.

그러면 그가 여기서 제안했던 "만인을 위한 동일한 질의 학교교육"은 어떤 교육을 말할까요? 그는 모든 아동이 운명적으로 갖게 되는 세 가지 공통적인 소명이 있고 그것이 기본적인 학교교육의 목적이라는 점을 우선 이야기했습니다. 그것은 ① "지적으로 그리고 책임 있는 방식으로 생계를 버는 것", ② "지적으로 그리고 책임 있는 시민으로서의 기능을 발휘하는 것", ③ "이 두 개의 소명이 지적이고 책임 있는 인생을 살아갈 수 있도록 도와주는 것, 즉 가능한 한 인생을 선하게 만드는 모든 것을 충분히 향유하는 것"이었습니다(Adler, 1982: 27-28). 그러면서 그는 이 세 가지 목적을 실현하기 위해서는 기본적인 학교교육이 일반적이고 교양적인 자유교양교육이어야 함을 제안했습니다.

> 이러한 세 가지 목표를 달성하기 위하여 기본적 학교교육은 만인을 위해 가장 잘 정의될 수 있는 질을 가져야만 한다. 즉, 적극적으로는 이 교육이 일반적이고도 교양적이라고 말하고, 소극적으로는 그것이 비전문적이고 비직업적이라고 정의하는 일이다(Adler, 1982: 28).

계속해서 아들러는 이를 위한 필수 교육과정으로 ① 조직화된 지식의 획득(1영역: 언어, 문학, 미술; 2영역: 수학과 자연과학; 3영역: 역사, 지리, 사회), ② 학습 기능을 포함한 지적 기능의 발달, ③ 관념들과 가치들에 대한 이해의 확충(Adler, 1982: 32)을 제안했습니다. 결국 이를 중심으로 학교교육이 개혁될 때 일반교양능력을 갖춘, 진정으로 '교육받은 인간'이 될 수 있다고 보았던 것이었습니다.

5) 허스트

허스트(P. H. Hirst, 1927~)의 자유교양교육론은 자유교양교육의 원형적 개념뿐 아니라, 그에 제기되는 전형적인 비판, 그리고 그러한 비판을 수용하며 어떤 대안이 모색되고 있는지를 이해할 수 있게 하는 좋은 소재입니다. 이에 좀 더 이론적이고 긴 분량이 되더라도 그의 생각의 변화를 전기 사상과 후기 사상으로 나누어 따라가 보겠습니다.

(1) 전기 사상

허스트의 전기 사상에 나타난 자유교양교육 개념은「지식의 성격과 자유교양교육(Liberal education and the nature of knowledge)」[8]에 잘 제시되어 있습니다. 이에 기초해 그의 전기 사상을 살펴보겠습니다.

첫째, 허스트는 지금까지의 자유교양교육 개념이 "직업교육이 아닌 것, 과학교육만도 아닌 것, 또는 어떤 의미에서도 전문가 양성교육이 아닌 것"이라는 소극적 정의로만 머물러 왔다고 지적합니다. 그래서 그 개념이 갖는 중요성 대신 논쟁의 소재가 되는 개념으로만 머물게 해 왔다는 것이지요. 이에 허스트는 이 논문을 통해 자유교양교육의 개념을 재진술하고 있습니다(p. 391). 그는 이를 통해 그것이 "모종의 적극적인 의미를 가지고 있는, 완전한 지

---

8 이 논문에 대한 번역은 김안중 역(연도미상)을 따르며, 디어든(Dearden), 허스트 (Hirst), 피터스(Peters)가 편집한 『Education and the development of reason』 (Routledge & Kegan Paul, 1972)에 실린 원문을 함께 참고했다. 본문의 페이지 번호는 원문의 페이지 번호이며, 경우에 따라 김안중의 번역을 수정하기도 했다.

식의 성격 그 자체에 토대를 두고 있는, 그래서 어떤 수준에서의 교육학적 논의에서도 핵심적인 자리를 차지하는, 교육의 개념을 표현하는 용어"로 자리매김하기를 원했습니다(p. 391). 허스트는 자유교양교육의 개념을 재진술하기 위해 그리스 시대의 자유교양교육과 하버드위원회 보고서, 패터슨의 개념들을 차례로 검토합니다. 그러면서 각각의 개념이 이전 개념들과 어떻게 연결·단절되고 있고, 어떤 문제점(혹은 한계)을 지니고 있는지를 제시합니다.

우선 그는 그리스 자유교양교육 개념에 붙박여 있는 실재론에 입각한 형이상학적·인식론적 근거를 포기합니다(pp. 391-393). 즉, 지식과 실재(reality)와의 관계에 있어 "'최종적으로 진인 것' 또는 '궁극적으로 실재하는 것'과 합치되는 지식이 인간의 모든 경험, 삶, 그리고 사고를 형성하고 안내한다."는 입장을 포기합니다. 지식 추구를 목표로 하는 자유교양교육에서 지식이 더 이상 모종의 실재에 근거를 둔 것이 아니라는, 즉 실재론적 지식관에 의문이 제기되는 순간, 자유교양교육의 정의와 정당화에 문제가 발생할 수 있기 때문입니다. 대신 그는 "진과 위, 선과 악, 의와 불의를 구별하는 공적 기준이 이미 보장되어 있다."는 "지식 그 자체의 필연적인 특성"을 강조합니다. 그 기준들의 존재가 지식의 객관성을 부여한다면서 말입니다. 다음으로 허스트는 교육의 목적이 인간의 마음에 모종의 적성과 태도를 기르는 것이고, 지식이라는 요소는 단지 그에 필요한 수단이라는 하버드위원회 보고서의 입장을 문제 삼습니다(pp. 393-399). 자유교양교육의 결과로 뒤따라오는(자유교양교육의 결과로 산출되는) '마음의 특징'으로 자유교양교육의 개념을 정의하는 것이 잘못이라는 지적입니다. 즉, 공적 언어(공적 특징, 공적 기준)를 지닌 지식의 형식이 마음의 특징(능력)에 논리적으로 우선하는 것이고, 그러한 마음의 능력은 지식의 형식에 비해 이차적이고 파생적이라는 말이지요. 따라서 그에게 "일관된 자유교양교육의 개념은 완전히 지식의 형식들에 의해서 뒷받침되는 방식으로 재구성되어야" 하는 문제가 되었습니다. 마지막으로 허스트는 자유교양교육을 '가능한 한 많은 주요 사고양상들(정신활동의 형식들) 속에서 지성을 계발하는 교육'으로 보는 패터슨의 입장을 문제 삼았습니다(pp. 399-400). 패터슨이 제시한 논리적, 경험적, 도덕적, 심미적이라는 네 가지로 분류된 주요 사고양상들에 대해 허스트는 그것이 지식의 영역들을 특징짓는 공적 특성들에 의존해야만 구별될 수 있는 것으로 보았습니다. 따라서 패터슨의 '양상' 개념이 엄격히 지식의 공적 특성에 토대를 두고 설명된다면, 그때 교육의 개념은 모종의 지식의 형식들에 의해서 결정된 것으로서의 마음의 계발로 정의될 수밖에 없다는 것이 허스트의 주장입니다. 이러한 과정을 거쳐 그는 자유교양교육의 개념을 그리스 시대의 원형적 개념과 동등한 의미가 있는 **'지식의 형식을 통한 마음의 계발'**이라는 개념으로 재진술하였습니다.

자유교양교육은 지식 그 자체에 의해 범위와 내용이 정해진 교육, 그러면서 마음의 계발에 관련된 교육을 말한다. 이 개념은 이제 그 원래의 개념이 정의되었던 것과 정확하게 동일한 방식으로, 분명하고도 객관적으로 정의되는 것이다(p. 402).

이 자유교양교육의 개념은 실재에 대한 어떤 형이상학적 이론도 제시하지 않으면서 고대 그리스 시대의 원형적 자유교양교육 개념과 동일한 중요성을 갖는다. 그것은 직접적으로 합리적 지식—그 형식을 어떤 것으로 선택하든지 간에—을 통한 마음의 발달을 가져오려는 교육을 가리킨다. 이 교육은, 마음이 지식을 통해서 그 자체의 좋음에 도달하도록 하는 것이 자유교양교육이라는…… 그리스 시대의 원형적 개념과 동등한 의미를 가지고 있다(p. 404).

결국, 자유교양교육 개념에 대한 허스트의 재진술은 실재론에 기반한 지식의 객관성이 지식 그 자체의 필연적인 특성—공적 기준이 보장되어 있다는—이 갖는 객관성으로 바뀌었을 뿐, 지식과 마음 간의 관계는 그리스 시대의 개념과 동일한 것이라 하겠습니다. 그리하여 **좋은 삶**의 의미는 **합리적 지식의 어떤 특수한 형식에 참여하는 것**과 동일화되며, 좋은 삶은 필연적으로 자유교양교육의 한 부분이 되었습니다(p. 404).

둘째, 그는 어떤 지식이 합리적 마음을 계발하는가와 관련해 '**지식의 형식**(the forms of knowledge)'을 하나의 개념으로 제시하였습니다. 지식의 형식은 자유교양교육이 어떤 지식을 가르쳐야 하는지와 관련해 살펴볼 만합니다. 허스트가 말하는 지식의 형식은 "일반적으로 통용되고 있는 공적 기호들을 중심으로 해서 인간이 자신의 경험을 구조화하는 특이한 방식"을 뜻합니다(p. 405). 허스트는 이러한 지식의 형식이 다음과 같은 네 가지 특징을 지닌다고 설명합니다.

① 각각의 형식들은 성격상 그 형식에서만 특이하게 발견되는 중심 개념들을 가지고 있다. 예컨대 과학에만 특징적으로 들어 있는 개념으로서 중력, 가속, 수소, 광합성 등이 있고, 수학에서의 수, 정수, 행렬 등, 종교에서의 신, 원죄, 운명 등, 그리고 윤리학에서의 의무, 선, 악 등이 그렇다.

② 하나의 주어진 지식의 형식 안에서, 이러한 여러 가지 중심 개념들은 경험의 어떤 측면들을 드러내고 있으며…… 인간은 이 중심 개념들로 형성되는 여러 가지 관계망 속에서 경험을 이해할 수 있게 된다. 그 결과로서 그 지식의 형식은 하나의 뚜렷이 구별되는 (distinct) 논리적 구조를 갖추게 된다. 예컨대 기계역학의 용어나 진술들은 모종의 매우 엄격히 제한된 방식으로만 이해될 수 있을 뿐이고, 역사적 설명의 경우에서도 이 점은 마찬가지이다.

③ 하나의 지식의 형식은, 그것이 가지고 있는 특수한 용어와 논리 덕택에, 어떤 방식으로든지…… 경험에 비추어 그 진위를 검사할 수 있는 표현이나 진술들을 가지고 있다. …… 이 점은 과학적 지식, 도덕적 지식, 그리고 예술의 경우에도 다 해당한다. …… 그러므로 각각의 지식의 형식이, 그 형식에 고유한 준거들을 존중하는 가운데, 경험에 비추어 그 진위 판단이 가능한 독특한 진술들을 가지고 있다는 점은 분명하다.

④ 지식의 형식은 경험을 탐색하는, 그리고 그 형식 고유의 표현들을 검사하는, 일정한 기법과 기술을 발달시켜 왔다. 여러 형태의 과학 그리고 여러 형태의 문학작품에서 보는 기법들이 그 예일 것이다(pp. 405-406).

허스트에게 이러한 지식의 형식들은 곧 마음의 형성에 필요한 학문/도야(discipline)를 의미합니다(p. 406). 인용문에 제시된 네 가지 특징에 기초하면 우리가 지식의 형식들(또는 마음 형성에 필요한 학문들)에 입문한다는 것은 각 형식에 담긴 중심개념, 구별된 논리적 구조, 진위판단을 할 수 있는 독특한 표현이나 진술, 진리 검증을 위한 탐구방법 모두에 입문하는 일이 될 것입니다. 그렇다면 지식의 형식들을 공부하는 일은 아마도 힘겨운 지적인 노력을 요구하는 만만치 않은 일이 될 듯합니다. 이어서 그는 "주요 지식의 형식—또는 학문—들이 구별 가능한 까닭은, 그 각각이 경험에 비추어서 그 독특한 표현들의 진위를 밝혀 주는 검사(test)를 가지고 있기 때문"이라고 말합니다(p. 406). 이에 따라 허스트는 지식의 형식들을 다음과 같이 대략적인 기준으로 분류하였습니다.

1 뚜렷이 구별되는 학문 또는 지식의 형식: 수학, 자연과학, 사회과학, 역사학, 종교, 문학 및 순수예술, 철학, 윤리학(이들은 모두 하위 학문영역으로의 분류가 가능한 것들임)

2 지식의 분야: 이론적 지식, 실제적 지식(이들은 도덕적 지식의 요소를 포함할 수도 있고, 포함하지 않을 수도 있음)(pp. 407-408)

허스트는 여기에 도덕적 지식을 추가한다면, 경험을 이해하는 특수한 방식들은 기본적으로 뚜렷이 구별되는[유(類)다른] 학문들에 의해 그 범위가 정해진다고 봅니다(p. 408). 그리고 중요한 것은 학생들로 하여금 단순히 정보나 단편적 기술의 나열을 학습하게 하는 것이 아니라, 각각의 기본적인 지식의 형식 및 각각의 학문이 서로 간에 맺고 있는 여러 가지 상이한 측면을 가능한 한 많이 접할 수 있도록 해야 한다고 말합니다. 자유교양교육의 목적이 종합적이기는 하지만 백과사전식 정보의 획득도 아니요, 한 가지 지식의 분야에서 그 특수한 세부적 내용들에 잘 훈련된 사람이 가지고 있는 전문적 지식을 추구하는 것도 아니기 때문입니다(pp. 408-409).

허스트의 전기 사상은 자유교양교육이 추구하는 지식의 범위를 수학, 자연과학, 사회과학, 역사학 같은 이론적인 것, 즉 명제적 지식에 한정했습니다. 이는 지나치게 합리주의에 의존했다는 평가를 받게 했을 뿐 아니라 교육을 실천의 맥락에 맞추어 재정의하려는 사람들로부터도 많은 비판을 받게 해 왔습니다(조무남, 2004: 102). 허스트는 말년에 이러한 비판을 수용하면서 자신의 입장을 변경하였습니다. 이론적(명제적) 지식 추구를 통한 합리적 마음 발달을 강조하던 전기 사상에서 **사회적 실천전통**(social practices[9])을 강조하는 방향으로 자신의 입장을 변경한 것이지요. 허스트의 후기 사상은 바로 이러한 변화된 관점을 의미합니다.

---

9 'practices' 또는 'a practice'는 연구자에 따라 실제, 행위전통, 인간 활동, 관행, 실천전통 등으로 번역되어 왔다. 여기서는 홍은숙(2007)의 번역어인 실천전통을 사용한다. 홍은숙(2007: 20)은 실천이 'practice'라는 원어의 의미를 반영하면서도 이론과 대비된 실제적 활동이라는 오해를 해소한다는 점에서 실제나 행위보다 더 적절한 용어라고 말한다. 그러나 그녀는 실천만으로는 역사적·사회적 전통의 의미가 약하기 때문에, 여기에 전통이라는 단어를 덧붙여 '실천전통'이라는 한 단어의 번역어를 사용한다. 필자도 '실천전통'이라는 번역어가 'a social practice'를 전통적으로 확립되거나 의도적인 제도에 의해 확립된 활동 패턴으로 정의하는 허스트의 관점을 현재로서는 가장 잘 드러내 준다고 생각한다.

(2) 후기 사상

허스트의 후기 사상은 「교육목적의 본질(The nature of educa-
tional aims)」(Hirst, 1999)에 서술된 내용을 중심으로 그 특성을 살
펴보겠습니다. 이 논문에서 허스트는 교육이 공리적 차원에서
는 "개인이 좋은 삶을 영위할 수 있도록 하는 데 목적을 둔 학습
활동"을, 일반적인 차원에서는 "한 개인의 좋은 삶을 전체적으로
발전 또는 증진하기 위해 지향하는 것"을 의미한다고 말합니다
(Hirst, 1999: 124). 자유교양교육의 전통이 이러한 전반적인 관점
을 고수해 오고 '좋은 삶'이 함의하는 것이 무엇인지를 상세히 밝
히기 위해 반복적으로 노력해 왔다면서 말입니다(Ibid.). 그렇다
면 자유교양교육의 전통에서 그간 전제해 왔던 좋은 삶은 어떤
삶일까요? 그것은 허스트가 자신의 전기 사상에서 말했던 합리
적 지식의 어떤 특수한 형식, 즉 지식의 형식에 참여하는 것과 관
련이 있습니다. 그것을 통해 자신의 합리적 삶을 스스로 만들어
갈 수 있다면서 말입니다(Ibid.: 125).

그러나 허스트는 말년에 좋은 삶이 지식과 이해에 기반한 합리
적 자율성과 관련이 있다는 자신의 전기 사상을 비판적으로 재검
토했습니다. 좋은 삶을 위해 명제적(이론적) 지식이 중요한 핵심
이라는 생각을 고수해 왔고, 그럼으로써 교육이 너무나 오랫동안
학문적이며 이론적인 교과의 내용과 성격에 의해서 잘못 지배되
어 왔다면서 말입니다(Ibid.: 132). 이에 그는 우리 모두의 좋음을
위해 이제부터는 우리가 좋은 삶과 교육의 목적을 '**합리적인 사회
적 실천전통**(rational social practices)'의 측면에서 바라보아야 한다
는 의견을 개진했습니다(Ibid.). 그러면 그가 말하는 사회적 실천

전통은 무엇을 의미할까요?

내가 의미하는 사회적 실천전통은 전통적으로 확립되었거나 아니면 우리의 필요와 관심을 충족시키기 위해 종사하는 의도적인 제도에 의해 확립된 활동 패턴이다. 여기에(사회적 실천전통에—필자) 참여하는 것은 필연적으로 지식, 신념, 판단, 행동, 성패의 기준, 원리, 기술, 성향, 감정과 같은 요소들을 수반한다. 그것은 진실로 우리 능력의 모든 활동과 성취를 포괄하는 요소들이다. 어떤 특정한 실천전통에서 이러한 요소들은, 각각 다른 요소들과의 관련성으로부터 어느 정도 그것의 뚜렷이 구별된 특성을 취한다. 그러면서 바로 그러한 실천전통의 본질 전체를 구성하며 서로 긴밀히 결합되어 있다. 실천전통들의 범위는 주로 물리적인(physical) 것에서부터 주로 이론적인 것까지, 간단한 기술에서부터 복잡한, 전문적이면서도 대인관계와 관련된 활동들까지를 아우른다(Ibid.: 127).

그는 교육 그 자체도 이러한 사회적 실천전통에서만 존재한다고 말합니다. 이 때문에 그는 교육목적의 내용도 본질적으로 사회적 실천전통들에 입문시키는 것으로 변경되어야 한다고 주장합니다(신득렬, 2003: 169). 계속해서 허스트는 우리의 삶에 의미를 제공하는 것이 이러한 사회적 실천전통의 그물망이며, 우리가 오직 그에 대응함으로써 인간으로서 우리의 정체성을 정립할 수 있다고 주장합니다(Hirst, 1999: 127-128).

그러면 그는 전기 사상에서와 달리 우리의 좋음을 구성하는 것을 무엇으로 볼까요? 그는 우리의 좋음을 구성하는 것이 우리의 필요와 관심을 만족시키는 것으로 성취되는 **충족**(fulfillment)으로 가장 잘 이해될 수 있다고 말합니다(Ibid.: 128). 따라서 그는 그러한 좋음이 "단지 경험 속에서만 포착될 수 있는 어떤 것이지, 처음부터 명제적 진리들 속에서 이해되는 어떤 것이 아니"라고 말합니다(Ibid.). 명제적 진리들이 간접적일 수밖에 없다는 것이 그 이유입니다. 사회적 실천전통이 그러한 만족을 얻게 하는 본질적인 수단이며, 그것을 통해서만 우리가 개인적으로 좋은 삶을 형성할 수 있다는 것이지요(Ibid.). 그러나 그는 우리 각자를 위해 좋은 삶이란 우리의 필요와 변화하는 관심 전체를 전반적으로, 그리고 장기적인 관점에서 최대한 충족시키는 것이어야 한다는 점이 분명하다고 말합니다(Ibid.).

이처럼 우리가 이용할 수 있는 사회적 실천전통과 관련된 필요와 관심을 충족시키는 데서 좋은 삶을 찾을 수 있다면, 우리는 우리 이성의 활동을 어떻게 이해해야 할까요?(Ibid.) 다음의 인용문에서처럼 그것은 실천전통에서 중요한 것이 무엇인지를 식별하기 위해 우리의 인지적 능력을 발휘하는 것과 관련이 있습니다.

> 그것(이성—필자)의 작동은 우리의 필요와 관심의 충족을 추구하는 과정에서, 우리가 그러한 실천전통을 탐색할 때 그에 중요한 대상, 상황, 사건이 무엇인지를 식별하기 위해 우리의 인지적 능력을 발휘할 때 비롯되는 것으로 이해될 수 있다. …… 실천전통의 담론에 표현된 지식과 이해는 이렇게 본질적으로 만족을 얻기 위한 방법적 지식(know-how)이다. 우리는 이렇게 실천전통 그 자체에서의 시행착오에 의해 우리가 추구할 근거가 있는 활동들이 무엇인지를 발견한다.

따라서 점진적으로, 우리는 신중하게 우리의 필요와 관심의 충족을 불러일으키는 그러한 추구로서의 합리적인 실천전통을 사회적으로 발달시킨다. 그러나 실천전통의 담론에 표현된 그런 합리적 실천전통의 규칙과 원리는 성공적인 실천의 결과물이다. 그것의 결정권자가 아니다. …… 합리적 실천전통은 실천(전통) 그 자체 속에서 정당화되는 실천전통이다. 그리고 그것의 창출, 수행, 발달은 단지 그 실천(전통)의 양상에서 이성의 발휘 덕분에 가능하다(Ibid.: 128-129).

이는 합리적 실천전통의 발달이 이론적 이성에 의한 추상적인 개념화를 통해서가 아니라 실천(전통)의 양상에서 행사되는 실천적 이성에 의해 이루어진다는 점을 말합니다(홍은숙, 2007: 189). 우리 인간이 지닌 다양한 필요와 관심을 충족시키기 위해 우리가 공학기술, 산업, 정치, 법률, 경제와 같은 정교한 실천전통을 발전시켜 왔는데, 그것이 바로 실천적 이성의 행사 덕분이라고 허스트는 말합니다(Hirst, 1999: 129). 이 점에서 우리가 좋은 삶을 실천적 이성의 삶으로 이해한다면, 좋은 삶도 결국은 합리적인 삶일 수 있겠습니다(Ibid.). 그러나 여기서 말하는 합리적 삶이 직접적으로 요구하는 것은 실천적 이성이지 이론적 이성이 아닙니다. 바로 이 부분이 전기 사상과의 뚜렷한 차이입니다. 이론적 이성은 실천전통을 생성할 수 없기 때문에 그렇다는 것이지요.

이론적 이성은 모든 비인지적인 필요와 관심으로부터 추상된 명제적 진리의 획득을 위해 개념 도식을 만들어 내고 활용하는 것을 의미한다. 나는 이론적 지식과 이해는 그 본성상 합리적인 실천전통을 생성할 수 없다고 주장한다(Ibid.: 129).

그러나 그는 이론적 지식이 사회적 실천전통과 무관하지만은 않다고 말합니다(Ibid.). 실천전통의 모든 영역에서 이론적·학문적 지식은 실천적 지식이 확립되는 데 필요한 '재료'를 제공할 수는 없겠지만, 성공적인, 즉 합리적인 실천전통이 구성될 수 있는 방향을 가장 깊이 안내해 줄 수 있기 때문이라는 점에서 그렇다는 것입니다(Ibid.: 129-130). 마찬가지로 이론적 이성은 합리적인 실천전통의 발달에 전제된 가정들을 확인하고, 실천전통의 비판적이고 반성적인 측면을 습득하게 합니다. 그것은 좋은 삶을 구성하는 기초가 아니라 비록 수단의 역할에 그치기는 하지만, 우리의 욕구충족 과정에 숨겨진 가정들을 드러내고 타당한 것으로 끊임없이 만들어 가는 역할을 합니다(홍은숙, 2007: 190). 다만, 이론적 이성이 아니라 **실천적 이성**이 합리적 삶을 위해 직접적으로 요구된다는 것이 후기 허스트의 입장인 것이지요(Hirst, 1999: 130).

> 그것(실천적 이성—필자)은 실천전통의 담론을 포함하여, 우리의 주어진 필요와 발달하는 관심을 가장 잘 충족시킬 수 있는 그러한 실천전통 속에 있는 수많은 복잡한 요소들에 참여하는 것을 포함한다(Ibid.).

결국, 일반적인 교육 목적이 좋은 삶을 발전·증진시키는 것이라면, 이제 그것은 근본적으로 사회적 실천전통 안으로 점진적인 입문을 하는 일이 됩니다. 그것은 각 개인이 그들 자신의 만족과 충족을 최대한 발견할 수 있는 일과 관련되어 있습니다(Ibid.). 이에 그는 교육의 초점이 사회적 실천전통의 내용을 제공하는 실천전통에 맞추어져야 한다고 주장합니다. 중요한 것은 합리적 선택, 즉 실천적 이성에 의해 식견 있는(informed) 선택을 하는 것입니다. 그것은 개인을 위한 좋은 삶의 구성을 발전시키기 위해 행해집니다.

그러면 교과지식이 아닌 실천전통을 교육의 내용으로 삼는다는 것은 교육과정을 무엇으로 구성한다는 것일까요? 허스트는 다음의 예를 제시합니다.

> 어떤 특정한 사회적 맥락에서 어떤 좋은 삶에 분명히 필수적인, 그래서 모든 교육에서 중요한 부분이어야 하는 기존의 실천전통이 있을 것이다. 많은 것이 합리적으로 정해진 필요와 능력들인 물리적(신체적), 심리적, 사회적인 것과 관련이 있을 것이다. 예컨대 자신의 물리적 환경 속에서 자기를 관리하고, 개인적이거나 여타의 사회적인 관계를 정립하고 유지하며, 효과적인 의사소통을 수행하는 일이 이에 해당한다. 다른 것들은 한층 더 복잡하고 정교한 필요와 관심과 관련된다. 말하자면, 사회에서 생겨 온 것으로 재정, 법률이나 정치가 이에 해당한다. 이러한 것들 저편에 비록 선택적이지만 가치가 있고 선택 가능한 형태를 띨 수 있는 덜 필수적인 실천전통이 있다. 예술, 종교, 산업이나 스포츠가 이에 해당한다. 교육에서 이 마지막 그룹의 위치는 능력(abilities)과 사회 환경에서의 개인차에 따라 다양할 수 있다. 그렇지만 다양한 실천전통 사이에서 탐색과 참여하는 데 필요

한 폭넓은 기회가 분명 본질적이다(Ibid.: 131).

여기서 거론된 물리적, 심리적, 사회적인 것, 재정, 법률, 정치, 예술, 종교, 산업 등은 얼핏 기존 자유교양 교과와 비슷해 보일 수 있겠습니다. 그러나 그 내용은 '활동 혹은 실천'의 언어라는 점에서 기존 교과의 언어와 차이가 있습니다(홍은숙, 2007: 200). 허스트는 계속해서 어떤 실천전통이 교육의 내용으로 제공되든지, 그 실천전통 안으로 입문되는 것은 그것을 구성하는 요소들의 모든 범위에 관여하는 것을 필요로 한다고 말합니다. 그 요소들은 그러한 실천전통을 수행하는 데 작동되는 것으로 개념, 판단, 지식, 활동, 담론, 원리, 성향을 포함합니다. 또한 그는 그 실천전통이 존속하는 데 필요한 필요와 관심의 충족을 성취하도록 신경 쓰게 하는 비판적 성찰이 필수적이라고 말합니다(Hirst, 1999: 131). 반면, 이론적 지식과 관련된 실천전통인 학문적 교과목은 좋은 삶을 수행하는 데 있어 대체로 간접적인 중요성만이 있다고 그는 주장합니다(Ibid.).

이상 서술한 내용의 핵심을 허스트는 다음과 같이 정리합니다.

① 좋은 삶은 이론적 이성이 아닌 실천적 이성에 의해 결정되는 삶으로 이해되어야 한다.
② 실천적 이성은 사회적 실천전통으로 표현되는데, 사회적 실천전통은 인간의 필요와 관심을 충족시키는 것에 대하여 비판적으로 성찰하는 가운데 발달한다.
③ 좋은 삶은 비판적이고 성찰적인 삶인데, 그러한 삶은 우리 자신의

발달하는 필요와 관심을 전반적으로 그리고 장기적 관점에서 충족시키는 실천전통과 관련하여 발달한다.

④ 전반적인 교육 목적은 그러한 실천전통에 입문하는 것으로 이해된다. 실천전통 속에서 이 같은 좋은 삶이 발달될 수 있다.

⑤ 이러한 실천전통으로의 입문은 그 자체로 비판적이고 성찰적인 실천전통 속에서 발달되어야 하는 하나의 사회적 실천전통이다 (Ibid.: 132).

이상의 후기 허스트의 입장은 이 장에서 줄곧 살펴본 자유교양교육에 대한 전통적인 관점(그의 전기 사상을 포함하여)을 포기한 것일까요, 아니면 자유교양교육의 새로운 패러다임이나 재개념화를 제안하는 것일까요? 자유교양교육은 실천전통으로의 원활한 입문을 위해서라도 여전히 중요할까요? 그런 점에서 허스트의 전기와 후기 사상은 단절이 아니라 연속성이 있는 것일까요? 그가 합리적인 실천전통의 발달을 위해 이론적 이성과 합리성의 중요성을 포기하지 않았다는 점에서 말입니다. 아니면, 실천전통으로의 입문은 삶과 연결된 교육을 중시하는 다음 장에서 살펴볼 진보주의 교육과 더 유사하다 할 수 있을까요? 이에 대한 의견은 현재 분분하며, 여전히 열린 질문으로 남아 있습니다.[10] 부족함이 있겠지만 이상의 설명이 이러한 논의에 동참하는 데 일말의 도움이 되었으면 좋겠습니다.

---

10 이에 대한 상세한 논의는 유재봉(2002), 홍은숙(2007)을 참고할 수 있다.

4. 자유교양교육과 한국 교육

1) 교과탐구의 의미

자유교양교육이 서구식 교육의 전통에서 하나의 표준적 교육관이었다는 말을 떠올린다면, 서구식 교육의 영향에 놓인 우리 교육에 자유교양교육의 요소가 당연히 반영되어 있다고 생각할 수 있을 것입니다. 우리나라 교육이 비록 왜곡되거나 타락한 형태의 자유교양교육이더라도 여전히 자유교양교육에 뿌리를 두고 있다는 의견도 한편에 존재합니다(유재봉, 2002: 4). 그간 우리 학교교육에서도 서구 학교들과 마찬가지로 문학, 역사, 수학, 과학 같은 학문적 교과를 중요하게 취급하면서 그러한 교과 속에 담긴 지식 탐구를 무엇보다 중시해 온 경향이 있습니다. 이에 우리는 그러한 학문적 교과탐구의 중요성을 자유교양교육의 측면에서 먼저 생각해 볼 수 있겠습니다. 자유교양교육의 측면에서 교과탐구의 중요성은 크게 두 가지 측면으로 나누어 생각해 볼 수 있습니다.

첫째, 우리는 자유교양교육의 목적인 이성적/지성적 마음의 경작(계발) 차원에서 교과탐구의 의미를 찾을 수 있습니다. 다음과 같은 설명이 이러한 생각을 잘 대변해 줍니다.

예를 들어, 대수학(algebra)을 공부해야 하는 이유는 다음과 같다. ① 그것은 마음을 계발하는 좋은 연습이다. ② 현대 사회에서 살아남기 위해 우리 모두에게는 그것이 정말로 필요하다. ③ 그것을 좋아하든 그렇지 않든, 그것은 고도의 숙련된 직업을 갖기 위한 전제 조건이다. 그래서 혹시라도 그런 기회가 차단되지 않도록 필수교과로 배워야 한다. ④ 그것은 당신을 교육받지 않은 사람들과 구별하게 해 준다(Meier, 1995: 301).

여기서 대수학을 과학, 역사, 문학 등의 교과목으로 대체해 이해해도 무방할 듯합니다. 우리가 마음의 계발을 통해 "사고하고, 숙고하고, 분별하고, 상상하고, 탐구하는 데 필요한 기술들"을 기르고, 숙련된 직업을 얻고, 교육받은 사람이 되기 위해서는 인간이 탐구해 온 다양한 학문적 교과를 공부할 필요가 있다는 말입니다. 그러한 교과들에 높은 수준의 복잡성과 뉘앙스가 숨어 있고, 그것이 비판적 분별, 상상력, 심오한 통찰을 함양시키는 데 중요하다는 것이지요(Fenstermacher & Soltis, 2009: 142).

둘째, 이홍우(1980)의 말을 빌리면 **"보는 방법을 배운다."**는 측면에서 교과탐구의 또 다른 의미를 찾을 수 있습니다. 허스트는 합리적 마음을 갖는다는 것은 기본적으로 여러 가지 개념 체계(도식)를 수단으로 자신의 경험을 명료화하는 것이라고 말합니다.

'합리적 마음'이라는 표현이 무슨 함의를 가지고 있든지 간에, 그 속에는 모종의 개념 도식(scheme)에 의해서 경험이 구조화되어 있다는 뜻이 포함되어 있다. 의식의 다양한 표현방식, 이를테면 상이한 감각적 지각들, 상이한 정서들, 또는 지적 이해의 상이한 요소 같은 것들은 모두 그것을 명료하게 표현해 주는 개념적 장치가 있기 때문에 이해가 가능한 것들이다. 나아가서, 사적인 의식의 형식들이 아무리 다양하게 많이 있다 하여도, 개념적 표현이 객관화될 수 있는 것은 기호(다른 말로 '상징'), 특히 언어 속에서의 기호의 사용 때문에 가능한 일이다. 왜냐하면 기호라는 것은 개념들로 하여금 공적 체현물(體顯物, embodiment)로서의 존재를 갖도록 해 주기 때문이다. 그 결과로서 인간은 동일한 방식의 기호사용을 학습함으로써 동일한 개념 **도식**을 획득하게 되고, 이를 통해서 외부세계와 인간 자신의 사적 의식 상태 양자에 대하여 모두 동일한 방식의 이해를 가질 수 있게 된다. 이해의 객관화가 가능한 까닭은 용어의 사용에서 일반적으로 받아들여지고 있는 기준들이—결코 겉으로 표현되는 적은 없어도—있기 때문이다. …… 그러므로 지식의 형식들은 인간의 경험 전체를 이해 가능한 것으로 되게 해 주는 기본적인 표현방식들이다. 그것은 마음의 근본적인 성취물인 것이다. ……

지식을 획득한다는 것은 자신의 경험을 모종의 특수한 방식으로 구조화·조직화·유의미화된 것으로 인식하게 된다는 것이다. 그리고 인간의 다양한 지식은 고도로 발달된 형식들을 구성하고, 인간은 이 형식들 속에서 자기 경험의 구조화가 가능하다는 것을 알게 된다. 개인이 지식을 얻는다는 것은 세상—다른 방식으로는 알 수 없는 세상—을 보도록, 경험하도록, 학습한다는 뜻이고, 그렇기 때문에 보다 풍부한 의미에서 마음을 갖게 된다는 뜻이다(Hirst, 1972: 400-402).

앞의 인용문이 어렵고 복잡하게 들릴지도 모르겠습니다. 그것은 각각의 지식의 형식이 나름대로 특수한 개념을 갖고 있고, 우리가 그 개념을 통해 인간 경험의 핵심 측면을 '객관적'으로 볼 수(이해할 수) 있다는 말입니다. 예컨대 예술적 경험을 이해하는 데 미의 개념이 필요하고, 자연의 물리 세계에 관한 경험을 이해하는 데는 진리, 사실, 증거라는 개념이, 수학적 현상을 이해하는 데는 수의 개념이 필요하다는 말입니다(Fenstermacher & Soltis, 2009: 144). 이홍우(1980: 146-148)는 이를 "보는 방법을 배운다."는 말로 좀 더 알기 쉽게 설명하고 있습니다. 허스트의 설명과 비교해 함께 읽어 봅시다.

사람이 교육을 받는 것은 '생활'의 필요를 해결하는 방법을 배우는 것이 아니라, 세상이 어떻게 되어 있는지를 '볼' 줄 알게 되는 것을 뜻한다(p. 146). [중략] 학교에서 가르치는 내용 중에 '실용적인 가치'가 분명하지 않다는 뜻에서 우리가 흔히 '장식적인 것'이라고 부르는 교육 내용이 중요하지 않다고 생각해서는 안 된다. 그러한 내용은 모두 빛이 곧게 나간다는 것과 마찬가지로, 우리로 하여금 사물과 현상을 '볼' 수 있게 해 준다는 뜻에서 쓸모가 있다(p. 147). ……

학교에서 가르치는 이른바 문학, 과학, 역사 같은 교과는 저마다 관련된 현상을 '보는' 수단으로서 쓸모가 있다. …… 이를테면 그러한 교과는 개안 수술을 받은 사람으로 하여금 자기 주위의 감각 자료를 해석할 수 있게 하는 '개념'에 해당한다. 그것('빛이 곧게 나간다.'는 개념-필자)을 배우지 않는다고 해서, 퓨즈를 못 갈아 끼운다거나 장사를 해서 이득을 못 남긴다거나 하는 불편은 없다. 다만, 그것을 배우지 못하면 문학이나 과학이나 역사가 보여 주고자 하는 세계를 볼 수 없다. 그 '보는 수단'이 중요하다는 것은 그것을 배운 사람으로서 그것을 써서 사물이나 현상을 볼 수 있게 된 사람만이 알 수 있다. 그토록 많은 사람이 교과의 중요성에 대하여 의문을 품고 그것을 부정하는 이유가 바로 여기에 있으며, 사람들에게 교과의 중요성을 설명하여 이해시키는 일이 그토록 어려운 까닭도 여기에 있다(p. 148).

그러면서 그는 교사를 "사람의 경험 세계의 한 분야 또는 몇 분야에 관하여 '보는' 일을 하면서 학생들에게도 자기와 마찬가지의 일을 하게 하는 사람"이라고 규정합니다.

> 교사는 어떤 일을 전문으로 하는 사람일까? …… 교사는 사람의 경험 세계의 한 분야 또는 몇 분야에 관하여 '보는' 일을 하면서 학생들에게도 자기와 마찬가지의 일을 하게 하는 사람이다. 교사 말고는 다른 어떤 사람도 이 일을 전문으로 하는 사람은 없다. …… 어린아이들은 아직 보는 일을 배우지 않은 상태에서 학교에 들어간다. 학교에서 아이들은 이미 보는 방법을 배운 교사의 시범을 통하여 보는 일이 어떤 종류의 일이며 그것이 어떤 뜻을 갖는지 배운다(이홍우, 1980: 149).

아직 보는 일을 못하는 학생들은 여러 교과의 세계를 보고 이해하는 것이 얼마나 가치 있는 일인지 모를 것입니다. 그러니 그런 학생들이 교과를 배우려 들지 않는 것은 당연하겠죠. 교과의 의미도 당연히 감지하지 못한 상태일 거고요. 교사는 바로 그런 학생들에게 자신이 본 교과의 세계가 얼마나 가치 있는 것인지를 보여 주는 일을 전문적으로 하는 사람이 됩니다. 이는 눈앞에 보이는 그림자를 참된 실재라고 착각하며 살아가는 동굴 속 죄수들의 머리를 돌려 동굴 밖의 참된 이데아의 세계로 끌고 가는 일처럼 아주 힘겨운 등정(오름)의 과정일 수 있습니다. 그만큼 수고스럽고 힘겨운 일을 하는 것이 교사라는 직업의 가치이자 숙명일 수 있을 것입니다.

이상의 설명이 지금껏 우리 사회에서 (학문적) 교과 중심 교육과 교사 중심의 교육을 정당화해 왔다고 할 수 있겠습니다. 교과탐구의 두 가지 이유에 근거하면, 장차 고기장수나 이발사가 된다고 하더라도 우리는 인간으로서 응당 갖추어야 하는 이러한 능력들을 갖추기 위해서 학문적 교과를 공부할 필요가 있을지 모르겠습니다. 다음과 같은 장면을 떠올려 봅시다. 수학 시간에 모든 아이들이 수학을 공부하려 들지 않을 수도 있겠죠. 한 학생이 자신은 장차 훌륭한 헤어디자이너가 될 것이기 때문에 지금 수학을 배우는 것은 아무런 의미가 없다며 수학책 대신 미용 잡지를 펼쳐 놓고 보고 있을 수 있습니다. 그렇다면 수학교사인 당신은 어떤 선택을 할 수 있을까요? 학생이 수학 교과의 의미를 지금 당장 느끼지 못한다고 한다면 그것을 공부하지 않으려는 학생의 선택을 존중해야 할까요, 아니면 윽박지르며 강제로라도 수학을 공부하도록 해야 할까요? 우리가 자유교양교육을 중시하는 수학교사라면 어떤 논리로 그 학생을 설득할 수 있을까요? 자유교양교육 관점에서 말하는 교과탐구의 두 가지 이유는 그 학생을 설득하는 하나의 이유가 될 수 있을까요? 우리는 이를 다음 절(제3장 5절)에서 살펴볼 나딩스(Noddings)와 같은 진보주의 교육자들의 견해와 비교하며 숙고해 볼 수 있을 듯합니다.

2) 학문중심교육과정 도입

자유교양교육의 관점이 강하게 반영된 우리 교육과정으로는 제3차 교육과정(1973~1981년)을 들 수 있습니다. 그 교육과정은 학문중심교육과정을 표방했습니다. 학문중심교육과정은 대체로 "학문(또는 지식) 탐구과정의 조직"으로 정의되며, "학문의 내용과 탐구과정(즉, '지식의 구조')이 교육의 과정을 결정하는 가장 중요한 요인"이 됩니다(이홍우, 2010: 140). 허스트와 피터스가 제시한 '지식과 경험의 여러 양식'(또는 지식의 형식)은 우리가 '학문'이라고 부르는 것과 상호 관련됩니다(Ibid.: 171). "지식의 형식을 가르치는 교육과정상의 원리는 브루너가 말한 '지식의 구조'를 가르치는 원리와 동일"하고, "'지식의 구조'는 지식의 형식이 정당화되는 것과 동일하게 내재적으로 정당화"됩니다(Ibid.: 171-172). 브루너의 '지식의 구조'에 기초했던 당시의 학문중심교육은 다음의 내용을 장점으로 자주 거론했습니다.

첫째, 체계화된 지식을 교육내용으로 정선하여 교육과정을 구성하기 때문에 능률적이고 질 높은 교육이 가능하다. 둘째, '지식의 구조(핵심 개념 또는 원리)'를 학습하게 되므로 학습의 전이력이 높고 아울러 지식의 생성력이 높아진다. 셋째, 발견과 탐구의 방법을 통해서 학습하게 되므로 창의적 문제해결력이 높아진다. 넷째, 내적 동기 유발을 강조하기 때문에 학생들이 학문 자체에 희열을 느끼고 학습과정에 적극 참여하게 된다(박승배, 2007: 340).

앞에서 여러 번 언급된 브루너의 '지식의 구조'는 대략 "학문의 기저를 이루고 있는 일반적 아이디어' '기본 개념' '일반적 원리' 등과 동의어로 쓰입니다"(이홍우, 2010: 58). 다음과 같은 수학과의 예에서 말하는 기본 법칙이 바로 '구조'의 한 가지 예입니다.

> 대수(代數)는 미지수와 기지수를 방정식에 배열하여 미지수를 기지수로 바꾸는 것이다. 이 방정식을 푸는 데는 세 가지 기본 법칙, 즉 교환(a+b=b+a—필자)·분배[a(b+c)=ab+ac—필자]·결합[(a+b)+c=a+(b+c)—필자]의 법칙이 있다. 일단 학생이 이 세 가지 기본 법칙에 스며 있는 아이디어를 파악하면, 현재 풀려고 하고 있는 '새로운' 방정식은 전혀 새로운 방정식이 아니라 자기가 늘 알고 있던 방정식의 한 가지 변용에 불과하다는 것을 쉽게 알 수 있을 것이다. 이 변용에 자기가 알고 있던 것을 적용하는 데 중요한 것은 이 법칙의 '이름'을 아는 것이 아니라 그 법칙을 '사용'할 줄 아는 것이다(Bruner, 1960: 48-49).

이에 교과의 구조를 파악한다는 것은 "한 가지 현상을 여러 가지 현상과의 관련에서 이해할 수 있게 되는" 것이며, 구조를 학습하는 것은 "사물이나 현상이 어떻게 관련되어 있는가를 학습하는 것"이 됩니다(Bruner, 1960: 48). 또한 그것을 사용할 줄 아는 것이 되겠지요. 그러면서 브루너는 학자들이 하는 것이나 초등학교 3학년 학생이 하는 것이나 "모든 지적 활동은 근본적으로 동일하다."라고 말합니다(Bruner, 1960: 60).

물리학을 배우는 학생은 다름 아니라 바로 '물리학자'이며, 물리학을 배우는 데는 다른 무엇보다도 물리학자들이 하는 일과 똑같은 일을 하는 것이 훨씬 쉬운 방법일 것이다. 물리학자들이 하는 일과 똑같은 일을 한다는 것은, 곧 물리학자들이 하듯이 물리 현상을 탐구한다는 뜻이다(Bruner, 1960: 60).

앞서 "지식의 형식을 가르치는 교육과정상의 원리는 브루너가 말한 '지식의 구조'를 가르치는 원리와 동일하다."는 명제를 다시 떠올린다면, 브루너의 이러한 생각에 기초한 제3차 교육과정은 자유교양교육의 맥락에서 이해할 수 있습니다.

그러나 지적 탐구를 중심으로 하는 학문중심교육은 10월 유신에 동의하는 것과 근대화를 앞당길 기술 인력 양성이 필요했던 당시의 정치 상황 속에서 어떤 의미 있는 변화를 이끌어 내지 못했습니다(박승배, 2007: 340-341). 발전국가 체제의 경제적 · 정치적 도구화 측면에서 산업인력과 국민 만들기에 집중했던 상황이 교육의 내재적 목적보다 외재적 목적에 더 치중하게 만들었다고 할 수 있겠지요. 내용의 어려움도 이러한 결과에 한몫을 했다고 평가받아 왔습니다. "각 학문의 성격(또는 '지식의 구조')을 밝히는 일과 그것을 학생들에게 이해 가능한 형태로 번역하는 일"(이홍우, 2010: 140) 모두에, 특히 후자의 일에 실패했던 것이 주된 이유였습니다.

3) 최근의 인문학을 둘러싼 논의

인문학 위기 담론과 함께 인문학의 중요성을 이야기하는 일들이 한동안 우리 사회의 주된 화두였습니다. 자유교양교육은 이러한 인문학과 밀접한 연관이 있습니다. 예컨대 18세기 이전까지 자유교양교육(liberal education)과 **인문교육**(humanistic education)은 서로가 구분되지 않았습니다. 둘 모두 자유학예(artes liberales, liberal arts)와 인간성 연구라는 뜻의 인문학(studia humanities)을 동의어로 사용했습니다(정윤경, 2002: 87). 자유교양교육이 고대 사회에서는 교육 일반을 뜻하는 개념으로, 후에는 인문교육을 뜻하는 개념으로 이해되었다는 것이지요(Ibid.).

> 이제(르네상스 시대에 와서─필자) 자유교양교육은 전적으로 인간 연구, 즉 studia humaniora(humanus=human)와 관련을 맺게 되는데, 여기서 "인문학"이라는 말이 유래하게 되었다. 이러한 인문학 연구에는 언어, 문학, 시, 역사(특히 고대 그리스와 로마 문화), 철학, 미술 등이 포함된다(Cuypers & Martin, 2013: 173-174).

이는 자유교양교육의 핵심 내용이 인문학 교과로 이루어진다는 것을 말해 줍니다(Ibid.: 189). 그것은 "인문학이 마음의 자유로운 발달과 가장 관련이 깊은 지식을 포함하고 있다고"(Ibid.: 195) 보기 때문입니다. 피터스는 인문학의 역할에 대해 공유된 유산을 드러내고, 그러한 공적 유산을 통해 "인간이 된다는 것이 무엇인가"를 탐구하는 것이라고 말합니다(Ibid.: 189-190). 이는 인문교육이 '인간적인 것'을 뜻하는 **휴머니즘**(humanism)을 체득하게 하는 교육과 밀접한 연관이 있다는 점을 뜻합니다. 이에 휴머니즘이 의미하는 바가 무엇인지도 살펴볼 필요가 있겠습니다.

> '휴머니즘'이라고 하면 흔히 '인간주의' 혹은 '인간애'라고 옮기는데, 원래는 그런 뜻이 아니고 '휴머니즘'은 '휴먼인 것'을 강조하는 말이다. '휴먼'은 라틴어로 '후마누스(humanus)'이며, '후마누스'는 물질인 물이나 동물인 개와는 달리 인간에게 고유한 것, 즉 '인간적'이라는 뜻이다(今道友信, 2004: 16).
>
> '인간적'이라는 말은 동물과 구별되는 인간만의 특징을 나타낼 때 사용하는 것이다. 그렇다면 그것은 구체적으로 무엇일까? 바로 '언어를 이해하고, 언어를 사용하고, 언어로써 살아간다'는 것이다(Ibid.: 16-17).

이에 '후마니스무스'나 '휴머니즘'의 본래 의미는 '고전 연구를 통해 언어를 익히고 숙달해 가는 것'으로 고전연구와 매우 밀접한 관계가 있습니다(今道友信, 2004: 18). 앞서 살펴본 허친스가 고전을 강조했던 이유도 이와 무관하지 않을 듯합니다. 또한 우리 인간이 언어를 통해 사고한다는 점을 생각한다면, 고전을 통해 언어를 숙달해 가며 이성적(합리적) 마음을 계발하는 것이 우리를 더욱 '인간적'으로 만드는 일이라 하겠습니다. 이에 인문교육은 이성적(합리적) 마음 계발을 목적으로 하는 자유교양교육과 밀접한 연관을 가질 수밖에 없을 것입니다. 인문학을 자유교양교육의 핵심 내용으로 보는 피터스는 인문학의 중요성을 다음과 같이 정리합니다. 이 또한 자유교양교육의 의미와 연관해 참고할 만한 내용이라 생각합니다.

1. 모든 인간존재는 ① 삶의 역경에 직면하며, ② 그러한 역경에 정서적 반응과 이성적 반응을 보이며, ③ 삶의 질에 관심을 가진다.
2. 인문학은 인간조건의 (정서적) 의미를 합리적으로 밝히며, 인문학의 표준들은 삶의 질을 위한 탐구를 구체화한다.
3. 따라서 인문학은 각 개인이 스스로 무엇인가가 되기를 원하는 한, 모든 인간존재에게 실존적으로 중요하거나 깊은 관련을 가진다 (Cuypers & Martin, 2013: 199).

이에 알로니(Aloni, 1997: 89)와 같은 학자는 자유교양교육과 인문교육의 전통이 같음을 지적하면서 '**자유인문교육**(liberal and humanistic education)'이라는 용어를 사용하기도 합니다(정윤경, 2002: 93에서 재인용). 자유인문교육이 자유인에게 적합한, 일반적이고도 그들의 형성에 중요한 교육이라면서 말입니다. 그리고 그것이 무지, 변덕, 편견, 소외, 허위의식, 현재적이고 특수한 것이 갖는 족쇄로부터 개인을 자유롭게 하는 교육을 목적으로 한다는 것을 이유로 듭니다(Ibid.).

따라서 오늘날 인문학 위기 담론이 말하는 것은 자유교양교육이 목적으로 하는 이성적 사유와 판단, 분별 기능의 약화, 인간이 된다는 것이 무엇인지에 대한 성찰의 부재와 관련이 있습니다. 이에 우리는 사고하는 힘, 회의정신과 비판정신, 상상하고 창조하는 능력 등과 관련해 자유교양교육의 의미를 생각해 볼 수 있겠습니다. 그러한 능력들은 오늘날의 민주적 시민에게 요구되는 시민성(citizenship)이기도 하다는 점에서 또한 그 중요성을 생각할 수 있겠습니다.

5. 비평

자유교양교육이 서구의 표준적 교육관으로 여겨져 온 것도 사실이지만, 그만큼 많은 사람의 비판을 받아 온 것도 사실입니다. 자유교양교육으로 대변되는 허스트의 초기 사상이 합리성을 지나치게 강조하고, 이론과 실천 사이의 괴리를 심화시켜 왔다는 비판을 받았던 것처럼 말입니다. 이에 여기서는 자유교양교육에 제기되는 비판점이 무엇인지를 간략하게나마 다루고자 합니다.

1) 학자적 정신과 학문적 지식을 모든 학생에게 가르칠 필요가 있을까?

이는 학생들이 보이는 개인차에도 불구하고 지식의 형식 같은 학문적 교과를, 그것도 학자들이 하는 것처럼 그것을 가르치고 배우게 하는 것이 가능한지, 또한 그럴 필요가 반드시 있는지를 묻는 것입니다.

뉴욕시를 방문한 화성인은 우리가 아이들 백만 명에게 학자로서의 인생을 준비시키고 있다고 생각할지 모른다. …… 그러므로 틀림없이 우리는 모든 사람을 학자와 같은 사람이 되도록 훈련시키고 있다.

그럴까, 그렇지 않을까?(Meier, 1995: 294)

'그럴까, 그렇지 않을까?'를 '그럴 필요가 있을까, 없을까?'로 바꾸어 질문해 볼 수 있겠습니다. 고기장수나 이발사가 수학이나 물리학을, 경찰이 셰익스피어를, 간호사가 철학을 공부할 필요가 있을까 하는 질문도 가능할 듯합니다(Fenstermacher & Soltis, 2009: 161). 물론 자유교양교육의 지지자들은 합리적 사유와 판단, 비판적이고 회의적인 태도, 삶의 질 향상 등 인간으로서 응당 갖추어야 할 것을 갖추기 위해서는 반드시 그럴 필요가 있다고 답하겠지요. 앞서 소개한 허친스와 아들러가 이러한 생각을 대표합니다. 그러나 이에 비판적인 사람들은 이러한 생각이 다양한 흥미와 능력이 있는 아이들을 위한 다양한 형태의 교육 대신 학문적 기준에 맞추어 아이들을 줄 세우거나 학문적 준비에만 몰두하게 할 수 있다고 문제를 제기합니다. 이는 학문적 기준이라는 단일한 기준에 따라 모든 학생을 성공자와 실패자로 분류하고 서열화하는 문제로 이어질 수 있을 것입니다. 그 결과 자유교양교육이 무엇보다 지적인 능력이 뛰어난 소수에게 우월의식을 심어 주거나 그들이 국가를 통치하는 역할을 맡아야 한다는 엘리트주의를 심어 줄 수 있다는 비판을 불러올 수 있겠지요(Fenstermacher & Soltis, 2009: 184). 이에 비판자들은 학문 연구에 모든 학생이 적합한 것은 아니라고 반론을 제기합니다.

모든 사람을 대학으로 보내려는 현재의 우리들의 결심은 재고되어야 한다. 대학 연구 활동의 중심이 되어야 하는 학문적 연구에 모든 학생이 적합하지는 않다(Noddings, 2013: 268에서 재인용). 학문적 연구를 위한 소질과 적성의 부족함을 결함으로 보지 말아야 한다. 좋은 학교의 일이란 학생들이 잘하고 있는 것, 하고 싶어 하는 것을 찾아가도록 도와주는 것이다. 그들은 자긍심을 갖고 직업 프로그램을 선택할 수 있어야 한다(Ibid.).

전직 수학교사이기도 했던 나딩스의 다음의 말도 이러한 문제 제기를 이해하는 데 도움이 될 듯합니다.

잘만 배운다면 모든 아이는 학교 수학 과정에서 성공할 수 있다고 주장하는 관대하고 선량한 사람들이 많이 있다. 그런데 나는 고등학교 수학 과정의 모든 영역을 가르친 경험이 있는 사람으로서 이 말이 사실이 아니라는 것을 어느 정도 자신 있게 말할 수 있다. 그래서 어떻게 해야 하는가? 우리의 임무는 학생들이 재능과 흥미를 발달시키도록 도와주는 것이다. 그 과정에서 수학이 필요하다면, 그러한 목적을 이루기 위해 요구되는 것을 만족하도록 도와주어야 한다. 그런 것이 없다면 그들에게 유용하고 성공할 수 있는 경로를 선택할 수 있도록 허용해야 한다(Noddings, 2013: 269).

계속해서 그녀는 "그 자체로 배워야 하는 것이 무엇인지를 정확히 명시할 수 없다."(Noddings, 2013: 176-177)는 말로 자유교양교육 주창자들처럼 그 자체로 가치가 있는 학문(또는 교과)이 있다는 생각에 동조하지 않습니다. 대신 그 자체로 가치 있는 것이

"학습자의 흥미, 적성, 꿈에 달려 있다."고 분명히 말합니다. 자유교양교육에 대한 나딩스의 이러한 비판은 다음 장에서 살필 진보주의 교육의 관점에 서 있는 사람들이 자유교양교육에 대해 제기하는 비판을 대표합니다.

학문적 교과들과 성공적인 삶 사이에 확실한 연관성이 없다는 마이어(Meier, 1995: 302)의 지적도 참고할 만합니다. 그러나 그녀는 법률가나 의사뿐 아니라 미용사와 배관공도 지성인이 되기를 원합니다(Ibid.: 309). 그러한 지성인을 우리는 어떻게 기를 수 있을까요? 그녀는 우리가 학문의 세계를 단지 지적인 생활의 한 형태로(즉, 부차적인 것으로) 인식하고 인정하는 데서 다른 가능성이 열릴 수 있다고 말합니다.

> 학문적 전통을 다른 "가치 있는" 모든 성인 활동에 대한 관문으로 만드는 대신 학문적 배움의 진실성과 건강함을 유지하는 더욱 견고한 방법이 있다. 일단 우리가 학문의 세계를 단지 지적인 생활의 한 형태로 인식하고 인정하면, 우리는 다른 가능성들을 상상하기 시작할 수 있다. 다른 가능성들은 모든 전통적 교과들이 지금 우리에게 중요하지 않다는 것을 뜻하지 않는다. 정반대로, 그 가능성들은 우리에게 그러한 교과들이 우리의 탐구와 어떻게 관련이 있는지를 질문하도록 강요한다. 그러나 그 가능성들은 전통적 교과를 지적인 탐구에서 부차적인 것으로 만든다. 우리가 무엇을 공부할지 결정하는 것, 가장 영향력이 큰 기준은 학문 세계의 필요가 아니라 민주적 시민들의 요구들이어야 한다(Meier, 1995: 305-306).

교과를 바라보는 관점의 전환이 필요하다는 말로 들립니다. 계속해서 그녀는 우리가 원하는 시민이 "'어째서?' '왜?' 그리고 '정말로 그럴까?'를 질문하는 호기심이 왕성한 시민"이라면, "잘 교육받는다"는 것이 무엇인지를 새롭게 정의 내릴 수 있다고 말합니다(Ibid.: 309). 그러면서 그녀는 '면밀한 관찰력' '회의적인 태도와 열린 정신, 그리고 유희적 태도'(즉, 상상하고, 궁금해하고, 새롭고 흥미로운 방법으로 종합하는 능력), '다른 사람들의 입장에 서 보는 습관' '증거를 존중하고, 좋은 자료와 나쁜 자료를 구별하고, 어떠한 사실도 없이 큰 소리로 의견을 밝히기 전에 망설이는 것' '신중하고 설득력 있고 강력하게 의사소통하는 방법을 아는 것' '우리 동료 시민들을 충분히 배려하는 것' '시간엄수, 신뢰성 같은 노동윤리(작업 습관)'라는 자질목록을 제시합니다. 그 자질들이 민주주의 사회의 모든 직업(특히 시민이라는 직업)에서 좋은 실천의 근거가 된다면서 말입니다(Ibid.: 310-311). 그것들은 "아이들 모두를 자기 시대의 근본적인 지적·사회적 문제들을 탐구하고 그 문제들에 영향력을 행사하는 위치에 서게 한다."는 교육목적과 관련이 있습니다. 그녀는 그러한 자질들이 의도적으로 학문 세계의 특수한 교과들에 얽매이지 않을 뿐 아니라 그 교과들을 지지하지도 묵살하지도 않는다고 말합니다(Ibid.: 311). 전통적 학문이 중요한 지적 활동의 동의어나 출발점이 아니라 하나의 사례로만 간주된다는 말이지요. 이에 그녀는 학문적 교과들 그 자체 대신 '배움의 주제들'이 그러한 자질들을 기르는 데 도움을 줄 수 있다고 제안합니다(Ibid.: 312). 마이어의 이러한 접근은 역량에 기반해 주제 중심으로 교과들을 통합해 가르치려는 최근의 흐름과 유사해 보이기도 합니다. 마이어가 민주시민으로서의 자질과 배움의 주제들을 앞세우면서 학문적 교과를 출발점으로 삼는 것에 비판적인 것은 사실입니다. 그러나 학문적 교과가 우리의 지적인 능력(또는 습관)을 길러 주는 데 도움을 줄 수 있다는 사실 자체를 그녀가 완전히 부정하지는 않았다고 생각합니다. 그러한 자질들을 함양하는 데 학문적 교과들이 부차적인 측면에서 얼마든지 도움이 될 수 있을 것이기 때문입니다.

2) 교육과 교육받은 사람을 너무 협소하게 정의하는 것 아닌가?

이는 자유교양교육이 "너무 상아탑적이고, 형식과 내용 면에서 너무 인지적이고, 지적인 것에 호소"한다는 비판과 관련이 있습니다(Fenstermacher & Soltis, 2009: 185). 이러한 비판을 제기한 대표적인 교육철학자로는 마틴(Jane Roland Martin)이 자주 소개됩니다. **마틴**(Martin, 1985: 352-354)은 자유교양교육이 마음의 계발이라는 개념을 지식과 이해 획득이라는 관점에서 매우 좁게 규정한다고 비판합니다. 자유교양교육이 마음 전체의 계발을 목적으로 하지 않는다는 것이지요. 또한 그녀는 자유교양교육 안에는 신체의 교육을 위한 자리가 없기 때문에 행동의 교육을 위한 자리도, 다른 사람의 감정이나 정서를 고려하는 능력을 위한 자리도 없다고 비판합니다. 다른 사람들의 복지에 관심을 갖거나 다른 사람들에게 친절을 베풀도록 하는 가르침도 받지 못한다는 점도 지적합니다. 계속해서 그녀는 자유교양교육을 받은 사람들이 사회에 대한 이해는 어느 정도 갖추게 되지만(예컨대 일곱 가지 지식의 형식이라는 렌즈를 통해 세계를 바라보도록 배우는 것처럼), 사회에서 이루어지는 불의의 문제나 사회의 미래에 대해 관심을 갖도록 가르침을 받지는 못한다고 지적합니다. 자유교양교육을 받은 인간은 한마디로 '상아탑 속의 인간'이나 '전문기술인'에 불과하다는 것입니다. 마틴에 따르면, 이성적으로 사고하기는 하지만 실제 세계의 실제 문제의 해결에 관심이 없고, 실제 문제의 해결은 좋아하지만 그 해결의 결과가 실제로 다른 사람들과 지구에 어떤 영향을 미칠 것인지에 대해서는 관심이 없는 인간들인 것이지요. 우리가 자유교양교육의 관점으로만 교육받은 인간을 바라본다면, 자유교양교육은 마틴이 제기한 이상의 비판에서 벗어나기가 힘들지 모르겠습니다. 감정이나 정서, 다른 사람들의 복지와 그들을 향한 친절, 사회 부정의에 대한 관심들 역시 교육받은 인간에게 요구되는 요건들일 수 있기 때문입니다.

자유교양교육이 지식 위주 교육(주지주의 교육)에 치중한다는 비판은 프링(Pring, 2004: 52)을 통해서도 확인할 수 있습니다. 그는 그간의 자유교양교육이 지식교육을 강조하는 관념의 세계에 초점을 맞추다 보니, 실천적 삶의 세계를 간과해 왔다고 비판을 제기합니다. 그는 산업, 상업, 생계유지와 관련된 세계를 자유교양교육이 간과해 온 대표적인 실천적 삶의 세계로 들었습니다. 자유교양교육이 그런 실천적 삶의 세계에서 유용한 실천 지성을 무시해 왔다는 지적과 함께 말입니다. 프링의 이상의 비판은 얼핏 후기 허스트의 문제제기를 떠올리게 합니다. 나딩스 역시 "교육이란 단 하나의 목적을 가진 일이 아니다."(Noddings, 2013: 265)라면서, 학교에서 모두에게 대수학을 가득 채워 넣으면서, 예컨대 가정살림과 가정 양육을 가르치는 것을 완강하게 거부하는 현실을 문제 삼았습니다(Ibid.: 205). 그녀는 개인적 삶, 직업적 삶, 시민적 삶 모두를 교육과정에 포함시켜야 한다고 주장합니다.

최근 자유교양교육의 대안을 이야기하는 대표자로 국내에도 자주 언급되는 **화이트**(J. White)의 비판 또한 살펴볼 만합니다. 그는 합리적 마음 계발을 가장 가치 있는 활동으로 보는 피터스류의 관점에 비판적입니다. 피터스의 입장이 "지적 활동을 추구하는 것이 모든 인간에게 그 자체로서 내재적으로 가치 있는 것이라고 믿게 만들…… 가능성이 있다고" 보면서 말입니다(White, 2011: 11).

> 피터스가 설명했던 가치 있는 추구는 역사, 과학, 철학과 같이 진리를 추구하는 것이었다. 이런 것이 모든 사람의 교육에서 중요한 것이기는 하지만 온갖 종류의 실제적 활동, 심미적 활동, 혹은 다른 활동이 있음에도 불구하고 진리 추구 활동에 특권을 부여해야 할 타당한 이유는 결코 없다(White, 2011: 133).

이에 그는 전통적 교육과정이 서로 분할된 몇 개의 학문적 교과로 구성되고(허스트가 일곱 가지 지식의 형식을 뚜렷이 구분되는 학문으로 이야기하는 것처럼), 그것이 오늘날 공적인 시험 체제에서 아주 유용하게 활용되고 있다며, 거기에 어떤 납득할 만한 정당성이 없다고 주장합니다(White, 2011: 8, 204). 우리가 교과의 내용을 모두 다루는 일보다 아이들이 무엇인가 가치 있는 것에 충실하게, 즐겁게, 성공적으로 참여하는 일에 더 많은 관심을 쏟게 하는 일이 더 중요하다면서 말입니다(Ibid.: 129). "아이들이 자율적으로, 전심으로, 성공적으로 가치 있는 활동과 관계에 참여하는 삶을 살도록 준비시키는"(Ibid.: 247) **잘삶(well-being)을 위한 교육**을 학교가 목적으로 삼아야 한다는 것이지요. 기존의 교과-기반 교육과정을 비판하면서 모든 사람의 '잘삶'을 지향하는 목적-기반 교육과정을 제안하고 있습니다.[11]

이처럼 그는 모든 사람의 '잘삶'이라는 포괄적 교육 목적을 학교생활의 중심으로 끌어들였습니다. 잘삶을 바라보는 그의 관점은 변화를 거쳤습니다. '성찰 이후의 욕구 충족(post-reflective-desire satisfaction)'[12]에서 '식견 있는 욕구 충족(informed desire satisfaction)'[13]을 강조하는 것으로, 그리고 현재는 자신의 잘삶(기본적 필요와 가치 있는 활동에의 몰두)과 (사회적, 시민적, 경제적 측면에서) 타인의 잘삶을 증진하는 것으로 그 중심점이 이동했습니

---

11 화이트의 잘삶을 지향하는 목적-기반 교육과정은 최근의 'OECD 교육 2030 프로젝트'에서도 강조되는 사항이다. 그 프로젝트는 학문적 성과뿐만 아니라 학생의 전체적인 잘삶이라는 교육목적을 달성하는 데 필요한 교육내용으로 구조화되어 있다(OECD, 2019). 화이트가 자신의 잘삶과 타인의 잘삶을 증진하는 것에 초점을 맞추고 있다면, 'OECD 교육 2030 프로젝트'는 개인과 지역사회, 세상의 잘삶에 초점을 맞추고 있다. 두 사례로부터 우리는 최근 교육목적 논의에서 잘삶(well-being)이 하나의 중요한 주제라는 점을 확인할 수 있겠다.

12 이는 "개인이 모든 주요 가능성을 검토한 이후에 그 자체로서 추구하기로 선택한 경험과 활동이 그의 잘삶에 기여한다."는 것을 의미한다(White, 2011: 10). "이 이론은 선택하는 사람이 자율적 인간이고, 가능한 목적들을 광범위하게 성찰할 수 있다는 점을 가정한다."(Ibid.)

13 이는 "욕구가 개인적으로 의미 있고 또 적절한 정보에 기반을 둔 것이어야 한다."는 점을 의미한다(White, 2011: 104). 나의 욕구가 어떤 것이고, 또 그것을 충족한 결과가 어떤 것인지를 잘 알아야, 즉 그 욕구가 식견 있는(well-informed) 것일 때에만 그것이 내게 좋음이 된다는 말이다(Ibid.: 103).

다. 자신의 잘삶과 타인의 잘삶이 서로 분리되지 않는다는, 즉 분리되는 것처럼 다루어져서는 안 된다는 점을 강조하면서 말입니다(Ibid.: 233). 이는 잘삶을 위한 교육이 학문적인 교과들에 한정되지 않고 폭넓은 개인적 성향/자질(personal dispositions/qualities)을 발달시키는 것과 관련이 있다는 점을 말합니다(Ibid.: 123). 그는 이러한 성향/자질을 편의상 네 차원으로 구분했습니다(White, 2006). 첫 번째는 자신의 잘삶과 관련된 '개인적 충족'으로, 학습의 즐김, 공동체 참여, 예술 활동 같은 몰두할 수 있는 활동들의 경험, 선호하는 활동들에 전심으로 참여하는 것, 건강한 생활습관, 금전 관리 능력, 분별력 있고 비판적인 소비자 되기 등을 포함합니다.[14] 두 번째와 세 번째는 타인의 잘삶을 돕는 것으로 '사회적 시민적 참여'와 '경제에 기여하는 것'입니다. 사회적 시민적 참여는 공동의 목적을 위해 다양한 역할로 다른 사람과 기꺼이 일하는 것, 다양한 맥락에서 다른 사람과 관계를 맺고 적절히 소통하는 것, 학교와 이웃, 공동체와 더 넓은 세계의 삶에 도움이 되는 역할을 하는 것 등을 포함하며, 경제에 기여하는 것은 재화와 서비스 생산에 협력적으로 일하기, 노동자와 고용주의 권리 인식 등을 포함합니다. 네 번째는 성공하기 위해 우리 모두에게 요구되는 자질인 '실천적 지혜'로, 실천에서 좋은 판단력을 발휘하는 것 등과 관련됩니다. 이러한 성향(또는 자질)은 합리적인 마음이 충분히 계발된 사람을 교육받은 사람으로 보는 입장보다 훨씬 더 포괄적으로 교육받은 사람의 특성을 말해 줍니다. 이상 프

---

14 이 자질들의 더 상세한 목록에 대해서는 화이트(White, 2006)를 참조할 수 있다.

링이나 화이트의 문제제기는 앞서 살펴본 허스트의 후기 사상과 그 문제의식이 유사하게 느껴지기도 합니다.

3) 자유교양교육은 계급분화의 성격을 지니고 있지 않은가?

이는 자유교양교육에 내포되어 왔던 계급성에 대한 문제제기와 관련이 있습니다. 높은 사회계급, 특권, 권력을 가진 사람들이나 국어나 수학을 이미 배우고 학교에 들어오는 사람들, 논리적 사고와 언어 표현에 앞선 학생들이 자유교양교육에 더 유리할 수 있다는 것입니다. 그간의 자유교양교육이 재력과 사회적 영향력이 있는 학생들의 권리였지, 가난하고 주변인에 머물러 있는 학생들의 권리가 아니었다는 말이지요(Fenstermacher & Soltis, 2009: 186-187).

> 특히 가장 혜택받지 못하는 우리 동료 시민들에게 "유감스럽지만 이건 여러분을 위해 계획된 것이 아닙니다."라고 학문적 주제들에 대한 출입금지 표시를 붙여 온 문화에서 아이들이 배우기는 힘들다 (Meier, 1995: 304).

재력과 사회적 영향력이 있는 학생들은 주로 인문계 고등학교에서 자유교양교육을 받고 이후 대학에 진학해 보다 높은 사회적 역할을 담당하고, 그렇지 못한 학생들은 주로 실업계 고등학교에서 기능 훈련이나 기술교육만을 받으며 보다 낮은 사회적 역할을 담당하는 것을 당연하게 생각하게 해 온 것이라 하겠습니다. 개인의 지적 능력에 따라서 받는 교육과 담당하는 역할이 달라야 한다는 것이지요. 그리고 서구사회에서 이러한 교육상의 분화가 사실상 계급분화와 거의 일치해 왔다는 것입니다. 마찬가지로 계급분화와 교육상의 분화도 거의 일치해 왔겠지요. 그러나 다음의 말에서처럼 오늘날 우리 모두가 자유인이라는 점을 감안한다면, 자유교양교육은 특정한 계급에 해당하는 사람만이 향유해야 할 교육은 아닐 것입니다.

> 오늘날 외형상 우리 모두는, 심지어 여성마저도 법 앞에서 '자유인' 입니다. 그래서 그 자체로 가치를 인정받는 리버럴 아츠를 자유롭게 닦으며, 그런 과정을 통해 주체적 '개인'으로 성장해 갑니다(서경석 외, 2005: 29에서 재인용).

이러한 문제의식에서 인문계 학교에서는 손을 쓰는 법 같은 기술교육을, 실업계 학교에서는 자유교양교육을 일정 부분 중요하게 가르쳐야 한다는 점이 하나의 대안으로 실천되어 오기도 했습니다. 우리가 아이들 모두를 학자로 만들 필요는 없겠지만, 리버럴 아츠를 향유할 수 있는 기회 제공을 특정한 사람들에게만 한정하는 것은 문제가 있을 것입니다. 허친스나 아들러가 강조했던 바처럼 우리가 민주 시민을 기르기 위해서는 직업교육이라 해도 자유교양교육의 기회를 함께 제공하는 것이 필요합니다. 직업교육과 자유교양교육 모두를 중시한 사례로 한국 사회에서 대안교육의 등장과 함께 주목받았던 충청남도 홍성의 풀무농업고등

기술학교를 참고해 볼 만합니다. 그 학교는 인문학교에서는 인문 과목만, 실업학교에서는 취직을 위한 과목만 가르치는 것이 학생 인격 발달에 나쁜 영향을 준다며, 실업계 학교임에도 인문과목 (자유교양 교과)을 중요한 교육과정으로 편성하여 가르쳐 왔습니다. 학생들이 "진학자나 직업인이기 전에 종합적인 인격체"라는 것이 그 이유입니다(홍순명, 1998: 64).

자유교양교육이 계급 분화의 성격을 띠어 왔다는 점은 교육에서 **자유교양교육**과 **직업교육**을 엄격히 분리해서 사고하도록 하는 데도 영향을 미쳤습니다. 직업교육의 가치를 자유교양교육보다 하위에 두게 하면서 말입니다. 직업교육 같은 외적인 목적을 추구하는 것은 '자유롭지 못한 사람의 일'에 종사하게 하는 것이자 우리를 '비천한 일에 참여하는 사람'으로 만들 뿐이라는 아리스토텔레스의 말을 다시 떠올려 볼 수 있겠지요. 또한 둘 간의 구분은 우리의 마음과 신체, 머리와 손, 생각과 행동을 구분하는 것을 은연중 정당화해 왔습니다(Martin, 1985: 352). 마음과 머리, 생각을 더 우위로 여기게 하면서 말입니다. 그러나 우리는 "자유교양교육과 직업교육을 엄격히 구분할 필요가 없다."는 마틴(Martin, 1985: 358)의 말처럼, 교육에서 이 둘을 대립의 관계가 아니라 통합적으로 바라보는 것이 더 필요해 보입니다. 인문계와 실업계 모두에서 두 교육의 가치를 동등하게 고려했던 시도가 있었다는 점을 앞에서 언급한 바처럼 말입니다. 직업준비교육이 유용성 같은 외재적 가치를 추구한다는 이유로 학교의 본질적 기능이 아니라는 주장은 오늘날 사회에서 더 이상 설득력을 갖기는 어렵습니다. 실제적 삶에 무능하지 않은 직업 능력을 갖춘 교양인, 기계적이고 기능적인 삶만을 반복하지 않는 교양을 갖춘 직업인이 우리에게 더 설득력이 있어 보입니다. 다음의 듀이의 말이 이러한 생각을 이해하는 데 도움이 될 듯합니다.

교육에서 할 일은 명백하게, 상황이 허락하는 한, 두 가지 내용을 될 수 있는 대로 많이 중복시켜 가르치도록 배려하는 것이다. 다시 말하면, 여가에 더 직접적인 목적을 두는 교육(자유교양교육-필자)은 될 수 있는 대로 일의 능률과 기쁨을 간접적으로 강화하는 방향으로 이루어지도록 하고, 일의 능률과 기쁨을 목적으로 하는 교육(직업교육-필자)은 여가선용에 도움이 되는 정서적·지적 습관을 형성하도록 해야 한다는 것이다(Dewey, 1916: 388).

살펴본 바처럼 자유교양교육은 표준적 교육관으로 인식되면서도 많은 비판을 받아 왔고, 그것을 둘러싼 논쟁도 여전히 진행 중입니다. 주된 교육적 관점인 만큼 이러한 비판은 하나의 숙명일지도 모르겠습니다.

제4장
교육과 개인의 성장

1. 개요

교육의 목적을 산업노동자 양성 같은 외재적 측면에 두거나 교양인 양성 같은 내재적 측면에 둔 두 접근 모두는 교육을 아이들 "안으로 집어넣어야" 하는 어떤 것으로 바라보는 데 공통점이 있습니다. 그들이 사용하는 언어에서 이 점이 잘 드러납니다. 교사들은 '좋은 취향을 마음에 심어 주어야 한다.' '배움에 대한 사랑을 불어넣어야 한다.' '생각을 주입해야 한다.' '지혜를 스며들게 해야 한다.' '좋은 감각을 심어 주어야 한다.' '마음속으로 스며드는 무언가를 보장해야 한다.'와 같은 말을 즐겨 사용합니다. 따라서 교사를 지식을 소유하고 있는 사람으로, 아동을 무지하고 지식을 넘겨받아야 하는 대체로 생각 없는 존재로 여기게 해 왔습니다(Lloyd, 1976: 91).

교육의 1차적 목적을 지식 습득이나 교정의 측면에서 찾는 관점은 그 목적이 교육의 밖에 있든 안에 있든 학생들의 자연스러운 성장과 경험, 관심사를 고려하지 못해 왔다는 비판을 받았습니다. 이러한 관점과 달리 교육의 1차적 목적을 학생들의 **성장**에서 찾는 관점이 있어 왔습니다. 여기서 핵심은 교사가 짜 놓은 계획의 틀 속에서 학생들이 인위적으로(또는 의도적으로) 성장하게 하는 것이 아닙니다. 그것은 그들이 자연스럽게 성장하도록 촉진하거나 돕는 것입니다. 늦게 피는 꽃이 있고 일찍 피는 꽃이 있는 것처럼 학생들 각자의 성장의 속도, 발달 상태는 각기 다를 수 있습니다. 이에 교사는 학생들을 미리 짜 놓은 계획의 틀과 속도에 따르게 하기보다 학생 각자의 성장의 속도에 주목해야 합니다. 이러한 교육의 성장 모델은 도토리가 참나무가 될 가능성을 그 씨앗 속에 품고 있는 것처럼 개별 학생들이 각자의 가능성의 씨앗을 가지고 태어난다는 전제에 기초합니다. 다음의 페스탈로치(Pestalozzi)의 말처럼 아이들의 계발될 가능성을 교육의 출발점으로 삼는 것이지요.

> 교육은 어린이들에게 어떤 것을 주입하는 것이기보다는, 아직 계발은 안 되었지만 적어도 계발될 가능성이 있는 것을 어린이가 선천적으로 지니고 있다는 인식에서 출발하는 것이어야 하겠습니다. …… 그렇기에 교육은 '어린이를 무엇으로 만들어야 하느냐'를 결정

하는 것이 아니라 '어린이는 무엇이 될 수 있는가'를 묻는 일이 되어야 하겠습니다(Pestalozzi, 1827: 117-118).

여기서 가능성은 말 그대로 계발될 가능성일 뿐 실현될 수도, 그렇지 않을 수도 있습니다. 이에 교육의 1차적 목적은 각기 다른 학생들이 지닌 가능성을 찾아 그것을 실현시키는 일이 됩니다. 이를 위해 교사는 학생들이 스스로 자신의 가능성을 찾을 수 있는 길을 열어 줄 뿐 아니라 학생들 각자가 어떤 가능성의 씨앗을 가지고 있는지에 주목해야 합니다. 교육의 출발점이 교과지식이 아니라 학생들로부터여야 하고, 그들이 누구인지에 상당한 관심을 보여야 한다는 것이지요. 이에 교육을 성장의 관점에서 바라보는 입장은 "학생들이 알고, 또 할 수 있어야 한다고 사회가 중시하고 있는 것이면 무엇이든 머리에 가득 채워야 할 수동적 그릇으로 학생들을 취급하는 것에 반대"(Fenstermacher & Soltis, 2009: 178)합니다. 교과지식은 그 자체가 아니라 학생들의 성장에 기여할 때만 가치가 있을 수 있다는 생각에서 그렇습니다. 이는 제2장, 제3장에서 살펴본 두 교육관처럼 교육을 '외부로부터의 형성'으로 보는 것이 아니라 '내부로부터의 계발'로 보는 관점이라 할 수 있겠습니다. 이러한 관점은 교육학에서 주로 **진보주의교육**(progressive education)이나 **진보주의**(progressivism), **신교육**(new education)으로 불리는 경향과 관련됩니다. 그것은 교육을 주로 성장의 관점에서 바라봅니다.

2. 진보주의 교육

좁은 의미로 진보주의 교육은 19세기 말에서 20세기 초에 걸쳐 미국을 중심으로 일어난 특정 시대의 교육개혁운동을 지칭합니다. 이와 유사한 운동이 프랑스와 독일을 비롯한 유럽 전역에서도 광범위하게 일어났습니다. 이를 총칭해 신교육(New education)이나 개혁교육학(Reformpädagogik)으로 부르기도 합니다. 이들은 교과 중심 교육과 교사 중심 교육으로 대표되는 당대의 전통교육(traditional education)을 비판합니다. 그러면서 아동의 타고난 소질을 조화적으로 발전시키고, 자신의 관심사에 따라 직접 행하며 배우는 것을 강조합니다. 그것을 지식이나 기능의 외적인 주입보다 더 중요하게 생각하는 것이지요. 진보주의 교육이나 신교육이라는 단어는 특정 시대에 일어난 교육개혁운동이라는 의미를 넘어 공통된 특성을 지닌 하나의 교육적 경향으로 넓게 이해되기도 합니다. 그것은 대체로 '교과보다 아동, 논리력보다 직관, 지력보다 정서, (사회적) 표준보다 아동의 행복, 일제식 수업보다 개인별이나 모둠별 수업, 감독자보다 친구, 억압적인 환경보다 편안하고 자유로운 환경, 기계적인 암기보다 행하는 것으로 배운다는 원리'(Lloyd, 1976: 89)를 지향하는 교육적 경향으로 이해되어 왔습니다.

이 장에서는 이러한 하나의 교육적 경향으로서 진보주의 교육에 담긴 교육관을 살펴보고자 합니다.

진보적(progressive)이라는 단어는 단지 변화만을 함의하지 않습니다. 그것은 발전, 즉 보다 나은 쪽으로의 변화를 함의합니다. 따라서 어떤 새로운 변화(혁신)를 그대로 진보적이라고 부르는 것은 잘못일 수 있습니다. 그것이 더 나쁜 쪽으로의 변화일 수도 있기 때문입니다(Lloyd, 1976: 93-94). 이런 의미에서 진보주의 교육은 기존 전통교육을 더 나은 쪽으로 새롭게 개선하려는 사람들이 모색하고 실천해 온 교육적 경향이라고 할 수 있을 듯합니다. 그렇다면 진보주의 교육은 전통교육을 어떻게 더 나은 쪽으로 변화시키려고 해 왔을까요? 여기서는 다링과 노덴보(Darling & Nordenbo, 2003: 286-305)가 파악하는 진보주의 교육의 본질에 기초해 진보주의의 관점에서 교육을 바라본다는 것이 무엇인지를 좀 더 살펴보겠습니다.[1] 그들은 ① 전통교육 비판, ② 지식의 본질, ③ 인간 본성, ④ 민주주의와 학교공동체, ⑤ 전인의 발달이라는 주제들이 진보주의 교육의 역사에서 반복해서 등장한다고 말합니다. 필자는 여기에 교수방법 하나를 더 추가해 살필 것입니다.

1) 전통교육 비판

당대의 교육에 불만이 있다면, 우리는 그것을 더 나은 쪽으로 변화시키는 교육이 무엇인지를 모색하게 됩니다. 진보주의 교육 역시 당대의 전통교육에 대한 불만에서 촉발됩니다.

---

[1] 다링과 노덴보(Darling & Nordenbo, 2003: 286-305)의 논의를 보충하는 경우 따로 인용표기를 하였다.

사실 신교육운동이나 진보주의 학교가 생겨났다는 점 그 자체가 전통적인 교육에 불만이 있다는 것을 의미합니다(Dewey, 1938: 97).

그것이 문제 삼고 있는 전통교육의 공통 특징이 무엇인지를 살펴보는 작업은 진보주의 교육(관)이 지향하는 바가 무엇인지를 보다 선명히 드러내 줄 수 있을 듯합니다.

전통교육은 앞선 장들에서 언급한 바처럼 아이들을 사회의 유용한 개인으로 기르기 위해서는 암기를 통해서라도 최대한 많은 지식을 습득해야 한다고 말합니다. 그래야만 유용한 지식으로 가득 찬 창고에서 자신이 필요할 때 필요한 지식을 꺼내 쓸 수 있다는 것이지요(Darling & Nordenbo, 2003: 289). 이를 위해 그 지식이 이해하기 힘든 것이라 하더라도 기계적인 암기를 통해서라도 일단 그것들을 머릿속에 담아 두는 것이 중시됩니다. 교과에 포함된 지식의 타당성을 검토하고 아이들의 관심사에 주의를 기울이는 것은 불필요하며, 아이들이 관심을 두어야 한다고 믿는 교과 교육과정에 전념하게 하는 것이 필요한 것이지요(Ibid.: 291). 이에 교사들은 아이들의 암기력에서 교육적 이점을 끌어내려고 합니다. 이런 과정을 통해서 아이들이 자신의 (정신)능력과 기능이 갖는 잠재력을 최대한 적시에 발휘하며 사회에 기여할 수 있다고 보는 것이지요(Ibid.: 289). 또한 다음과 같은 전제들이 함께 작용하면서 교육에서 강제적인 학습, 규율과 통제를 피할 수 없는 요소라고 가정합니다(Ibid.: 289-290).

1 어린아이들이 이해할 수 없는 소리에 관심을 두지 않는 것은 자연

스러운 일이다.

② 이에 '왜' 그런지를 이해할 수 없더라도 아이들은 우선 많은 것을 배우게 강요받아야 한다.

③ 이 과정에서 교사와 학교 시스템이 체벌을 포함하여 학습과정을 촉진하는 데 필요한 수단을 사용하는 것은 정당하다. 요컨대 아이들이 지식 습득 과정에 참여하기 싫어하는 것은 당연할 수 있다. 따라서 가르치는 일에서 규율(훈육)과 통제는 피할 수 없는 요소이다.

④ 아이들을 가르치는 일은 학습을 위해 그들의 자발적인 동기를 찾아내는 문제가 아니다. 그것은 필요한 외적인 동기를 제공해 아이들이 자신이 원하는 것을 억누르면서 공부하게 하는 것이다.

⑤ 매개자인 교사를 통해서만 어떤 교훈이 받아들여지기 때문에 교사가 중심을 이루고, 교사는 교실에서 어떤 지배적인 지위를 차지해야 한다. 이에 교실 구조는 권위적인 통치에 적합하게 설계되어야 한다. 학생들의 책상은 가지런히 배치되고 학생들 모두는 교사를 향해야 한다. 학생들 사이의 상호작용은 교실을 산만하게 하기 때문에 권고되지 않는다.

⑥ 아이들은 능동적 참여 대신 이미 구축된 지식을 흡수하고, 교사가 요청할 때 말이나 글로 그것을 성공적으로 암기했다고 증명할 수 있어야 한다.

이런 전제하의 전통적인 교실에서 좋은 학생(또는 좋은 개인)은 수동적인 자세로 권위를 수용하는 사람일 가능성이 높습니다. 비판적이고 창조적으로 사고하는 것보다 학교 당국이 요구하는 규범과 역할을 따르는 것이 훨씬 더 바람직하다고 여겨집니다. 결국 순종적이고, 고분고분하고, 명령에 일치된 행동을 보이고, 경쟁적이고 수동적이 되는 것을 좋은 개인이 되는 길로 여기게 한다는 점에서 전통교육은 비판을 받아 왔습니다(Chamberlin, 1994: 163).

진보주의 교육의 옹호자들은 당대에 지배적이었던 이러한 전제들을 공통적으로 문제 삼아 왔습니다. 그들은 전통교육자들의 전제와 달리하고자 합니다. 그들 모두에 관통하는 분명한 신념은 "배움은 자연스럽고 자발적인 충동이며, 두려움과 강제와 통제는 배움의 적"(Mercogliano, 2004: 70)이라는 데 있습니다. 배움이 "의식적 행위가 아니라 아이의 내적 원동력에 따른 당연한 반응"(Ibid.: 54)이라는 것입니다. 행동주의 교육관과 달리 가르침이라는 외부 자극이나 원인이 없더라도 내적인 원동력에 따라 배움(학습)이 자연스럽게 나타날 수 있다고 보는 것이지요. 다음의 글이 이러한 생각을 대표합니다.

> 서구과학의 낡은 패러다임인 원인과 결과 법칙으로는 충분치 않다. 왜냐하면 가르치고 배우는 과정이란 한 인간이 다른 인간에게 행하는 대단한 무엇이라기보다는 오히려 여러 수준에서 일어나는 상호 간의 공동작업의 한 형태라고 인식하게 된 지점에까지 우리의 이해가 확장되어 왔기 때문이다. 그 전 같으면 학생들에게 필요한 지식과 기술을 가르쳐 주어야 한다고 믿었지만, 지금은 그 지식과 기술이 (학생의 내부에) 잠재되어 있어 일깨워지기를 기다린다고 인식하기 때문에 더 이상 교사가 원인이며 학생은 학습과정의 결과물이라는 오래된 학교교육의 대전제를 받아들일 수 없다(Mercogliano, 1998: 226-227).

이어지는 주제들에서 우리는 전통교육에 대한 진보주의 교육자들의 비판과 진보주의 교육의 본질 특성이 무엇인지를 더욱 상세히 살필 수 있을 것입니다.

2) 교과의 심리화

전통교육은 학교의 교육과정이 지식의 본질을 반영해야 한다고 전제합니다. 우리가 제3장에서 살펴보았던 피터스와 (초기) 허스트가 이러한 주장의 대표자입니다. 그들은 '지식'을 각각 그 자체의 방법론이 있는 다양한 이해의 방식을 나타내는 포괄적인 용어로 봅니다(Darling & Nordenbo, 2003: 294). 우리는 이를 '지식의 형식'이라는 개념으로 살펴본 바 있습니다. 시대에 걸쳐 다양한 지식(앎)의 형식이 발달해 온 것이 우리 문명화의 중심 특징이고 그러한 이해의 다양한 방식이 세계의 뜻을 이해하는 도구라는 것이었지요. 그렇지만 그들은 이러한 종류의 이해를 어린 아이들이 그들 스스로 사고하면서 획득할 수 없다고 가정합니다. 이에 학생들은 충실하게 알려진 방식으로 사고하는 법을 제시받아야 하며, 바로 거기에 교사의 존재이유가 있다고 말합니다. 또한 그들은 충분한 범위의 다양한 지식의 형식에 익숙하게 하는 것이 어떤 균형 잡힌 발달을 가져온다고 하면서 어떤 지식의 형식도 선택적인 것으로 간주되지 않아야 한다고 말합니다 (Ibid.). 결국 전통교육에서 교육의 임무는 이미 구축된 지식이 전이되게 돕는 일인 것이지요.

그러나 진보주의 교육자들은 이러한 생각에 이의를 제기해 왔

습니다. 먼저, 전통적인 학교교육에서 지식으로 간주되는 것이
때로는 전혀 지식이 아닐 수 있다는 점에서 그렇습니다(Darling &
Nordenbo, 2003: 295). 그것이 어떤 영향력도 행사하지 못하고, 영
속성도 없으며, 어떤 이해도 포함하지 못한다는 점에서 그렇습
니다. 시험 부담 속에서 지식을 받아들이는 경우처럼 지식이 어
떤 압력 아래서 획득된다면, 그것은 학습자의 삶에 거의 인상
(impression)을 남기지 못할 수 있습니다(Ibid.). 오직 학생들이 배
우기를 원하거나 배우는 것이 필요하다고 느낄 때 인상이 남을 수
있기 때문이겠지요. 다음의 말에서처럼 말입니다.

> 교육의 과정에 아동이 중심에 놓여 있다. 정책에서의 어떤 진전, 새
> 로운 능력의 어떤 습득도 그것이 아동의 본성과 조화를 이루지 못하
> 고 근본적으로 아동이 받아들일 수 없는 것이라면, 원하던 효과를 얻
> 을 수 없다(Darling & Nordenbo, 2003: 296에서 재인용).

진보주의 교육자들은 성인이 가치 있다고 정의한 고정된 '교과'
교육과정이 아동의 본성과 조화를 이룰 때 만족스러운 학습이 가
능하다고 보는 것입니다(Darling & Nordenbo, 2003: 296). 교육과정
이 지식의 본질을 반영해야 한다는 생각에 대한 진보주의 교육자
들의 두 번째 반론은 아이들의 필요와 관심을 고려하는 것이 더
욱 효과적인 학습을 촉진하는 것 이상을 할 수 있다는 것입니다.
이는 한 명의 개인으로서의 학생-학습자(student-learner)를 존중
한다는 것을 말합니다. 지식에 대한 의무적인 메뉴를 제공해야
한다는 선입견은 어떤 부정적인 메시지를 학습자에게 전수하기

쉽습니다. 이는 전통주의자가 알아야 하지만 알려고 하지 않았고, 전통주의자가 관심을 두어야 하지만 관심을 두지 않아 왔던 것일 수 있습니다. 따라서 진보주의 교육은 "아이들의 관심과 호기심을 잘 이용하고, 엄격하게 구획된 교과 개념을 최소화하고, 교사가 순전히 강의나 교과서에 중심을 둔 역할보다 상의하고 안내하고 자극하는 역할을 채택할 수 있게 설계된" 유연한 교육과정을 조직하는 방법을 권유합니다.

이는 결국 교과지식을 공부하는 목적이 생산적 노동자와 같은 외재적 측면에 있든 합리적·비판적 사고력의 발달과 같은 내재적 측면에 있든 학생들에게 가르치는 지식이 그 자체로는 학생들에게 의미가 없다는 점을 말합니다. 지식이 학생들의 성장에 기여할 때만(또는 그들과 관련성이 있을 때만) 가치가 있다는 것이지요.

> 교과의 내용 그 자체가 언제나 교육적 가치를 가지고 있는 것도 아니며 학습자의 성장에 공헌하는 것도 아닙니다. 학습자의 현재 발달 상태나 필요와는 무관하게 그 자체로 소위 내재적인 교육적 가치를 가지고 있는 교육내용은 없습니다(Dewey, 1938: 144).

지난 학교교육 기간 동안 우리에게 교과지식을 가르쳤던 선생님들 모두는 당신들이 생각하는 가치 있는 지식들을 우리에게 가르쳤을 것입니다. 그중 현재 얼마나 많은 부분이 우리에게 의미 있고 가치 있게 남아 있을까요? 그리고 그러한 지식이 있다면 대체로 어떤 지식들일까요? 이 질문을 곰곰이 생각해 보면 이 인용문의 의미를 이해할 수 있을 듯합니다. 이에 진보주의 교육가들은 학생들이 삶의 경험을 통해 습득한 지식과 이해와 교과지식의 세계가 서로 결합되게 하는 형태의 지식교육을 이야기합니다. 이는 듀이의 말을 빌리면 **교과(교육내용)를 심리화**하는 것입니다. 그것은 교육내용이 "학습자의 구체적이고 직접적인 경험과의 관련 속에서 해석되고 이해되어야"(Dewey, 1902: 61) 한다는 점을 말합니다.

> 교과가 심리화된다면, 즉 교과가 학습자의 현재 활동이나 행동 경향성과 연결된다면 학습자들은 저절로 학습동기를 갖게 될 것입니다. 교과가 심리화될 때에 학습자들은 교육내용을 배워야 할 분명한 목적의식을 갖게 되며, 자신의 목적을 달성하기 위한 수단을 강구하기 위하여 능동적이며 자율적으로 노력하게 될 것입니다. 그러나 교육내용이 그저 외부에서 주어질 때에 주어진 교과를 학습해야 한다는 학습자의 목적은 교사에 의해서 강요된 것일 뿐 학습자의 자연적인 욕구나 필요와는 아무런 관련도 없는 것이 되고 맙니다. 어떤 내용을 배워야 한다는 학습에 대한 목적과 자신의 삶의 요구나 필요가 아무런 관련이 없을 때에 학생들은 학습동기가 떨어지게 되고, 그럴 때에 수업은 기계적이고 무미건조한 것이 될 수밖에 없습니다. 학생들이 마음속에 품고 있는 욕구와 주어진 교육내용 사이에 긴밀한 상호관련이 있을 때에 비로소 수업은 삶과 긴밀한 관련을 맺게 되며 살아있는 생생한 수업이 될 것입니다(Dewey, 1902: 66).

결국 교육내용을 심리화한다는 것은 "교육내용을 학생들의 일상적 삶의 내용으로 가지고 가서 재구성하는 것"(Dewey, 1902: 75)

을 말합니다. 이런 방식으로 습득된 지식이 의미 있고 가치가 있다는 것입니다.

3) 비지시적 교수방법

　전통교육에서는 매개자인 교사를 통해서만 어떤 교훈이 받아들여진다고 믿기 때문에 주로 교사 중심의 직접교수법을 실천해왔습니다. 이에 교사는 교실에서 지배적인 위치를 차지하고, 교실 구조도 교단을 설치하는 등 권위적인 통치에 유리하게 설계된 경우가 많았습니다. 이와 달리 진보주의 교육은 **행함(또는 경험)에 의한 학습**(learning by doing)의 구호 아래서 학생 참여형 방법을 실천해 왔습니다. 여기에는 아동이 자연적 호기심과 발견에 의해 학습할 수 있는 능력을 갖추고 있다는 진보주의 교육의 믿음이 강하게 깔려 있습니다. 한마디로 비지시적인 방법(non-directive method)인 것이지요. 그것은 프로젝트 방법처럼 학생들이 어떤 지식을 어떻게 학습할 것인지를 그들 스스로 선택 · 결정 · 실천하게 돕고, 그렇게 해서 습득한 지식을 자신의 성장과 자아를 실현하는 데 활용하게 돕는 것입니다. 또한 진보주의 교육은 아이들이 가장 이른 시기부터 최소한 한 명 이상의 다른 인간 존재와 상호작용하는 경험을 중요하게 여깁니다(Darling & Nordenbo, 2003: 297). 이는 진보주의 교육방법의 또 다른 특성이 **모둠식 방법** 속에서 협동(협력)하며 함께 학습하는 방법이라는 것을 말합니다.

4) 긍정적 아동관

전통교육에서 아동은 그 자신의 특성이 거의 없는 것으로 가정됩니다. 아동이 어떤 존재인지는 관심의 대상이 아닙니다. 오히려 그가 무엇이 될 것인지에 강조점이 놓여 있습니다. 기독교적 원죄설처럼 좋음(선, good)이 무엇인지를 배울 때조차도 그것을 거부하려 드는 것이 아동의 본성이라는 것입니다(Lloyd, 1976: 92). 아동이 학교를 좋아하지 않는 것을 하나의 증거로 들면서 말입니다. 부적절한 교수방법이 이러한 적대감의 원인이라는 점도 고려되지 않습니다. 그들이 어리석기 때문에 공부하려 들지 않는다고 보는 것이지요(Lloyd, 1976: 92). 이에 전통교육은 아동을 주로 교정해야 하는 대상으로 바라봅니다. 에어스(Ayers, 2010: 79)의 표현을 빌리면 그것은 "부족한 부분을 공략하는 방식, 결함을 밝혀내고 수리하기 위해 세부분과를 만드는 교육방식"인 일종의 "결함 중심의 접근 방식"으로 교육을 바라보는 것입니다.

이와 달리 진보주의 교육자들은 아동의 마음을 지식에 대한 수용자나 원죄로 인해 타락한 무언가로 파악하는 것에 의문을 제기합니다. 아동의 본성에 대해 매우 긍정적인 견해를 취하는 것이지요(Darling & Nordenbo, 2003: 299). 이는 인간을 일종의 발달하는 유기체처럼 이해하는 경향과 관련이 있습니다(Lloyd, 1976: 96). 로이드(Lloyd, 1976: 33-34)의 설명에 따르면 기계는 성장을 하지 않지만 식물은 성장을 합니다. 교사는 어떤 유기체인 대상을 양육하는 정원사로 비유되며, 교육의 중심을 성장으로 보는 대다수 진보주의 교육가들은 인간을 이러한 관점에서 파악합니다. 학생과의 관계는 기계적인 관점을 채택하는 것보다 한층 더 복잡하고, 미묘하며, 민감하다고 이해됩니다. 이 입장에서 아이들은 덕을 완전히 갖춘 존재는 아니지만 악의가 적은 매우 긍정적인 존재로 인식됩니다. 또한 자신의 주변 세계의 의미를 이해하고 싶은 어떤 본능적인 욕망이 있는 타고난 학습자로 인식됩니다. 더욱이 그들은 훌륭한 방식으로 발달하게 이미 프로그램되어 있다고 이해됩니다. 따라서 "아이들은 자신들만의 고유한 동기에서 공부할 때, 지성이 있고 책임 있는 존재로 존중받을 때, 바깥 세계와 격리되지 않고 활기 넘치며 사랑으로 충만한 환경 속에서 마음대로 활동하고 질문할 수 있을 때 가장 훌륭하게 배우는"(Mercogliano, 1998: 250) 존재로 인식됩니다. 인간을 이러한 식물과 같은 존재로 이해하게 되면, 교육은 정원사가 식물의 자연스러운 성장의 과정을 고려하며 식물을 기르는 것과 유사한 일이 됩니다. 아동 안에 내재된 가능성이 자연스럽게 밖으로 꺼내져 실현되도록 돕는 일종의 **기르는(키우는) 행위**(grow)로 교육을 바라보는 것이지요.

키워 준다 함은 무엇인가. 하느님이 각자에게 주신 능력과 소질을 키워 주는 일이다. 마치 꽃이나 나무에 적당히 물과 거름을 주고 기르듯이! 그러면 하느님이 주신 능력의 씨앗은 하느님이 주신 햇빛을 받으면서 아름답게 자라난다. 이런 뜻에서 교육의 모델을 식물 성장으로 보는 것이다. 밖에서 간섭하지 말고 따뜻한 미소를 보내면서 바라보라. 자연이 그 질서를 따라 발전하는 과정에 격려를 보내라. 안으로부터의 발전(development from within), 이것이 진정한 교육이다.

따라서 교사는 정원사 같은 자상한 사랑과 관심을 지녀야 한다. 이런 교육관은 루소와 페스탈로치가 강조해 마지않았던 것이다(김정환, 1995: 18).

5) 민주주의와 학교공동체

전통교육에서는 아이들의 자기결정권보다 그들을 대신해 의사결정을 할 어른들의 의무를 더 우선시합니다. 또한 교사의 통제가 없으면 아마도 교실이 무질서할 것이라고 생각하는 경향도 있습니다. 이에 전통적인 교실에서는 가부장적인 방식으로 의사결정을 하려는 교사와 자기결정권을 행사하고자 하는 아이들 사이의 갈등을 피하기 힘든 면이 있습니다. 진보주의 교육은 이러한 갈등을 해결하기 위해 학교 전체를 민주적 공동체로 변경하려 했습니다(Darling & Nordenbo, 2003: 300).

학교에서 교육과 민주주의의 관계는 영국, 독일, 미국 등지에서 공통으로 발달한 사항이었습니다. 일례로 시골에 자리 잡은 기숙학교인 많은 전원기숙학교(Landerziehungsheime)에서 살아가는 일은 개인들 사이의 조화를 추구하는 공동체의 구성원이 되는 것이었습니다(Ibid.: 301). 공동체에서 살아갈 능력을 배양하는 것이 그곳의 주요 목표였습니다. 전원기숙학교는 남녀공학, 가정과 같은 환경으로 가족 같은 관계를 조성하고, 학생과 교사 사이의 우호적이고 비형식적인 교육적 관계를 형성했습니다. 그것은 학교공동체가 학생과 교사가 공동의 문제를 토론하고 의사결정을 하기 위해 정기적으로 만나는 하나의 터전이 되게 했습니다(Ibid.: 301-302). 로이드(Lloyd, 1976: 95)의 지적처럼 진보주의 학교에서는 교사가 모든 의사결정을 독점할 권리가 없습니다. 아이들은 학교 운영에 참여할 권리가 있는 사람으로 대우를 받습니다. 당사자인 학생들에게 좋은 것을 오로지 교사만이 알고 있다는 믿음이 잘못되었다고 전제하는 것이지요. 이러한 자치(self-government)의 형식을 통해, 학생들은 독립적인 **학교 집회(전체 회의)**에서 공동의 이해관계를 둘러싼 문제들의 규칙을 정합니다. 이런 방식으로 학생 권력을 일정 정도 제도화했습니다. 그것은 성인들이 학생들을 능력과 양식을 갖춘 중요한 존재로 본다는 메시지를 그들에게 전달합니다(Darling & Nordenbo, 2003: 302). 이뿐만 아니라 그들이 사려 깊고 책임감 있는 시민성을 발달하도록 격려할 수 있습니다. 이는 학교가 하나의 제도(기관)로서 그 자체의 사회적 삶을 구성하고, 사회적 삶 그 자체가 교육적이 되도록 하는 것이라 하겠습니다(Ibid.: 302).

6) 준비로서의 교육 비판

전통교육은 아동의 현 실존의 질보다 어른으로서 맞게 될 미래 삶의 질을 더 중요하게 여깁니다. 이에 교육은 내일의 노동력으로 준비시키는 일종의 **준비로서의 교육**(education-as-preparation)의 형태를 띠게 됩니다.

전통교육의 주된 목적은 어린 학생들로 하여금 교육내용을 구성하고 있는 잘 조직된 지식 및 정보체계 그리고 언제든지 사용할 수 있는 다양한 기술들을 습득하게 함으로써, 앞으로 그들이 주역이 될 미래 사회에 대한 책임감을 갖게 하고 성공적인 삶을 살 수 있도록 준비시키는 것입니다(Dewey, 1938: 94-95).

전통적 교육에서는 지금 배우고 있는 지식이나 기술은 나중에 대학생이나 어른이 되었을 때에 필요한 것이며, 그러한 지식이나 기술을 배움으로써 학생들에게 미래를 위한 준비가 이루어진다고 가정합니다(Ibid.: 145).

제2장에서 살펴본 교육을 사회번영으로 보는 관점이 이러한 생각을 대표합니다. 진보주의 교육은 이러한 생각에 문제를 제기합니다. 특히 학생들을 내일의 노동력으로 간주하는 것에 강하게 저항해 왔습니다. 학교가 미래 삶을 위한 준비라는 생각, 즉 준비로서의 교육에 비판적인 것이지요. 학교가 미래 삶을 준비시키는 곳이 아니라 그 자체로 삶의 중요한 일부분이기 때문에 그렇습니다. 이는 "학교교육은 아이들의 현재의 필요에 전념하는 헌신으로 그들의 미래에 가장 잘 공헌할 것이다."(Darling & Nordenbo, 2003: 303)라는 생각을 반영합니다.

우리는 지금 우리가 하는 현재의 경험들로부터 최대한의 의미를 찾아냄으로써 미래의 경험에서도 똑같은 일을 할 준비를 하게 됩니다. 현재의 경험을 충실히 하는 것이 결국 어떠한 미래에 대해서도 대처할 수 있는 만반의 준비를 하는 최선의 방법입니다(Dewey, 1938: 150).

진정한 의미에서 미래를 위하여 준비하는 것은 현재의 경험에서 가치 있는 의미를 찾을 수 있도록 현재 경험에 깊은 주의와 관심을 기울이는 것입니다(Ibid.).

이는 우리가 아이들이 어떤 종류의 미래를 맞이할 것인지를 손쉽게 예견하기가 불가능하기 때문에 현재의 경험에 충실해야 한다는 점을 말합니다(Darling & Nordenbo, 2003: 304). 듀이는 우리가 오직 막연한 미래에 대해 관심을 기울일 때, 즉 관심의 초점을 막연한 미래에 두게 될 때 미래에 대한 준비는 제 길을 찾지 못하고 방황하게 된다고 말합니다. 현재의 경험을 활용하는 것과 미래를 준비하는 것이 서로 연결되지 못하고 심지어 서로 갈등을 일으키게 된다는 것이 그 이유입니다(Dewey, 1938: 149). 우리는 아이들이 어떤 종류의 성인 사회에 진입할 것인지를 알기 힘듭니다(Darling & Nordenbo, 2003: 304). 또한 아이들은 그들이 어떤 역할을 찾아야 한다는 의미에서가 아니라, 그들이 부분적으로 그들 스스로를 창조해야 한다는 의미에서 자기 자신의 삶을 만들어야 합니다. 그들은 자기 자신의 아이디어, 자기 자신의 관점, 자기 자신의 가치를 발달시켜야 합니다. 그리고 이는 자신이 어떤 종류의 사람이 되기를 원하고 어떤 종류의 삶을 이끌어 가고 싶은지에 영향을 미칠 수 있습니다. 이러한 개인주체의 확실성은 '미래를 위한 준비로서의 교육'과 양립하지 않을 수 있습니다(Ibid.). 이에 진보주의 교육에서 교육의 목적은 막연한 미래를 위한 준비가 아니라 아동 본성의 모든 측면, 즉 신체적·정서적·지적 측면 모두를 펼치게(개화하게) 하는 데 있습니다(Ibid.: 305). 아이들을 전인으로 발달시키는 것을 진보주의 교육이 공헌할 수 있는 부분으로 보는 것이지요. 이를 위해 진보주의 학교의 교육과정은 학문적 교육과정만을 고수하지 않고 교육과정에 음악, 예술, 역사, 공예, 수공적 활동 같은 것들을 포함합니다.

3. 대표적인 사상가

이상의 특징을 갖는 진보주의 교육은 다양한 교육사상가와 그들의 실천 속에서 정당화되어 왔습니다. 이는 "누군가 선호하는 교수(teaching) 유형에 어떤 인상적인 계보가 있고, 그 교수 유형이 최고의 지적 위상을 갖는 사상가들에 의해 분명히 뒷받침된다는 믿음을 재확인하는 것"(Darling & Nordenbo, 2003: 285)입니다. 또한 이 주제와 관련해 상당히 많은 지식이 축적되어 있다는 사실을 확인하는 것이기도 합니다. 코메니우스, 루소, 페스탈로치, 프뢰벨, 듀이 등이 이를 증명하는 대표 인물로 많이 알려져 왔습니다. 여기서는 진보주의 교육의 본질적 특징을 보여 주는 사항을 중심으로 그들의 생각을 간략히 살펴보고자 합니다.

1) 코메니우스

코메니우스(Johan Amos Comenius, 1592~1670)는 당시 몰락해 가는 자신의 조국을 바라보면서 그것을 구제할 방법이 무엇인지를 고민했습니다. 그 결과 그는 우선 어린이들을 위하여 빨리 학교를 세우고 여기에 좋은 책과 훌륭한 교수법을 제공하여 최선의 방법으로 과학적, 도덕적, 종교적 노력을 기울여 바른길로 인도하는 것(梅根梧, 1967: 255에서 재인용)을 사명으로 삼았습니다. 그는 "모든 것을 모든 사람에게 가르치는 보편 기술"을 담은 책인 『대교수학(Didactica Magna)』(1657)을 통해 이에

코메니우스

대한 개선책을 내놓았습니다. 이 책은 그 개선책 중 하나로 자연(자연의 법칙)을 따르는 교육을 제시할 뿐만 아니라 진보주의 교육에서 중시하는 몇 가지 주요 명제를 선취하고 있습니다. 이 중 몇 가지만 함께 읽어 보고자 합니다.

첫째, 지식, 덕성, 신앙의 세 가지 씨앗을 어떻게 계발하고 기를 것인지가 코메니우스 교육론의 핵심입니다. 모든 인간이 전인이 되도록 교육받아야 하고 교육의 과정을 그 씨앗 속에 접혀 있는 가능성을 펼쳐 내고 드러내는 과정으로 이해하는 것이지요. 이에 교사는 아동의 자연스러운 발달의 과정을 돕는 사람이어야 합니다.

> 지식, 덕성, 신앙의 세 가지 씨는 나면서부터 우리 속에 심기어 있다(p. 42).[2]

> 이 세상에 들어오는 사람의 마음을 식물의 씨 또는 과일의 심에 비

---

2 이하 번역은 정확실 역(1998)을 따랐다.

교하면 적당할 것이다. 그 형상을 실제로 볼 수는 없으나 씨나 심 안에는 식물 또는 나무가 현실적으로 내재하고 있는 것이다. 이것이 분명한 사실이라는 것은, 씨를 땅속에 심으면, 밑으로 뿌리를 내리고 위로 새싹이 돋으며, 후에는 그 생득적인 힘으로 가지와 잎을 펼치고, 잎이 무성하게 되고, 꽃과 열매로 장식되는 것을 보면 알 수 있다. 그러므로 무엇이나 밖으로부터 인간에게 가져다줄 필요가 없는 것이며, 다만 그의 속에 똘똘 말려서 그가 가지고 있는 것이 펼쳐지고 드러남으로써 하나하나의 요인들이 보이게 되는 것이다(pp. 44-45).

둘째, 그는 우리 인간이 모든 사물에 관한 지식을 습득할 수 있는 능력을 태어나면서부터 가지고 있으며, 학습하는 존재라고 말합니다.

인간이 모든 사물에 관한 지식을 습득할 수 있는 힘을 생득적으로 타고난 것은 분명하다(p. 43).

우리의 마음은 가까이 있는 것들을 붙잡을 뿐만 아니라 공간적으로나 시간적으로 멀리 있는 것들도 포착한다. 그것은 모든 어려움을 극복하면서 숨겨진 것을 찾아내고 덮인 것을 벗기며, 불가사의한 것을 조사하기 위하여 전력을 다하고, 그 힘은 매우 막대하고 그칠 줄 모른다. 만일 그에게 천년의 수명이 주어져서 그동안에 하나씩 하나씩 이해해 가면서 무엇인가 새로운 것을 계속적으로 배운다고 할지라도 그는 무엇인가 새로운 지식의 대상을 계속 발견하게 될 것이다(p. 44).

셋째, 그는 경험적 지식이 궁극적으로 영원한 진리를 드러내고 그러한 경험이 종교로 들어가는 통로라고 말합니다. 그는 인문주의적 언어중심주의에 대항하면서 아이들 자신의 경험을 지식의 확실성을 담보하는 것으로 무엇보다 중시합니다.

> 가정교사의 지겨운 교육을 받고 학습한 사람들보다는 스스로 학습
> 하거나 참나무와 너도밤나무를 선생님으로 모시고 학습한 사람들이
> 더 탁월한 발전을 이룩하고 있는 경우가 많다(p. 46).
> 모든 것을 가능한 한 감각 앞에 가져오라는 것이다. …… 지식의
> 시작은 항상 감각에서 오지 않으면 안 된다는 것이다. …… 지식의
> 진실성과 확실성은 다른 무엇보다도 감각의 증거에 의존한다. ……
> 감각은 가장 믿을 만한 기억력의 시종(侍從)이므로 이러한 감각을 통
> 한 지각의 방법을 모든 교과에 적용한다면 한번 습득한 지식을 영구
> 히 파지(把持)하게 될 것이라는 것이다(pp. 196-197).

넷째, 그는 훈육과 관련해 강제력보다 친절히 대하는 것이 중요하다는 점을 말합니다. 그는 당시 청소년을 가르치는 방법이 너무나 엄격하였기 때문에, 학교가 그들에게 공포의 장소이자 지능의 도살장으로 여겨졌다는 점을 문제 삼았습니다(p. 85).

> 훈육은 학습이나 학문과 관계시켜 적용되면 결코 안 되며 오직 도
> 덕의 문제가 위태로울 때만 필요한 것이다. 왜냐하면 학교학습은
> …… 적당하게 잘 조직하기만 하면 충분한 매력을 갖출 수 있으며 모
> 든 학생을 그 내재적 즐거움 때문에 즐겁게 학습하도록 만들 수 있기

때문이다. …… 사실상, 폭력의 사용으로는 학문을 사랑하는 마음보다도 혐오하는 마음이 길러질 가능성이 더 많다. 그러므로 마음속에 공부를 싫어하고 병들어 있는 것을 발견할 때마다 부드럽게 치료해 줌으로써 그런 내키지 않는 마음을 없이 하려고 노력해야 하며, 강압적인 방법을 사용해서는 절대로 안 될 것이다(p. 269).

2) 루소

루소

루소(Jean-Jacques Rousseau, 1712~1778)가 1762년에 간행한 『에밀 또는 교육론(Émile ou de l'éducation)』을 두고, 클라파레드(Claparède)는 '교육에 있어 진정한 코페르니쿠스적 혁명'이라고 불렀습니다. 아동기를 단지 성인기를 준비하는 시기로 보는 서구 전통교육의 기본 원칙을 깨뜨렸다는 점에서 그렇습니다.

자연은 어린아이가 어른이 되기 전에 어린아이로 있기를 원한다. 만약 우리가 이 순서를 뒤바꾸려 한다면 다 익지 않아 맛없는, 썩어 버릴 설익은 열매가 맺게 될 것이다. 우리는 어린 박사나 늙은 아이를 얻게 되는 것이다. 어린아이는 자기 나름대로 보고 생각하고 느끼는 방식을 갖고 있다. 그것을 우리의 방식으로 대체하려는 것보다 더 무분별한 일도 없다(『에밀 또는 교육론 1』, pp. 155-156).[3]

---

3 이하 번역은 이용철, 문경자 공역(2007)을 따랐다.

그는『에밀 또는 교육론』에서 인간의 이성이 12세까지 부재하기 때문에 아동기 아이들의 사고방식을 넘어서는 것을 그들에게 가르치지 말아야 한다고 말합니다. "어린 시절은 이성이 잠자고 있을 때"(『에밀 또는 교육론 1』, p. 188)로 아동과 성인의 사고방식 자체가 다르다는 것이지요.

철들 나이가 되기 전에는 도덕적 존재나 사회적 관계에 대해 아무런 생각도 할 수가 없을 것이다. 그러므로 되도록 이런 것을 표현하는 낱말들의 사용은 피해야 한다. 아이가 먼저 이러한 낱말들에 그릇된 관념을 결부시킬까 염려되기 때문이다. …… 어린아이의 머릿속에 박혀 버린 최초의 그릇된 관념은 아이에게서 오류와 악덕의 씨앗이 된다. 특히 주의할 것이 이 첫걸음이다(『에밀 또는 교육론 1』, pp. 153-154).

나는 10세가 된 아이가 판단력을 가지기를 바라느니 차라리 키가 150센티미터 정도 되기를 바라겠다. 사실 그 나이에 이성이 무슨 소용이 있겠는가?(『에밀 또는 교육론 1』, p. 156)

악이 생겨나는 것을 막기 위해 서둘러 선을 행하려 하지 말라. 왜냐하면 이성으로 선을 이해할 수 있을 때만 선은 선이 되기 때문이다(『에밀 또는 교육론 1』, p. 162).

이는 실제 학습이 아이들이 배운 것을 이해할 때라야 발생할 수 있기 때문에 그렇습니다. 루소가 말하는 자연인의 선함도 "본능에 충실해서 사는 동물적 삶이 보여 주는 선함, 따라서 아예 인간적 의미에서 도덕적 잣대를 들이댈 수 없는, 그런 소극적인 의미의 선함"(박주병, 2001: 11)을 뜻합니다. 루소는 『인간불평등기원론』에서 야만인 조상이 자연상태에서 동물과 마찬가지로 가졌을 거라고 추측하는 두 가지 특징을 제시했습니다. 하나는 자신의 생명을 지속하고 보호하려는 충동인 자기애(amour de soi)이고, 다른 하나는 같은 종(種)의 구성원이 고통받는 것을 보고서 느끼는 측은지심인 동정심(pitie)입니다.

> 그러므로 인간을 이미 완성된 모습으로 보는 방법만을 가르쳐 주는 학술서적을 제쳐 두고 인간 영혼의 최초이자 가장 단순한 작용들에 관해 곰곰이 생각해 보면, 거기에 이성보다 앞선 두 개의 원리가 있음을 알 수 있을 것이다. 하나는 우리의 안락과 자기 보존에 대해 스스로 큰 관심을 갖는다는 원리(자기애—필자)이며, 다른 하나는 모든 감성적 존재, 주로 우리 동포가 죽거나 고통을 당하는 것을 보면 자연스럽게 혐오감을 느낀다는 원리(동정심—필자)이다(『인간불평등기원론』, p. 38).[4]

그의 관심은 이성을 비롯한 성인의 삶에 필요한 다양한 능력의 성장을 촉진하면서도 그것이 갖추어질 때까지 이러한 자연적 선함을 어떻게 보존할 것인지에 있었습니다. "이성과 사회성은 발달하는 데 오래 걸리는 속성으로 원시 자연 상태에서 이런 속성이 존재했다는 구체적인 표시가 없습니다"(Wokler, 1995: 77).

---

4 번역은 주경복, 고봉만 공역(2003)을 따랐다.

다시 말해, "다른 모든 능력을 혼합한 것에 불과한 이성은 가장 힘들게 또 가장 늦게 발달하는 능력"(『에밀 또는 교육론 1』, p. 154)입니다. 이는 이성을 온전히 사용할 때까지, 즉 "아동이 성숙한 인간으로 성장해서 올바름과 그릇됨을 스스로 분별할 수 있기 전까지는 국가의 법률이 자연의 법칙처럼 어떤 인간의 힘에 의해서도 파괴되지 않는 올바른 상태 안에 있어야 한다는 교육적 고려가 담겨 있다."(박주병, 2001: 32)는 것을 말합니다. 아동이 자신의 본분을 뛰어넘어 '어른들처럼' 법과 제도를 배우게 되면 사적 욕망을 위한 수단이나 악덕과 오류를 위한 씨앗이 될 수 있기 때문이겠죠.

> 사람들이 아이들의 머릿속에 시기상조의 가르침을 주입시키려 할 때마다, 그 가르침은 모두 다 아이들의 마음 깊은 곳에 악덕을 심어놓는다(『에밀 또는 교육론 1』, p. 158).

이에 이성과 판단력, 분별력이 생기기까지 악덕과 오류로부터 보호하는 것이 필요하게 됩니다. 루소의 교육론에서 자주 언급되는 소극교육은 이성을 온전히 사용하면서 사회의 합리적 기준과 결합할 때까지 이러한 자연적 선함을 보존하기 위한 한 방법이었습니다.

> 인생에서 가장 위험한 기간은 출생의 순간부터 12세가 될 때까지이다. 이 기간은 오류와 악덕이 싹트는 시기로서 아직 그것들을 근절할 수 있는 어떤 수단도 없다. 그럴 수단이 생겼을 때는 그 뿌리가 너

무도 깊어져 이미 그것을 뽑아내기에 너무 늦는다. …… 자연적인 진전을 따른다면 정반대의 교육이 필요하다. 아이들의 정신이 온전히 자신의 능력을 발휘할 수 있을 때까지 아이들이 정신으로 무엇을 해서는 안 될 것이다. 왜냐하면 아이들의 정신이 아무것도 보지 못하는 동안은 여러분이 제시하는 빛을 발견하기가 불가능하기 때문이다. …… 그러므로 최초의 교육은 순전히 소극적이어야 한다. 그것은 미덕이나 진리를 가르치는 것이 아니라 악덕으로부터 마음을, 그리고 오류로부터 정신을 보호하는 것이다(『에밀 또는 교육론 1』, pp. 161-162).

루소는 자연적 선함의 우위를 사회 속에 방치하게 되면 그것이 이기심(amour propre)으로 변질될 수 있다고 말합니다. 따라서 이후에 이러한 자연적 선함은 반드시 사회의 합리적·도덕적 기준과 결합되어야 합니다.

감히 한 인민을 설립하려고 시도하는 자는 다음 능력들이 있음을 자각해야 한다. 그는 말하자면 인간의 본성을 변화시킬 수 있어야 하고, 그 자체로 완전하고 고독한 전체인 각 개인을 더 큰 전체의 부분으로 변형시켜 어떤 의미에서 그가 자신의 생명과 존재를 이 큰 전체로부터 부여받도록 만들 수 있어야 하며, 인간의 구성(constitution)을 변질시켜 그것을 견고하게 만들 수 있어야 하고, 우리 모두가 자연에서 받은 물리적이고 독립적인 존재를 부분적이고 도덕적인 존재로 대체시킬 수 있어야 한다(『사회계약론』, p. 53).[5]

---

5 번역은 김영욱 역(2018)을 따랐다.

여기서 "인간의 구성을 변질시켜 그것을 견고하게 만든다."는 것은 "정치상태 이전의 신체적이고 본능적인 존재였던 인간을 탈자연화해, 물리적 존재를 도덕성과 동물성이 결합된 존재로 변형한다는 뜻"(김영욱 역, 2018: 217)을 나타냅니다. 이는 우리가 이성의 능력을 갖출 때, 즉 루소가 제2의 탄생기라고 부르는 시기에라야 가능한 것입니다. 루소의 이러한 입장은 진보주의 교육에서 말하는 긍정적 아동관이 그 시기의 아이들에 내재한 특성에 주목하라는 데 있지, 그들을 가만히 내버려 두기만 하면 이성적이고 도덕적인 인간으로 저절로 성장한다는 것을 의미하는 것이 아니라는 점을 말해 줍니다. 어찌 보면 이는 아동을 존중하는 듯해 보이지만 그가 아동의 지적·도덕적 능력을 오히려 폄하하고 있는 것은 아닌가 하는 생각을 갖게 합니다. 그렇다 하더라도 그는 진보주의 교육관을 형성하는 중요한 개념 하나를 우리에게 제공했습니다. 그것은 코메니우스가 『대교수학』에서 "자연은 적절한 시기를 지킨다."고 학습의 준비도를 고려했던 바처럼 교육에서 **적절한 시기**(timing)의 중요성을 언급하고 있다는 점입니다. 인간의 발달단계를 알고 그 시기에 적합한 교육을 하라는 것입니다. "우리의 제자를 제 나이에 맞게 다루는"(『에밀 또는 교육론 1』, p. 157) 것이 필요하다는 것이겠죠. 결국 진보주의 교육의 관점에서 『에밀 또는 교육론』의 의의는 "아동 본성과 그 본성이 발달하는 방식에 대해 이해하는 것이 필요하다는 점을 강조"(Darling & Nordenbo, 2003: 276)하는 데 있다 하겠습니다.

3) 페스탈로치

페스탈로치

페스탈로치(Johann Heinrich Pestalozzi, 1746~1827)는 전인의 발달을 무엇보다 강조한 인물로 많이 알려져 있습니다. 그의 책『페스탈로치가 어머니들에게 보내는 편지(Letters on early education, addressed to J. P. Greaves by Pestalozzi, 1818~1819)』(1827)[6]에 기초해 그 특징들을 살펴봅시다. 첫째, 그는 '머리, 가슴, 손'을 조화롭게 발전시킨다는 **삼육론**(三育論)으로 전인교육의 발전에 기여했습니다.

어린이는 모든 인간 본성의 능력을 부여받고 있습니다. 다만 어느 능력도 아직 발달되지 못하고 있는 상태라 하겠습니다. 아직 피지 않은 몽우리입니다. 몽우리가 열리면 모든 잎이 핍니다. 그대로 남아 있는 잎은 하나도 없습니다. 교육의 과정도 이처럼 되어야 합니다 (p. 19).

아이들이 어떤 사회계층에 속하든 어떤 직업을 갖기를 원하든, 인간 본성에는 모든 사람에게 공통되는 어떤 능력들이 깃들어 있습니다. 이 능력이 실은 인간의 기본적인 힘의 원천을 이루는 것입니다.
우리는 이것을 명심해야 합니다. 이 모든 능력을 계발할 아이들의

---

6 이하 번역은 김정환 역(2002)을 따랐다.

권리를 박탈할 권리가 우리에게는 없습니다(p. 116).

교육이 무엇인가 하는 주제에 대한 단 하나의 올바른 생각은, 교육이 인간 본성 안에 깃든 모든 능력을 고르게 계발하는 것이라는 생각에서 유래됩니다(p. 117).

그것은 모든 계층의 정당한 요청을 수용하여 필요한 지식을 모두 포섭해야 하며, 지성을 슬기롭게 계발하고, 인간의 신체적 · 지적 · 도덕적 능력을 고루 적절하게 돌보는 것이어야 하겠습니다(p. 119).

인간의 본성 중에서 동물적인 본성만 가지고는, 또 지능적인 본능만 가지고는 안 됩니다. 인간의 본성 중 심정적인 본성의 도움이 없이는 이 두 본성은 힘을 쓸 수 없습니다(p. 31).

이는 교육의 목적이 오로지 지적인 성취를 이루는 데에만 있지 않고 인간의 다방면에 걸친 능력을 스스로 실현하도록 돕는 것이라는 점을 말해 줍니다. 페스탈로치를 평생 연구해 온 김정환(1997: 6)은 페스탈로치의 이러한 생각을 "우선 온전한 사람으로 일깨워 키우자. 지식이나 기술, 그리고 쓸모는 그 다음다음이다."라는 한 문장으로 요약하고 있습니다.

둘째, 페스탈로치는 이 세 가지 능력의 조화로운 계발을 위해 운동, 음악, 미술 같은 예체능 교육의 가치를 강조합니다. 이는 진보주의 학교들, 특히 초등학교에서 여전히 중요하게 여기는 활동들입니다.

운동은 잘 짜이면 어린이를 명랑하고 건전하게 합니다. 이것은 정서교육에서 매우 중요한 것이지요. 또한 이에 그치지 않고 단체의 사기를 고양하고 동료의식을 일깨워 주지요. …… 근면성, 개방적이고 솔직한 성격, 인격적인 용기, 고통을 이겨 내는 씩씩한 행위…… 이른 시기부터 계속적으로 운동하는 체육의 과정에서 자연스럽고 알차게 열매를 맺는 것은 바로 이러한 귀한 덕목들입니다(p. 123).

음악은 즐겁고 순결한 성품을 길러 줍니다. 그러기에 음악이 이렇게 이어져 왔지요. 음악이 학교나 가정에서 도덕적 감정을 길러 왔고, 그 결과 행복을 가져왔지요. 이것이 음악이라는 교과의 본질적 가치입니다(p. 129).

그림을 그리는 습관이 있는 사람은 일상생활 안에서도—특히 자연 안에서는 말할 것도 없지만—일반 사람들이 모르는 것을 잘 인식하며, 사물을 보다 정확하게 표현하며, 세세한 곳까지 살핍니다. …… 전체의 정확한 윤곽을 잡는다든가 각 부분의 비율을 살핀다든가 하는 작업은 스케치에 필수적인 것이지요. 이런 작업이 습관화되면 대개의 경우 학습도 쉬워지고 흥미도 촉진되지요(pp. 134-135).

셋째, 그는 학교에서 가르치는 방법에도 영향을 미쳤습니다. 그는 '지식의 획득방법'이 '획득한 지식' 그 자체보다 더 본질적이라고 보면서 어린아이들에게 암기력을 훈련하는 교육 방법을 비판합니다. 그는 감각을 통해 교육받아야 한다는 실물교수법과 아이들 스스로가 학습의 주체가 되는 방법을 중요시했습니다.

기억이 되었다고 해서 어떤 지식이 획득되었다고 단정하거나 그렇게 자임한다는 것은 큰 잘못입니다. …… 이해를 돕는 규칙적인 연습을 배제하고 그저 기억 속에만 때려 넣는 방식은…… 특히 사어(死語)의 수업에 오랫동안 쓰여 왔는데, 곳에 따라서는 현재에도 여전히 쓰고 있습니다. 도대체 까다롭고 이해가 안 되는 규칙들로 짜여 있고 강제적인 훈련으로 외게 하는 이 방식이 과연 지적 교육면으로 볼 때 올바르며 도덕면으로 볼 때 정당한 것이 될지 아주 의문입니다 (p. 156).

이 같은 오류를 범하지 않게 하기 위한 첫째 법칙은 말을 가르치지 말고 실물(사물)을 가르치라는 것입니다(p. 158). 둘째 법칙은 다음과 같습니다. 아이들을 가르치기만 하지 말고 그들이 지적 교육의 주체가 되도록 하라는 것이 그것입니다. …… 어머니들이 꼭 명심해야 할 일은, 아이들에게는 어떤 생각이나 사실을 주목하거나 간직할 능력이 있을 뿐 아니라 다른 사람들의 사상의 영향을 떠나 반성하는 능력도 있다는 것입니다(p. 161).

이를 위해 그는 일상생활의 소재를 교육의 대상으로 삼을 것을, 즉 그것으로부터 출발할 것을 이야기합니다.

아이들의 생활 주변에 있는 아주 사소한 일도—놀이나 휴양에서도 좋고, 부모 · 친구 · 또래들 사이에서 있었던 일도 좋습니다—그것이 아이들의 관심을 끄는 것이라면 교육의 대상이 될 수 있습니다. 그 일이 자연에 속하는 것인가, 아니면 인간사의 노동이나 기술에

속하는 것인가 하는 것은 문제가 아닙니다. 이런 일을 통해서 어린이는 중요한 지식을 익히며, 더욱 중요한 것으로는, 자신이 본 것을 사고하고 사고한 것을 말로 표현하는 습관을 익힌다는 것입니다(p. 165).

참고로 아인슈타인은 정규학교에서 매우 어려움을 겪다가, 페스탈로치주의를 표방하는 스위스의 학교에 입학하면서 행복과 성공을 맛볼 수 있었다고 합니다. 거기서 그는 지도, 도구, 정교한 학습자료, 온갖 종류의 실물들에 호소하는 방법을 만났습니다. 그것이 그의 시각적인 학습 스타일과 들어맞았던 것이지요. 나딩스는 이러한 사례를 언급하면서 학생들의 필요에 부합하지 않는 방법들로 우리가 얼마나 많은 아인슈타인과 같은 새싹들로 하여금 학교에서의 실패를 경험하게 하는지를 물었습니다(Noddings, 1998: 19-20).

넷째, 그는 코메니우스와 마찬가지로 교육방법에 있어 친절이 공포보다 더 효과적이라고 말합니다. 공포심을 심어 주는 것은 학습동기가 될 수 없다고 하면서 말입니다.

성격 형성에 있어서나 가르치는 방식에 있어서나 친절이 첫째의 지배적인 원리가 되어야 하겠습니다. 이것이 가장 효과 있는 원리입니다. 공포심도 더러는 이용될 수 있고, 다른 동기도 이용되어 외관상으로는 더러 성공을 거둘 수 있습니다. 그러나 어린이의 마음에 흥미를 불어넣어 주며 어린이의 가슴을 채워 주는 데 있어 애정보다 더 영원한 영향을 주는 것은 없습니다. 애정이야말로 가장 높은 목적을 달성하는 가장 쉬운 길입니다(p. 68).

4) 프뢰벨

프뢰벨(Friedrich Fröbel, 1782~1852)은 유
치원 교육의 아버지이자 놀잇감인 가베(은
물)의 창시자로 잘 알려진 인물입니다. 그
가 유치원이라고 명명한 독일어 킨더가르
텐(Kindergarten)은 아이들(Kinder)과 정원
(Garten)이라는 단어가 합쳐진 말입니다.
그것은 아이들이 꽃들처럼 펼쳐지고(개화

프뢰벨

하고) 성장하는 정원을 뜻합니다. 그의 주저인 『인간의 교육(Die
Menschenerziehung)』(1826) 역시 진보주의 교육의 중요한 핵심 명
제들을 선취하고 있습니다.

첫째, 그는 우리 인간의 본질이 신적인 것에 깃들어 있고 그것
이 인간의 선함을 말해 준다고 이야기합니다. 이에 양육과 성장
은 아동의 타고난 선함에 기초해야 합니다. 아동은 나쁘거나 사
악한 교정이 필요한 대상이 아니라 완전하고 아름다운 존재라는
것이지요. 킨더가르텐(유치원)은 바로 이러한 선함을 보존하고 양
육하는 곳이 됩니다.

> 따라서 신적인 것이 깃든 인간의 본성은 교육에 의해 펼쳐지고(개
> 화되고) 발휘되고 의식으로 끌어올려져야 한다(p. 4).[7]

---

7 이하 번역은 헤일만(Hailmann, 1896)의 영역본을 필자가 번역한 것이다.

인간의 본성이 확실히 그 자체로 선(good)하기 때문에, 실로 인간 안에는 그 자체로 선한 특성(qualities)과 경향성이 존재한다. 인간은 결코 선천적으로(naturally) 나쁘지(bad) 않거나 본래 나쁘거나 악한 특성과 경향성을 갖고 있지 않다(p. 120).

둘째, 그는 신으로부터 부여받은 아이들의 의식과 이해가 아직 발달되지는 않았지만 실제로는 본래 지니고 있다고 말합니다. 그리고 그것이 "펼쳐지기(개화되기)" 위해서는 아이들이 놀이와 예술 같은 **실천적이고 창조적인 활동**들에 자연스럽게 관여해야 한다고 말합니다.

놀이는 아동 발달, 즉 아동기에서 인간 발달의 최고 단계이다. **왜냐하면 놀이는 내면적인 것의 자발적인 표현이자 내면의 필요와 충동(impulse)으로부터 나오는 내면적인 것의 표현이기 때문이다.**
놀이는 아동기 단계에 속한 인간의 가장 순수하고 가장 정신적인 활동이다. 동시에 인간 삶 전체의 전형이다(pp. 54-55).

그러므로 보편적이고 포괄적인 인간 교육 계획은 반드시 초기부터 노래, 데생, 그림과 조형을 고려해야 한다. 그것들은 임의적이고 하찮고 즉흥적인 것으로 내버려 두어서는 안 되고 학교의 중요한 교과로 다루어져야 한다. 그 목적은 각 학생을 예술의 일부 영역이나 모든 영역에서 예술가로 만들고자 하는 것이 아니라, 그들이 인간 본성의 보편성과 모든 측면의 에너지 속에서 인간을 바라보고 진정한 예술 작품을 이해하고 감상할 수 있게 하는 데 있을 것이다(p. 228).

이렇게 색을 칠하는 작업은 결코 미래의 화가로 발달시킨다는 것을 의미하지 않으며, 노래 연습을 하는 것도 미래의 음악가로 훈련시키고자 하는 의도가 아니다. 이러한 작업은 어린 인간 존재 안에 인간 본성의 모든 측면에서의 발달과 펼침(개화)을 획득하게 하는 데 목적이 있을 뿐이다. 그 작업들은 일반적으로 정신의 성장에 필요한 음식을 제공한다(p. 327).

실천적 활동과 창조적 활동에 의해 펼쳐지는(개화하는) 과정이라는 프뢰벨의 교육적 발달 개념은 놀이와 예술, 공예, 노작(勞作)의 중요성에 관한 근거를 제공합니다. 그리고 이러한 활동들은 오늘날 진보주의를 따르는 초등학교 교실 생활에서 지배적인 특징입니다(Darling & Nordenbo, 2003: 280).

셋째, 그는 우리 인간이 각각의 **발달단계**에서 그 단계가 요구하는 것을 완벽하게 추구해야 하고, 그 단계들이 연속적인 변화의 과정이라는 점을 강조합니다.

아동, 소년, 인간은 각각의 발달 단계에서 그 단계가 요구하는 것을 완벽하게 추구하는 것 이외에 어떠한 노력도 해서는 안 된다. 그래야만 건강한 줄기에서 새로운 가지가 싹터 나올 것이고, 이 가지는 또다시 각각의 다음 단계에서 동일한 노력을 통해 그 단계가 요구하는 것을 완성하는 것처럼 뒤에 계속될 각 단계가 발달할 것이다. 왜냐하면 각각의 선행 단계에서 인간이 충분히 발달해야만 뒤에 계속될 이후 단계의 발달 역시 충분하고 완벽하게 이루어지기 때문이다(p. 30).

교육이 아동의 발달단계를 고려해야 한다는 진보주의 교육의 한 특성을 보여 주는 대목입니다.

5) 듀이

듀이

듀이(John Dewey, 1859~1952)는 진보주의 교육에 가장 큰 영향을 미친 인물로 알려져 있지만, 당시 진보주의 교육이 보인 한계를 비판하기도 했습니다. 특히 그의 말년의 저작인 『경험과 교육(Experience and education)』(1938)[8]은 진보주의 교육이 무엇을 지향하고 있는지뿐만 아니라 그에 대한 오해가 무엇인지를 다룬 중요한 문헌입니다. 여기서는 이 중 중요한 사항 몇 가지를 살펴보고자 합니다.

첫째, 듀이는 진보주의 교육이 아무런 계획 없이 즉흥적인 방식으로 행해지는 교육으로 이해되어서는 안 된다고 말합니다. 진보주의 교육이 "전통적인 학교에서 해 오던 것들을 하지 않기만 하면 된다."(p. 115)고 생각되어서는 안 된다는 것이지요.

> 신교육에 종사하는 사람들에게는 교육내용이나 교수방법을 조직화하고 체계화하는 문제에 반대하는 것이 일종의 유행처럼 되어 있습니다(p. 117).

---

8 이하 번역은 박철홍 역(2002)을 따랐다.

신교육을 주장하는 사람들이 경험적이고 실험적인 사실에 토대를 둔 교과와 교육내용을 효과적으로 조직하는 방안을 확립하지 못하게 되면, 이러한 반동세력들은 쉽게 승리를 얻게 될 것입니다(p. 118).

신교육에서는 사전에 준비하고 계획하는 교사의 임무가 면제되거나 가벼워지는 것이 아니라 오히려 훨씬 더 무거워지고 어려워지는 것입니다. …… 사전 준비와 계획은 전통적 교육에서처럼 기계적으로 꽉 짜여 있는 것이 아니라 학생의 활동에 따라 변화할 수 있는 것이어야 하며, 동시에 일정한 방향을 제시해 줄 수 있어야 합니다. 한마디로 계획과 준비는 어느 정도 일정한 발전의 방향을 제시해 주면서 동시에 학생의 능력과 요구에 따라 변화할 수 있는 여지를 담고 있어야 합니다(p. 166).

둘째, 이는 진보주의 교육운동이 교수와 학습의 자료를 선정하고 조직하는 문제를 아주 중요하게 여기고 있다는 사실을 말해 줍니다. 듀이는 교과를 조직한다는 생각 그 자체가 잘못이 아니라는 점을 분명히 지적하고 있습니다.

어떤 경험이 교육적인 경험이 되려면 거기에는 반드시 더 많은 사실과 지식을 아는 것과 그러한 사실이나 지식을 보다 분명하고 체계적으로 아는 것이 포함될 수밖에 없습니다. 그러므로 경험을 중시하는 교육이론에서는 교육내용의 조직이 불필요하다는 주장은 잘못된 것입니다. 조직의 측면을 무시할 때 경험은 산발적인 것이 될 뿐만 아니라 무질서한 것이 되고 말 것입니다(p. 207).

흔히 저희 견해를 오해하는 사람들이 지적하는 것처럼, 교육받은 학생들의 내면 상태, 즉 학생들의 흥미나 취향에 외적인 조건들을 그저 종속시키는 교육을 하는 것도 실제로 가능할 것입니다. 하지만 그럴 경우에 교육은 교육내용, 교육방법, 학교 시설 등 모든 것을 아동들의 즉각적인 기분이나 감정에 맞추는 식이 될 것입니다(p. 135).

그러면 교과지식을 어떻게 조직해야 할까요? 듀이는 "교과조직의 기본적이고 이상적인 원리는 진보주의적(점진적)인 조직의 원리"(p. 206)가 되어야 한다고 제안합니다. 그것은 우리가 "경험 안에서 학습할 내용을 찾아내는 것이 교육의 첫 단계에 지나지 않는다."(p. 192)는 점을 받아들이는 것입니다.

일상적인 삶의 사태에서 아동이 경험한 것은 그 자체로는 아동들에게 풍부하고 깊은 의미를 제공해 주지는 않습니다. …… 따라서 아동의 경험 안에서 학습할 내용을 찾고 난 다음 단계에 교사가 해야할 일은 아동이 경험한 내용들을 원래 경험된 상태, 즉 아직 정리되지 않은 상태에 그대로 머무르지 않도록 하는 것입니다. 다시 말하면, 교사의 임무는 아직 정리되지 않은 아동의 경험 내용들을 어른들이 학습한 교과의 형태로 접근할 수 있도록 점진적으로 발달시켜 나가는 것입니다. 이러한 점진적인 발달은 경험과 교육이 유기적인 관련을 맺을 때에 가능합니다(p. 192).

셋째, 여기서 진보주의 교육(관)과 관련해 교사 역할의 중요성이 드러납니다. 즉, "교사는 학생들의 잠재 가능성에 대한 지식을 하나의 준거로 활용하여 학생들의 현재 경험을 보다 발전시킬 수 있도록 환경적인 조건을 조성"(p. 197)하는 역할을 담당해야 합니다. 이에 대한 듀이의 말을 좀 더 들어 보는 것이 도움이 될 듯합니다.

성숙한 사람인 교사는 아동들의 경험을 이해할 수 있는 모든 능력을 총동원하여 아동의 경험을 판단하고 그 경험이 올바른 방향으로 나아가도록 도와주어야 할 의무가 있습니다(p. 131).

교육자가 해야 할 일차적인 임무는 환경적인 조건들이 어떤 식으로 경험에 영향을 미치게 되며, 어떤 환경적 요소가 경험이 성장하는 데에 기여하는가 하는 점에 대한 충분한 지식을 갖는 것입니다(p. 134).

교육자가 관심을 기울여야 할 가장 중요한 측면은 상호작용이 일어나는 경험의 상황입니다. 경험상황은 개인적인(인간적인) 요소와 환경적인 요소로 이루어져 있습니다. …… 환경적인 요소, 즉 객관적인 요소는 교육자가 어느 정도 조절할 수 있는 것입니다(p. 142).

교사는 아이들에게 가치 있는 경험을 제공해야 할 의무, 학습자들이 가치 있는 경험을 할 수 있도록 하기 위하여 학습자의 현재 능력이나 필요와 적절히 상호작용할 수 있는 환경을 만들 의무를 가지고 있습니다(p. 142).

이는 우리 교사들이 학습자들을 항상 주의 깊게 관찰하고 학습자에 대한 지식을 어떻게 교육적으로 사용할 것인지를 심각하게 고민할 것을 요구합니다(p. 143).

넷째, 듀이는 진보주의 교육이 외적 통제를 가하지 않거나 개인의 자유를 전혀 제한하지 않을 경우에만 제대로 된 교육이 가능하다고 보는 입장에 반대합니다. 그는 "모든 학생이 예민한 감수성을 가지고 있다거나 아동의 충동에 따라 행동해도 무방하다고 생각할 만큼 아동에 대하여 낭만적인 생각을 품고 있지도" (p. 162) 않습니다. 학교에서는 놀이규칙처럼 존경과 공손한 표현 같은 예절이 필요하다는 것이지요(p. 168).

> 교육은 함께 살아가면서 서로 적응하고 조절하는 법을 배우는 것입니다. 그러므로 예절과 질서를 가르치지 못하는 교육은 삶의 중요한 측면을 제대로 가르치지 못한다는 점에서 실패한 교육이라고 보아야 합니다(pp. 170-171).

듀이는 자기 마음대로 하는 것이 자유가 아닐뿐더러 외적 통제를 제거한다고 해서 자율적인 통제 능력이 저절로 생기는 것도 아니라고 말합니다(p. 180). 그는 사고를 통해 충동을 스스로 통제하는 자율적 통제가 필요함을 역설하고 있습니다.

> 사고를 통해 충동을 스스로 통제하는 것은 우리가 흔히 쓰는 말로 자율적 통제를 의미합니다. 교육의 이상적 목적은 자율적 통제의 능력을 길러 주는 것입니다(p. 180).
> 우리의 행동이 지적 판단이 아닌 충동에 의해 좌우될 때 자유라는 것은 단지 환상에 지나지 않습니다(p. 180).

다섯째, 또한 그는 욕망에 따라 행동하는 것도 올바른 의미의 교육이 아니라는 점을 분명히 합니다.

> 교육은 욕망을 즉각적으로 만족시키고 싶은 유혹을 이겨 내고 주변 상황에 대한 관찰과 앞으로 올 바람직한 방향에 비추어서 행동하는 능력을 향상시키는 것입니다(p. 185).
>
> 교육적 관점에서 보면 욕망이나 충동 그 자체는 교육의 궁극적 목적이 아닙니다. 욕망이나 충동은 바람직한 목적을 달성하기 위한 활동 계획이나 방법을 결정하는 하나의 계기가 됩니다. 거듭 말하지만 그러한 계획은 관련된 지식을 가지고 주어진 환경 조건들을 깊이 검토할 때에 결정될 수 있는 것입니다(p. 188).

이에 교사들이 "아이들에게 그저 물건이나 자료들을 제시해 주고 모든 것을 아이들에게만 맡기고 내버려 두는 것"(p. 188)은 분명 잘못된 생각일 수 있습니다.

> 우리가 명심해야 할 점은 아이들은 행동의 방향을 제시해 주는 무엇인가가 없이는 아무것도 할 수 없으며, 행동의 방향을 제시해 주는 무엇이 어떤 방식으로든지 아이들에게 주어지게 된다는 것입니다. 교사가 전혀 방향을 제시하지 않을 때에 아이들의 행동은 충동이나 욕망을 따르게 됩니다. 보다 폭넓은 시야를 가지고 있는 사람이 방향을 제시하는 것은 욕망이나 충동에 의해서 주어지는 또는 정확한 지적인 판단 없이 다소간 우연히 주어지는 방향의 제시보다 더 가치 있고 더 타당하다는 점은 어느 누구도 부인하지 못할 것입니다(p. 189).

일정한 연령에서 아이들이 보이는 흥미도 마냥 길러 주어야 한다는 생각에서 하고 싶은 대로 마음껏 하게 내버려 두어도 된다고 생각해서는 안 됩니다. 그 흥미는 더 높은 수준으로 나아가는 추진력이 된다는 점에서 가치 있으며, 그것을 가지고 보다 가치 있는 것을 성취하려고 무엇인가를 하기 위한 것으로 이해되어야 합니다(Dewey, 1902: 51).

여섯째, 그는 성장과 연결되는 **교육적 경험**이 무엇인지를 우리에게 중요하게 제시합니다. **계속성**과 **상호작용**의 정도를 측정하고 평가하는 것으로 우리가 어떤 경험이 교육적인 경험인지를 평가할 수 있다는 것이지요(p. 141). 그는 "경험의 계속적인 성장을 방해하거나 성장 방향을 왜곡시키는 경험"(p. 108)을 비교육적 경험으로 칭하며 교육적 경험과 구별합니다. 우선 교육적 경험은 뒤따라오는 경험에 연속적으로 영향을 미치는 계속성의 원리가 적용되는 경험을 말합니다.

> 모든 경험은 경험을 하는 사람을 어떤 식으로든지 변화시키며, 또한 그 변화는 우리가 원하든 원하지 않든 뒤따라오는 경험에 영향을 미칩니다(p. 124).
> 현재의 경험이 앞으로 올 경험에 영향을 미친다는 계속성의 원리는 모든 경험의 경우에 적용되는 것입니다(p. 129).

이러한 경험의 계속성은 성장과 연결되며, 그러한 계속적인 성장은 전체로서의 성장을 촉진하느냐 혹은 방해하느냐에 따라 그 가치가 판단됩니다(p. 127). 성장은 계속적인(연속적인) 성장을 이끄는 것이며, 경험이 성장을 이끌어 낸다면 그 경험이 바로 교육적인 것이라 하겠습니다.

> 교육의 과정은 성장의 과정이며, 이때의 성장은 '성장하고 있는 (growing)'이라는 진행형으로 가장 잘 표현될 수 있다는 생각을 언급한 바 있습니다. …… 성장이라는 교육의 관점에서 보면 중요한 문제는 전체로서의 성장입니다. 따라서 특정한 방향으로 성장하는 것의 가치는 그 자체로만 판단될 것이 아니라 그것이 전체로서의 성장을 촉진하느냐 혹은 방해하느냐 하는 문제에 일차적인 강조가 주어져야 합니다(pp. 126-127).
> 특정한 방향으로의 발달은 계속적인 성장에 기여할 때에만 교육의 기준이 될 수 있는 것이지, 계속적인 성장에 기여하지 못한다면 그것은 교육의 기준으로 볼 수 없습니다(p. 128).

이에 "경험의 가치는 그 경험이 어디를 향하여 어느 곳으로 가고 있는가 하는 것에 비추어서만 올바로 판단될 수 있습니다"(p. 130).

두 번째 원리인 상호작용은 경험이 개인과 개인 밖에 무엇인가가 존재하기 때문에 일어난다는 사실과 관련 있습니다. 경험이 "외적이고 객관적인 요소와 내적이고 주관적인 요소가 함께 상호작용하는 상황적인 것"이라는 말입니다.

> 상호작용이라고 할 때에는 경험 속에서 함께 작용하는 두 가지 요소, 즉 객관적이고 외적인 요소와 주관적이고 내적인 요소가 있으며

이 두 가지 요소가 함께 작용하고 있다는 것을 의미합니다. 정상적인 경험은 항상 두 가지 요소의 상호작용으로 이루어져 있습니다. 이 두 가지 요소를 함께 고려할 때, 즉 내적 요소와 외적 요소를 따로 구별할 것이 아니라 그 두 가지가 상호작용하는 것 그 자체를 하나의 전체로 생각할 때에 경험은 바로 '상황'이 됩니다. 경험은 외적이고 객관적인 요소와 내적이고 주관적인 요소가 함께 상호작용하는 상황적인 것입니다(p. 137).

여기서 "상황 속에 있다는 말에서 속에 있다는 것은, 어떤 사람이 사물이나 다른 사람들과 상호작용하고 있다는 것입니다"(p. 140). 이러한 상호작용은 양자가 서로 독립된 상호작용이 아니라 양자가 서로 변화하는 **교변작용**(交變作用, transaction)으로서의 상호작용이라는 것에 그 중요한 특징이 있습니다. 어떤 경험이 생기려면 어떤 사람과 그 사람의 환경을 이루고 있는 어떤 것 사이가 서로 변화하는 교변작용이 있어야 한다는 말입니다(p. 139). 예컨대 경험의 결과, 경험하는 주체인 나도 바뀌고 경험의 대상인 내 주변 환경(사물이나 다른 사람)도 바뀌어야 한다는 말입니다. 여기서 "환경은 개인(개인의 필요, 욕망, 목적, 경험을 일으킬 수 있는 능력 등)이 상호작용하는 외적인 조건 모두를 가리키는 것입니다"(p. 140). 예컨대 "사고는 사고를 촉발시켜 주고 사고를 이끌어 주는 대상이나 주변 환경이 없이는 불가능"(Dewey, 1902: 54)하며, "발달은 오직 가치 있다고 선정된 발달하는 힘과 흥미가 제대로 기능을 발휘할 수 있는 교육적 환경이 주어질 때에만 가능"(Ibid.: 55)합니다.

이상 듀이가 말하는 경험의 계속성과 상호작용의 원리는 서로 분리되어 있지 않고 서로서로 교차되어 있고 통합되어 있는 것으로 이해됩니다.

> 우리의 인생은 서로 다른 상황들로 계속해서 이어져 나갑니다. 인생, 즉 삶은 상황의 연속입니다. 그러나 계속성의 원리가 있기 때문에 앞에 있는 경험에서부터 다음에 오는 경험으로 계속해서 연결되고 이어지는 무엇인가가 있습니다. 어떤 사람이 하나의 상황에서 다음 상황으로 넘어갈 때에 그 사람의 세계와 그 사람의 환경은 확대되거나 줄어들게 됩니다. 그는 상황이 변화했다고 해서 전혀 다른 세계에 살고 있는 것이 아닙니다. 오히려 그는 동일한 세계의 다른 부분이나 다른 측면에서 살고 있는 것입니다. 따라서 어느 상황에서 배운 지식이나 기술은 다음에 오는 상황을 이해하고 효과적으로 다루는 데에 중요한 수단이 됩니다. 삶과 배움이 계속되는 한 이 과정은 계속될 것입니다(p. 140).

계속성과 상호작용이라는 기준 덕분에 경험은 아무 생각 없이 하는 반복적인 행동이나 아무렇게나 하는 활동과 분명 구별되는 교육적인 것이 된다고 하겠습니다(Dewey, 1916: 124).

이상 간략히 소개한 듀이의 입장이 진보주의 교육에 대해 사람들이 오해하는 바를 교정하는 데 도움이 되면 좋겠습니다.

4. 진보주의 교육과 한국 교육

진보주의 교육(관)의 아이디어는 우리 교육에서 어떤 형태로 나타났을까요? 해방 이후 진보주의 교육(관)의 주제들은 새교육, 열린교육, 대안교육, 혁신학교 등의 이름으로 우리 교육에서도 부흥과 쇠퇴를 반복해 왔습니다. 여기서는 이러한 역사를 간략히 살펴보겠습니다.

1) 해방 후 새교육운동

해방 후 일제 식민교육의 잔재를 극복하는 것은 중요한 과제였습니다. 이 중 하나의 흐름이 새교육이었습니다. 미군정기에 새교육론자들은 "전통적 교육을 지양하고 민주주의 이념 위에 교육을 세워야 한다는 주장과 함께 듀이의 진보주의 교육이념을 새교육이라고 내세우면서 교육개혁을 선도하고자"(이길상, 2007: 210) 나섰습니다.

> 다난하였던 해방 첫해가 지나가고, 다음해에 접어들면서부터 점차로 문교부와 일선 교육자들 사이에서 전통적 교육을 개혁하려는 기운이 나타나기 시작하였다. 여기서 소위 '새교육운동'의 탄생을 보게 된 것이다(오천석, 1975: 33).

새교육은 전통교육을 지양하고 민주주의 이념 위에 교육을 세

우려는 운동으로, 당시 미국과 유럽에서 유행하고 있던 진보주의 교육(Progressive Education)이나 신교육(New Education)과 궤를 같이하는, 그것들로부터 영향을 받은 교육사상이었습니다(오천석, 1975: 33; 이길상, 2007: 210). 그것은 "교수법의 혁신이나 학교 및 학급 경영의 민주화를 개혁운동의 주 내용으로 설정"(이길상, 2007: 210)하였습니다. 당시 새교육운동의 대표자였던 오천석은 새교육이 지향하는 바를 다음과 같이 정리하였습니다.

해방과 더불어 우리 가슴속에 끓어오른 옛 교육에의 반항정신은 우리 교육의 전면적인 개혁을 요구하였다.

첫째로, 우리는 전통적 교육의 계급주의 · 차별주의를 배격하였다. …… 우리는 이와 같은 봉건사회의 잔재를 배격하고, 민주정신에 터를 둔 새로운 교육제도를 희원(希願)하였던 것이다.

둘째로, 우리는 인간을 도구화하는 것으로 목적을 삼는 교육에 반항하였던 것이다. …… (일본인은) 교육을 통하여 일본의 제국주의적 목적을 달성하는 데 쓰일 연장을 만들려고 한 것이다. …… 그리하여 우리는 사람을 수단화하려는 교육을 배척하고, 사람 자체를 위한 교육을 제1의적 목적으로 하는 교육을 제창했던 것이다.

셋째로, 우리는 옛 교육의 특색인 억압주의적 교육에 반기를 들고, 자유에 기반을 둔 교육을 기도한 것이다. …… 마치 짐승과도 같이, 죄수와도 같이 다루어지는 어린이를 구원하여, 자유와 권리와 의무를 가진 하나의 사람으로서 교육할 것을 바랐던 것이다.

넷째로, 우리는 모든 어린이들을 오뚜기 모양으로 똑같이 다루는 획일주의적 교육을 거부하고, 각 사람의 개인차를 인정하고, 그 개성을 살려 북돋는 교육을 내세웠던 것이다. …… 우리가 원하였던 것은 개인의 권리가 중요시되고, 그의 개인적 능력 · 성격 · 취미 · 희망 등 이 존중되는 교육방식이었다.

다섯째로, 우리는 과거의 문화적 유산을 전달하는 것으로 목적을 삼는 지식 중심의 교육, 현재의 실생활과 유리된 서적 중심의 교육 을 배격하고, 사람 전체의 발달 · 향상을 목표로 하는 현실과 따뜻한 교섭을 가진 산 교육을 지향하였던 것이다(오천석, 1975: 33-34에서 재인용).

이는 앞선 장에서 소개한 '전통교육 비판, 교과의 심리화, 긍정 적 아동관, 민주주의와 학교공동체, 준비로서의 교육 비판'이라 는 진보주의 교육의 핵심 주제를 분명 공유하고 있습니다. 당시 의 새교육론자들은 미국에서 시험된 달톤 플랜(Dalton Plan), 위네 트카 시스템(Winnetka system)과 같은 개인지도를 주로 하는 교수 법과 프로젝트 방법(Project method) 같은 새 학습방식을 공부하였 습니다. 그리고 종래 공민 · 역사 및 지리로 나누어져 있었던 교 과를 합하여 사회생활과라는 새 과목을 만들어 가르치게 했습니 다. 그것은 종래 학문중심교육과정을 아동의 생활 중심으로 재조 직한 것으로, 지식 중심의 교육을 생활중심교육으로 전환한 것이 었습니다(오천석, 1975: 35). 당시의 풍경을 오천석은 다음과 같이 묘사하고 있습니다.

그리하여 소수의 초등학교에서는 한 학급을 소분단으로 나누어 개인지도에 편리하게 하였고, 종래의 교사의 강의를 대신하여 어린이에 의한 토의가 학습과정의 중심이 되었다. 이러한 것은 물론 1920~1930년대에 성행하였던 미국의 교수방법을 모방한 것이었으나, 당시의 진보적 교육자들의 대부분은 진지한 태도로써 이 새교육 운동의 대열에 참가하였으며, 비록 그 방법은 조잡한 점이 없지 않았으나, 그때까지 교사에게 억압되어 있었던 어린이를 해방하여 그 개성에 맞고 그 활동에 의한 교육을 시도하는 노력임에는 틀림없었다 (오천석, 1975: 35).

그러나 당시 새교육은 우리 교육을 크게 바꿔 놓지 못했습니다. 오천석(1975: 37)은 그 실패의 이유를 다음의 네 측면에서 찾았습니다. 첫째, 확고하고 충분한 철학적 근거의 뒷받침 없이 시작되었다는 점, 둘째, 교육자들에게 의의는 있었으나 확고한 지도이념이 빈약했다는 점, 셋째, 민주주의에 대한 충분한 이해가 빈약하고 그것을 어떻게 교육과정에 반영해야 할 것인지에 대한 뚜렷한 신념이 부족했다는 점, 넷째, 미국 모방의 범위를 벗어나지 못했다는 점이 그 이유였습니다. 당시의 열악한 교육조건이 아동 중심 교육의 실현을 가능하게 할 수 없었다는 점은 더 근본적인 이유로 거론되었습니다. 이길상(2007: 218-219)의 지적처럼 교사 1인당 학생 수가 70~80명인 상황에서 토론이나 대화, 아동 중심 수업이 가능하지 않았다는 것이지요. 그는 또한 학교 운영방식 자체의 관료적 성격이 남아 있어 교실 수업만을 민주적인 것으로 바꾸는 것이 불가능했고, 그렇기에 아동중심주의가 교실 내에서 일부 의욕적인 교사에 의해 이루어지는 실험 이상도 이하도 될 수 없었다고 지적합니다. 당시의 새교육이 아래로부터 추동된 개혁이 아니라 위로부터 부과된 개혁이라는 점이 실패의 한 원인이었다는 것이지요.

> 교육개혁의 방향을 위로부터의 중앙집권 형식으로 규정지어 버렸다. 국가권력기구와의 결탁에 의한 교육계의 주도권 장악으로부터 시작된 새교육운동은 아래로부터의, 교사나 학생 중심의 교육운동을 원천적으로 불온시하고 탄압하였다. 따라서 이후 우리 교육의 개혁에 있어서 교육주체의 소외와 국가권력의 독단현상의 기초가 되었다 (이길상, 2007: 220).

이는 약 40년 이후 나타난 열린교육의 실패 원인으로도 지적된 사항입니다. 결국 "새교육운동은 일부 교육실험가들의 교육실험으로 끝났다."(이길상, 2007: 219)는 평가가 일반적입니다. 1963년에 공포된 제2차 교육과정은 제1차 교육과정(1955년 공포)에 대해 "그 교육과정은 운영에 있어서도 단편적인 지식 주입에 편중한 나머지 인격의 도야에 소홀하였고, 학습 활동도 표방하는 경험주의와는 멀리 실생활과의 유리가 심하여 교육 개혁을 요구하는 소리가 높았다."[9]며 진보주의 교육의 요소를 반영한 생활중심교육과정을 표방하기도 했습니다. 그러나 이후 우리의 정치적, 경제적, 사회적 상황은 생활중심교육과정을 포함한 새교육과 같은 진보주의 교육(관)을 받아들이기 어렵게 만들어 왔습니다.

1950~1953년까지의 전쟁, 기아, 경제적 빈곤, 이승만-박정희-전

---

9 국가교육과정정보센터(http://ncic.re.kr/mobile.kri.org4.inventoryList.do#).

두환-노태우로 이어지는 독재정권은 '학생 중심 교육'을 외치는 진
보주의가 뿌리를 내릴 수 있는 토양이 결코 될 수 없었던 것이다(박승
배, 2001: 284).

그러나 문민정부가 들어선 1990년대 초반 새교육운동과 유사
한 아이디어를 가지고 열린교육운동이 나타났습니다. 새교육운
동과 열린교육운동 간의 미세한 차이를 구명한 연구(예: 강일국,
2009)도 있지만, 열린교육은 진보주의 교육(관)의 아이디어를 다
시 중요하게 참고하였습니다.

2) 열린교육

1990년대 초 우리나라에서 진행된 '열린교육운동'은 아이들의
관심 위에서 교육을 정립하고, 그들에게 직접 행하는 경험을 많
이 제공할 것을 권고했던 운동이었습니다. 니버그(Nyberg, 1975:
50)에 따르면 열린교육은 '개별화, 아동의 탐구 자유, 풍부한 학습
환경의 자료를 준비하고 아동 스스로 자신의 활동을 계획하게 고
무하는 일, 범교과적 탐구, 유연한 계획표, 열린 영역들, 협동적
학습활동, 이야기와 유희, 활동을 결정하는 아이들의 흥미를 고
려하고, 유연한 그룹을 만들고, 훈도적인 교사가 되기보다 학습
의 촉진자로서의 교사가 되고, 경험을 통해 학습을 격려하는 것'
을 일반적인 특성으로 하는 교육운동입니다. 그는 이러한 특성의
밑바탕에는 아동이 자신의 호기심에 따라 자연스럽게 배우는 존
재라는 낙관주의적 아동관이 깔려 있다고 말합니다. 이러한 의미

의 열린교육은 다음의 설명에서처럼 20세기 초반의 진보주의 교육의 아이디어를 받아들인 것이자 미군정기 이후 등장했던 새교육운동의 부활이었다고 하겠습니다.

> 열린교육 옹호자들이 소리 높여 외치는 융통성 있는 수업방법 사용, 교실 공간의 다양한 활용, 학습활동 선택 시 학생 의견 존중, 교실 내에 학생들이 직접 만질 수 있는 풍부한 자료 구비, 통합된 교육과정 운영 등은 20세기 초엽 진보주의자들이 외쳤던 것과 정확히 일치한다(박승배, 2001: 270-271).

그러나 당시 열린교육은 우리 새교육운동의 한계로 거론되었던 문제들, 예컨대 확고하고 충분한 철학적 근거와 방법론의 부재, 학교 운영방식 자체의 관료적 성격이 남아 있는 상태에서 아래로부터 추동된 개혁이 아니라 위로부터 부과된 개혁이라는 문제를 되풀이했습니다. 그 결과 2000년대에 들어서면서 열린교육이라는 단어는 거의 자취를 감추었습니다. 그러나 이후 교실수업의 측면에서 특히 초등학교의 풍경이 소집단을 중심으로 한 활동과 협력 중심으로 바뀌는 데는 나름의 기여를 했다고 평가할 수 있을 듯합니다.

3) 대안교육, 혁신학교

진보주의 교육의 아이디어는 1990년대 중반 이후 아동의 자발성에 기초한 비권위주의 교육을 표방하는 일부 대안학교들의 교육이념과 실천 속에서 다시 표출되었습니다. 대안교육의 이름으로 전개된 개혁의 흐름이 어떠한지에 대해서는 시각의 차이가 다소 존재할 수 있습니다. 그러나 그것은 대체로 자본주의적 삶의 구조가 파생시킨 물질적 가치와 경쟁이데올로기에 기초한 교육, 대학입시로 수렴되는 경쟁 교육, 권위주의 통치의 잔재인 비민주적이고 국가주의적인 교육에 대한 불만에서 등장했습니다. 다만, 대안교육은 주로 제도권 밖에서 새로운 교육을 모색·실천해 왔다는 점에서 기존 새교육이나 열린교육과 그 성격을 달리합니다. 2009년에 소위 진보교육감 선출을 계기로 경기도에서 시작된 혁신학교운동의 문제의식도 대안교육을 모색했던 사람들의 문제의식과 크게 다르지 않습니다. 그들도 기존 학교의 '입시 위주 교육과 그에 따른 좁은 의미의 학력에 얽매인 교육 목표' '경직된 교육과정' '관료적 학교 운영 체제' 등을 문제 삼았습니다(송순재, 2017: 27에서 재인용). 교육에 접근하는 방식에 한정하면 두 운동 모두 대체로 서구식 '전통교육'의 오랜 실천을 대신(혁신)하고자 합니다. 기존 진보주의 교육 실천가들의 문제의식과 유사하게도 말입니다. 대안교육의 주창자들은 우리 교육을 협력(또는 협동)과 공동체, 민주주의, 생태 가치에 기초한 교육과 전통교육의 방식과 다른 형태의 교육을 모색해 왔습니다. 혁신학교 패러다임도 "인간다운 교육, 행복한 아이들, 자유와 자발성, 협력과 공생, 민주시민, 생태적 위기에 봉착한 인류 세대를 제대로 담보해 낼 수 있는 학교"가 그 핵심입니다(송순재, 2017: 39). 최근의 혁신학교 운동에 대해 교육청 주도의 하향식 개혁의 문제가 나타나고 있다는 비판이 있기도 하지만, 혁신학교는 당사자나 교사들 자신의 문제의식에 기초해 아래로부터 그 실천이 출발했다는 점에서 이전의 새교육이나 열린교육과 차별점이 있습니다. 그것은 작은학교 운동 같은 교사들을 중심으로 한 학교개혁운동의 연장선에서 그 성과를 중요하게 반영하였습니다. 혁신학교는 또한 비판교육학에서 중시하는 신자유주의 비판, 민주적 시민성, 사회정의(제5장 참조)의 문제에 관심을 갖는다는 점에서 진보주의에 기초한 이전의 교육개혁과의 차별성을 내세우기도 합니다. 결국 진보주의 교육이 전통교육을 반대하며 내세웠던 명제들인 아동 본성에 대한 숙고, 학습자 중심성, 아동 개인의 성장과 창조성, 프로젝트 방법 같은 학생 참여형 수업방식, 민주주의, 억압적 방법의 개선 등이 새교육, 대안교육, 혁신학교 등의 이름으로 우리 교육에서 되풀이되어 강조되어 왔다고 할 수 있겠습니다.

4) 2015 개정 교육과정

이러한 명제들은 2015 개정 교육과정[10]에서도 찾아볼 수 있습니다. 학습자 중심성이라는 용어가 수요자중심주의를 내세운 교육 시장화의 반영으로 해석될 여지도 있겠지만, 한편으로 국가주의와 권위주의에 기초했던 기존 전통주의 교육이 갖는 낡은 틀을 개선하려는 의지가 정책 차원에서 어느 정도 반영된 결과로 볼 수 있을 듯합니다. 더불어 다음과 같은 논리 속에서 지식전달 교육보다는 '스스로 배우고 스스로 생각하는 힘'을 기르는 진보주의

---

10 2015 개정 교육과정 관련 내용은 "교육부(2015). 초·중등학교 교육과정 총론. 교육부 고시 제2015-74호"를 참조하였다.

교육이 미래 사회에서 더 중요한 역할을 할 수 있을 것이라는 생각이 우리나라에서도 설득력을 얻고 있다고 하겠습니다.

먼저, 정보화의 진전은 지식의 진부화를 가속시키므로 지식의 중요성은 감소한다는 논리이다. 낡은 지식은 곧 쓸모없게 된다는 전제가 바탕에 깔려 있다. 둘째, 그러므로 지식보다는 정보수집 방법을 가르치는 것이 중요하다는 생각이다. 여기에서는 정보수집 방법만 익히면 문제해결 능력이나 창조성을 발휘할 수 있다는 전제가 나타나 있다. 셋째, 평생학습시대가 되면 다시 배울 수 있게 되므로 학교에서는 배우는 법만 익히면 괜찮다는 논리이다. 여기에서는 곧 쓸모없어지는 지식보다는 배우는 법이 학교졸업 후의 학습에 중요하다고 판단된다(苅谷剛彦, 2002: 148-149).

2015 개정 교육과정 총론은 교육과정의 성격을 "국가 수준의 공통성과 지역, 학교, 개인 수준의 다양성을 동시에 추구하는 교육과정"이자 "학습자의 자율성과 창의성을 신장하기 위한 학생 중심의 교육과정"으로 분명히 천명하고 있습니다. 또한 미래 사회가 요구하는 핵심역량을 함양하여 바른 인성을 갖춘 인재 양성을 위해 교육과정 구성이 다음에 중점을 두었음을 밝히고 있습니다.

① 인문·사회·과학기술 기초 소양을 균형 있게 함양하고, 학생의 적성과 진로에 따른 선택학습을 강화한다.
② 교과의 핵심 개념을 중심으로 학습 내용을 구조화하고 학습량을

적정화하여 학습의 질을 개선한다.

③ 교과 특성에 맞는 다양한 학생 참여형 수업을 활성화하여 자기주
도적 학습 능력을 기르고 학습의 즐거움을 경험하도록 한다.

④ 학습의 과정을 중시하는 평가를 강화하여 학생이 자신의 학습을
성찰하도록 하고, 평가 결과를 활용하여 교수 · 학습의 질을 개선
한다.

⑤ 교과의 교육 목표, 교육 내용, 교수 · 학습 및 평가의 일관성을 강
화한다. (p. 3)

여기에 등장하는 '선택학습의 강화, 학습량의 적정화, 학생 참
여형 수업의 활성화, 자기주도적 학습능력, 학습의 과정을 중시
하는 평가'는 그간 진보주의 교육에서 중시해 온 용어들이라 할
수 있겠습니다. 우리 새교육운동이나 열린교육운동은 교육을 둘
러싼 사회경제적 조건의 개선을 언급하기보다 주로 수업개선, 즉
교수 · 학습의 개선에 집중하고 강조한 면이 있었습니다. 2015 개
정 교육과정 총론에서 밝힌 다음과 같은 교수 · 학습의 주안점은
앞선 두 운동에서도 강조했던 바와 같은 '지식의 암기 지양, 발달
단계에 따른 수업 설계, 직접 체험 활동, 개별 학습 활동, 소집단
공동학습, 협동학습, 능동적 수업 참여, 학습 내용의 적용과 활
용, 자기주도적 학습'의 용어들을 다시금 강조하고 있습니다.

① 교과의 학습은 단편적 지식의 암기를 지양하고 핵심 개념과 일반
화된 지식의 심층적 이해에 중점을 둔다.

② 각 교과의 핵심 개념과 일반화된 지식 및 기능이 학생의 발달단계

에 따라 그 폭과 깊이를 심화할 수 있도록 수업을 체계적으로 설계한다.

③ 학생의 융합적 사고를 기를 수 있도록 교과 내, 교과 간 내용 연계성을 고려하여 지도한다.

④ 실험, 관찰, 조사, 실측, 수집, 노작, 견학 등의 직접 체험 활동이 충분히 이루어지도록 한다.

⑤ 개별 학습 활동과 함께 소집단 공동 학습 활동을 통하여 협력적으로 문제를 해결하는 협동학습 경험을 충분히 제공한다.

⑥ 학생이 능동적으로 수업에 참여하고 자신의 생각을 표현하는 기회를 가질 수 있도록 토의·토론 학습을 활성화한다.

⑦ 학생들에게 학습 내용을 실제적 맥락 속에서 적용하고 활동할 수 있는 기회를 충분히 제공한다.

⑧ 학생이 스스로 자신의 학습 과정과 학습 전략을 점검하고 개선하며 자기주도적으로 학습할 수 있도록 지도한다. (p. 32)

2015 개정 교육과정이 지향하는 인간상에 이어서 삽입된 역량 개념은 '무엇을 알고 있는가', 즉 내용 숙지보다 '무엇을 할 수 있는가'를 더 중시하는 개념입니다. 이 역시 진보주의 교육의 아이디어와 관련이 있습니다. 예컨대 이홍우(2010: iii)는 최근의 역량 기반 교육과정을 "옛날의 생활적응 교육(진보주의 교육—필자)이 이름만 바꾸어 부활한 것 이외의 아무것도 아니다."라고 단정적으로 평가하기도 합니다.[11]

---

11 이홍우(2010: 113)는 아동의 흥미존중 원리를 생활적응 교육과 면밀히 관련된 것으로 해석한다. 진보주의 교육이 목적과 내용 측면에서 생활적응 교육의 형태를

그러면 최근 우리 교육에서 보이는 이러한 진보주의 교육의 아이디어는 긍정적 측면만을 담고 있을까요? 다음 절에서는 진보주의 교육(관)에 주로 어떤 비판들이 제기되어 왔는지, 어떤 한계나 문제점은 없는지를 살펴보겠습니다.

5. 비평

앞에서 듀이의 입장을 빌려 진보주의 교육을 오해하는 부분이 무엇인지를 살펴본 바 있습니다. 듀이가 지적한 오해는 그것이 고스란히 진보주의 교육을 비판하는 논리가 되어 왔기 때문에 중요합니다. 듀이의 해명에도 불구하고 진보주의 교육에 문제를 제기하는 사람들은 꾸준히 있어 왔습니다. 지난 몇십 년간 '여유교육'을 앞세웠던 일본 정부의 교육개혁에 제기된 비판을 하나의 예로 들 수 있을 듯합니다. 1992년부터 일본의 초·중학교에서 본격 실시되었던 학습지도요령은 '여유'의 확대와 '신학력관'에 바탕을 둔 수업실천과 학습평가가 핵심 특징이었습니다(苅谷剛彦, 2002: 44). '신학력관'은 "지식편중형 교육에서 벗어나 스스로 배우려는 의욕과 사회변화에 주체적으로 대응할 수 있는 능력을 육성함과 동시에 기초·기본 내용을 중시하고 개성을 살리는 교

취하고, 그것이 방법상의 원리로서 '흥미존중' 교육과 밀접하게 결합되어 있다는 것이다. 생활적응 교육은 교육사태와 생활사태를 관련짓는 방법으로 전통적 교과가 아니라 생활사태(성인의 활동이나 사회기능, 생활사태에 당면하는 문제 등)를 교육내용으로 삼아 거기에 잘 적응하는 사람을 길러 내는 것을 목적으로 삼는다(Ibid.: 106).

육"(Ibid.: 56)을 집약한 표현이었습니다. 진보주의 교육(관)을 반영한 것이지요. 이에 대해 가리야 다케히코(苅谷剛彦, 2002)는 일본에서 입시를 목적으로 한 학습을 죄악시해 온 풍토가 **아동중심주의**(진보주의) 교육을 주창하게 만들었다며 문제를 제기했습니다. 그것이 현실을 직시하는 눈을 멀게 해 수단이 결여된 이상을 받아들이게 해 왔다는 비판과 함께 말입니다. 뒤이은 많은 비판 속에서 일본 정부는 결국 2010년대 초에 학습지도요령을 개정해 여유교육을 포기하고 다시 확실한 학력을 갖추는 데 필요한 수월성 교육을 강화하는 방향으로 나아갔습니다(이명실, 2018: 300, 303). 일본의 이러한 경험은 현재의 우리 교육도 일본과 같은 고질적인 입시 위주 교육을 반대하는 차원에서 진보주의 교육을 이상적으로만 바라보는 것은 아닌지, 여유교육 같은 진보주의 교육개혁을 실패로 여기게 만든 원인은 무엇일 수 있는지 등을 생각하게 합니다. 이에 다음의 비판들을 중심으로 진보주의 교육과 관련된 비판점이나 오해가 무엇일 수 있는지를 논의해 보겠습니다.[12]

1) 진보주의 교육은 지성의 능력을 약화시키는 주범인가?

진보주의 교육이 사실적 지식 습득을 소홀히 다룸으로써 지성의 약화(학력 저하)를 불러온다는 문제제기입니다. 활동 중심의 학생 참여형 수업과 그와 연계된 학습 내용의 삭감이 주된 비판의 대상이었습니다. 지식전달의 중요성을 경시한 활동주의 교육

---

12 이하 논의는 정훈(2019)의 일부 내용을 재구성했다.

때문에 학생들이 무엇을 이해하고 무엇이 정착되는지도 모르는 채 형식적인 활동에 빠져 있다는 지적입니다(苅谷剛彦, 2002: 174). 진보주의 교사들은 아이들이 자신의 의자에만 앉아 있기를 원하지 않는다고 가정합니다(Lloyd, 1976: 98). 그들이 행하고, 탐구하고, 탐색하고, 만들면서 활동하는 존재라는 것이지요. 그러나 이러한 활동들이 어떤 교육적 가치를 지닌 것이 아니라면 문제가 발생할 수 있습니다. 학습이 발생하려면 그때의 경험이나 활동이 가르치려는 것과 밀접하게 연결되어야 하기 때문입니다(Ibid.). 스스로 하는 탐구를 통해 자신의 생각을 발표할 기회를 주는 발표수업이 곧 '스스로 사고하는 힘'을 길러 주는 것으로 이어지지 않을 수도 있다는 비판도 함께 생각해 볼 수 있겠습니다(苅谷剛彦, 2002: 187). 요컨대 아이들이 분주히 무언가를 하고 있기는 하지만 그것이 학습으로 이어지지 않아 습득해야 하는 지식을 제대로 습득하지 못한다는 말이지요. 그 때문에 새로운 지식을 이해하는 기반이 되는 지식들을 아이들의 장기기억 속에 자리 잡게 하지 못한다는 것입니다. 컴퓨터를 통한 정보탐색 방법에 아무리 능숙하다고 해도 우리가 거기에서 얻은 지식이나 정보의 의미를 이해하지 못하면, 즉 이해를 가능하게 하는 사실적 지식들이 장기기억 속에 저장되어 있지 않다면 수집한 정보는 무의미할 수 있다는 논리입니다(苅谷剛彦, 2002: 150-152). 이러한 문제제기는 우리 열린교육운동 당시에도 그대로 나타났었습니다. 예컨대 재미(在美) 교육학자 황용길(1998)은 "미국식 열린교육으로의 개혁은 全 학생의 돌머리化, 국가의 깡통화를 재촉한다"(『월간조선』, 1998년 12월)라는 글을 발표해 논쟁을 촉발시킨 바 있습니다. 그는 한국의 열린교육이 사실지식, 주입식, 암기식 교육의 필요성을 간과한다고 주장하면서, 시험을 통한 경쟁, 많은 학습량, 응용력의 기본이 되는 많은 사실 지식의 습득이 경쟁력의 원천이라는 점을 힘껏 주장했습니다. 우리는 이와 유사한 주장을 교육과 사회번영을 다룬 제2장에서 살펴본 바 있습니다. 또한 그는 진보주의 교육의 개별화, 자율화, 인성교육이 학습능력의 저하와 버릇없는 폭력화를 만들어 낸다는 비판을 제기하였습니다.

이러한 비판과 관련해 진보주의 교육 지지자들은 어떻게 대응할까요? 아마도 그들은 전통교육의 지식교육 방식이 오히려 아이들에게 지식의 온전한 의미를 전달해 주지도, 오늘날의 세계가 요구하는 지성의 능력을 제대로 길러 주지도 못한다는 점을 지적할 듯합니다.

첫째, 진보주의 교육자들이 활동이나 경험을 중시하는 이유는 교과(지식)를 경시한다기보다는 의미 있는 지식교육을 위해서입니다. 앞서 언급한 바처럼 교과지식은 그 자체만으로는 학생들에게 의미가 없을 수 있습니다. 지식은 그 자체로서가 아니라 학생들의 성장에 기여할 때만(또는 그와 관련성이 있을 때만) 가치가 있습니다. 삶의 경험에 기초해 아이들에게 의미 있는 교과(지식)교육을 행하려는 것이지요. 학습이 발생하려면 그때의 경험이나 활동이 '가르치려는 것과 밀접하게 연결되어야 한다는 주장을 그들 역시 간과하지 않았습니다. 진보주의 교육에서 말하는 '학생을 교육의 중심에 세운다.'는 말이 듀이가 지적했던 바처럼 아동의 내적 측면만을 강조함으로써 교과의 세계를 간과하는 것으로 이해되어서는 안 됩니다.

둘째, 지성을 약화시킨다는 주장과 관련해 우리는 마이어(Meier, 1995: 302)가 법률가나 의사뿐 아니라 미용사와 배관공도 지성인이 되기를 원한다고 말한 것에 주목할 필요가 있습니다. 진보주의 교육을 표방한다고 해서 그것이 지성의 문제를 간과하는 것이 아니라는 것이지요. 진로와 적성에 따라 직업 프로그램을 선택하는 것이 학생들의 지성 함양을 간과하는 것으로 이해되어서는 안 된다는 점을 말합니다. 마이어가 제시하는 "아이들 모두를 자기 시대의 근본적인 지적·사회적 문제들을 탐구하고 그 문제들에 영향력을 행사하는 위치에 서게 한다."는 교육목적을 대다수 진보주의 교육자들은 중요하게 생각합니다. 다만 그들은 마이어의 경우처럼 구획된 학문적 교과들 그 자체 대신 '배움의 주제들'이 지성과 도덕, 작업(일)과 관련된 자질(역량)들을 기르는 데 도움을 줄 수 있다고 제안합니다(Ibid.: 312). 마이어의 이러한 접근은 무엇을 아는가보다 무엇을 할 수 있는가를 중시하는 최근의 역량중심교육 접근과 유사해 보이기도 합니다. 진보주의 학교 실험을 하면서 마이어(Meier, 1995: 110-111)는 자신이 지성적 마음의 습관이라 부르는 '증거에 대한 질문, 관점에 대한 질문, 연관성과 패턴에 대한 질문, 추정하기, 어떤 것이 중요한 이유'를 묻는 습관이 몸에 배도록 그것들을 철저하게 실천하는 것이 필요하다고 제안한 바 있습니다.

셋째, 그러한 (지성적) 마음의 습관이나 역량을 철저히 실천하기 위해서는 더 많은 자료가 아니라 더 적은 자료를 다루는 데 전념하는 것이 필요할 수 있습니다. 이에 현재의 진보주의 교육이 역량의 함양에 초점을 맞추고 있다면 그것은 적은 양을 깊이 있고 철저하게 다루며 철저하게 실천하도록 돕는 접근이 필요할 수 있겠습니다. 예컨대 "일주일도 안 되는 기간에 백 년의 역사를 서둘러 다루거나 복잡한 새로운 과학 사상을 연이어 다룬다면, 상충되는 증거들을 연구하고 다양한 관점을 읽고 틀린 비유와 참된 비유 사이의 차이를 간파할 시간"도, "어떻게 달리 일어날 수 있을지를 상상할 시간도 없을 것"이기 때문입니다(Meier, 1995: 112). 그렇게 되면 문제해결력이나 분석력을 기대하기 어려울지도 모르겠습니다. 장기기억 속에 최대한 많은 지식을 담아 두어야 한다는 비판가들의 문제제기가 여전히 있을 수 있겠지만, 우리는 주체적으로 탐구하는 능력을 기르는 데 있어 적은 양을 깊이 있고 철저하게 다루는 방법이 갖는 의미를 생각할 수 있겠습니다. 이를 통해 스스로 사고하고 학습하는 방법을 학생들이 몸에 익힐 수 있다면 자신에게 필요한 지식을 스스로 늘려 가는 것은 어려운 일이 아닐 수도 있을 것입니다. 향후 요구되는 인재가 예컨대 AI가 대체할 수 없는 의미를 이해하는 능력을 지닌 인재라면(新井紀子, 2018: 228), "다독(多讀)이 아니라 정독(精讀), 심독(深讀)에 어떤 실마리가 숨어 있는지도 모른다."(Ibid.: 240)는 말도 이러한 생각을 뒷받침할 수 있겠습니다.

진보주의 교육의 지성 형성 방식이 지성의 능력을 약화시키지 않는다는 연구 결과도 존재합니다. 메이어(Meyer, 2004: 245)는 몇몇 일반 학교와 독일의 빌레펠트 실험학교, 대안학교인 헬레네 랑게 학교에서의 학생 참여형 같은 열린 수업이 PISA에서 좋은 결과를 얻은 것이 입증되었을 뿐 아니라, 그와 동시에 위험 집단의 학생들도 열린 수업 상황에서 훌륭하게 촉진될 수 있다는 사실이 밝혀졌다는 점을 소개한 바 있습니다. 전통교육과 진보주의 교육의 효과를 비교한 미국의 8년 연구 결과도 참고할 만합니다(Aikin, 1942). 8년 연구팀은 중등학교 4년 동안 진보주의 교육을 받은 학생들이 대학 4년 동안 보인 성과가 어떠한지를 추적연구하였습니다. 그 결과 그들은 진보주의 교육을 받은 학생들이 대학에서 학습하는 데 어떤 결함도 없었고, 전통교육을 받은 동일한 능력의 학생들보다 대학에서 훨씬 더 높은 성취를 나타냈다는 점을 구명한 바 있습니다. 표준화 시험의 결과는 그동안 진보주의 교육이 기초학력의 저하를 불러온다는 근거로 자주 활용되어 왔습니다. 그러나 마이어(Meier, 1995)가 어떤 직업 프로그램을 선택하든 기르고자 했던 마음의 습관이나, 역량 중심으로 바뀌는 PISA의 평가 방향이 향후의 지성 능력이나 학력(學力)을 평가하는 근거가 된다면, 진보주의 교육이 필연적으로 지성이나 학력의 약화를 불러온다는 비판은 재검토되어야 할지도 모르겠습니다. 학력의 개념이 바뀌면 그것을 평가하는 방식도 달라져야 하기 때문입니다. 미래 사회에 요구되는 지성이나 학력은 무엇이고, 그것을 기르기 위한 지식교육의 방법은 어떠해야 할까요? 함께 논의해 볼 만한 주제입니다.

2) 학생에 대한 지나친 낙관론을 취하는 것 아닌가?

진보주의 교육에서는 아동과 아동발달을 하나의 유기체처럼 바라봅니다. 두 번째 문제제기는 이러한 관점과 관련이 있습니다. "모든 아이들이 내부로부터 자기의 내적 필연성에 따라 자기개발하는 '유기체적인 발달'을 가지고 있다."(苅谷剛彦, 2002: 141)

는 생각, 즉 "모든 아이들에게는 반드시 스스로 발전하고 성장하는 조직이 준비되어 있다는 인간관"(Ibid.: 141-142)에 문제를 제기하는 것이지요. 로이드(Lloyd, 1976: 96)도 진보주의 교육이 유기체의 성장이 지향하는 목적이 무엇인지에 우리가 충분히 주의를 기울이지 않는다는 점을 지적합니다. 식물은 배아의 형성에서 시작해 최종적인 형상을 갖지만, 아이들은 그렇지 않다는 것이지요. 그에 따르면 우리는 태어났을 당시 육체만을 지닌 유기체와 같으며, 도덕성이 형성되지 않은 존재이고, 어떤 태도나 신념, 지식이 없는 상태입니다. 그러한 아동의 본성으로부터 우리가 발달의 방향을 추론하는 것은 문제가 있다는 주장입니다. 따라서 교육의 목적은 아이들을 그대로 내버려 두어서는 안 되고 그들이 교육받지 않으면 획득할 수 없을 것 같은 태도와 믿음을 그들 안에서 발달시켜 주는 데 있어야 한다는 것이지요.

이에 진보주의 교육을 실천한다 하더라도, 우리는 "모든 학생이 예민한 감수성을 가지고 있다거나 아동의 충동에 따라 행동해도 무방하다고 생각할 만큼 아동에 대하여 낭만적인 생각을 품고 있지 않다."(Dewey, 1938: 162)는 듀이의 말을 상기할 필요가 있겠습니다. 듀이는 학생들이 자신의 욕망에 따라 행동하는 것을 그냥 내버려 두는 것은 올바른 의미의 교육이 아니라는 점을 분명히 했습니다. 예컨대 교사는 학생들의 활동이 어떻게 조직되고 지식으로 형성되는지를 파악하는 데 있어 무엇보다 상황에 맞는 판단을 할 수 있어야 합니다(苅谷剛彦, 2002: 169). 즉, 교사에게 실천 가능한 구체적인 방법을 제도화하는 작업이 필요합니다(苅谷剛彦, 2002: 169).

아이들의 자연발생적인 '자발성'에 의존하는 학습은 우발적일 뿐 아니라 충분한 학력을 키울 수 없다. 아이들의 흥미나 관심은 교사의 지도를 통해 발현되지 않으면 안 된다. …… 이러한 수업관('신학력관' 수업—필자)은 아이들의 인식발달에 무책임한 수업을 만연시키는 결과를 초래할 것이다(苅谷剛彦, 2002: 181에서 재인용).

이에 학생들을 전통교육의 경우처럼 결함 중심으로 이해하는 것도 문제이지만, 진보주의 교육을 지향한다고 해서 그들을 외적으로 통제하는 일 모두를 부정하는 것 역시 진보주의 교육을 올바로 이해하는 것이 아니라고 할 수 있겠습니다.

3) 교사는 단지 조언자의 위치에만 머물러야 하는가?

두 번째 비판의 연장선으로 교육에서 교사의 주도적 활동을 부정한다는 비판입니다. 교사들이 수업의 많은 부분을 직접 지도하면 안 되고 구체적으로 지시해서도 안 된다는 생각을 정당화한다는 우려라고 하겠습니다(Christodoulou, 2014: 66). 이는 계속해서 교사에서 학생들로 주도권이 넘어갈 수 있어 그들의 변덕이 학교교육을 좌우할 수 있다는 비판으로 이어지게 했습니다. 아이들에게 자유를 보장하거나 그들의 자발성을 신뢰하는 것이 결국에는 학교의 무질서와 혼란만을 가져왔다는 것이지요. 학생의 선택의 자유를 강조하는 것은 분명 진보주의 교육의 특성입니다. 이에 대해 전통주의자들은 "아이들이 자신이 선택하고 있는 것을 이해할 수 없다면, 그들은 실제로 선택하는 것이 아니라 행운에 몸을 맡기는 것이다."(Lloyd, 1976: 97)라는 말로 문제를 제기해 왔습니다. 자유는 이해를 전제로 하며, 이해가 없다면 그러한 자유는 방종으로 흐를 위험성이 있다면서 말입니다(Ibid.). 듀이가 자기 마음대로 하는 것이 자유가 아닐뿐더러 외적 통제를 제거한다고 해서 자율적인 통제 능력이 저절로 생기는 것도 아니라고 말한 바 있지만 말입니다. 듀이는 이러한 비판을 의식하며 사고를 통해 충동을 스스로 통제하는 자율적 통제가 필요함을 역설한 바 있습니다. "학생들이 필수적으로 배워야 하는 많은 기본적인 능력들은 자연스럽게 습득할 수 없다."(Christodoulou, 2014: 75)는 말도 이러한 비판을 뒷받침해 온 대표 논리라고 하겠습니다.

이에 앞서 언급한 바처럼 "교사는 학생들의 잠재 가능성에 대한 지식을 하나의 준거로 활용하여 학생들의 현재 경험을 보다 발전시킬 수 있도록 환경적인 조건을 조성"(Dewey, 1938: 197)하는 역할을 담당하는 존재로 이해되어야 합니다. 이에 다음의 말에서처럼 진보주의 교사들은 단순한 조언자처럼 아이들에게 매우 적은 영향을 미치는 존재로 스스로를 이해하지 않아야 할 것입니다.

많은 진보주의 교사들은 그들이 아이들에게 매우 적은 영향을 미치고 있다고 주장한다. 그러나 이는 그들이 하고 있는 것에 대한 참된 그림이 아니다. 그들은 아이들이 실상 진정한 자아로 존재하고, 그들 자신은 주변에서 머물면서 단지 지원만을 제공한다고 믿을 수 있다. 그러나 우리가 수업을 계획하고, 교실을 조성하고, 시간표를 작성하고, 학습자료를 구입할 때, 우리는 아이들이 성취하기 바라는 것에 대한 생각을 지녀야 한다. 더욱이 우리는 어떠한 방식으로 아이들을 대하고 있다. 그리고 어떤 사태에 대해 아이들을 칭찬하고, 관용에 갈채를 보내고, 친절을 격려하고, 약자를 괴롭히는 것을 단념하게 만들어야 한다. …… 이러한 관점에서 우리가 가르치고 있다는 것을 인식하지 못한다면, 우리가 행하는 영향력은 우리가 무엇을 하고 있는지를 인식하지 못한다는 사실 때문에 위험할 수 있다(Lloyd, 1976: 97).

4) 진보주의 교육은 특수한 조건에서만 가능한가?

이는 "특별한 조건에서 성립할 수 있었던 학교의 '실험' 성과가 이상적인 교육의 실행 가능성을 보증한다고 생각하는"(苅谷剛彦, 2002: 127) 것에 문제를 제기하는 것입니다. 예컨대 듀이의 시카고 실험학교에서 학생들은 모두 백인이고, 전문직 부모를 가진 유복한 가정 출신이었습니다. 교사들도 엄격한 선발을 거친 엘리트들이었고요. 교사 1인당 학생 수도 5~6명 정도였습니다. 특정 엘리트 사립학교나 몇몇 공립학교를 제외하고는 이 같은 조건을 갖출 수 없었습니다. 듀이와 같은 카리스마를 가진 지도자 덕분에 짧은 시간만 존속할 수 있었습니다(苅谷剛彦, 2002: 135). 이런 특별한 조건을 갖춘 학교에서 가능했던 실천을 기본적인 조건도 갖추지 못한 일반 학교들에 그대로 적용하려는 것은 문제가 있다는 것이지요. 해방 직후 우리나라에서 벌어진 새교육운동이 과밀한 교육환경에서 적합하지 않았기에 실패했다는 지적을 떠올리면 쉽게 이해가 갈 듯합니다. 그 결과, 특히 소외계층의 아이들만 피해를 입는다는 주장이 따라옵니다. 진보주의 교육이 그들의 학력을 저하시켜 온 주범이라는 주장이지요. 가리야 다케히코(苅谷剛彦, 2002: 160)는 주 차원에서 진보주의 교육개혁을 실시했던 캘리포니아주의 경우 경제적으로나 문화적으로 혜택받지 못한 소외계층 아이들이 가장 불이익을 당했다는 연구 결과를 소개하며 이러한 입장을 대변해 왔습니다. 그러면서 그는 소외계층의 아이들에게 아동중심주의 교육이 과연 효과가 있을까 하는 질문을 제기한 바 있습니다.

그러나 진보주의 교육이 불리한 위치에 처해 있는 학생들에게도 효과적이라는 입증도 한편에서 존재해 왔습니다. 예컨대 19세기 페스탈로치나 20세기 초 · 중반 프랑스의 프레네(C. Freinet)처럼 소외된 계층의 아이들을 대상으로 학생 중심의 진보주의 교육을 실천해 성과를 거두었던 사례들이 존재합니다. 진보주의 교육이 가난한 계층의 학생들의 기초학력을 오히려 더 떨어뜨려 왔다는 지적도 있지만, 미국의 센트럴파크이스트 중등학교의 경우는 뉴욕시에서 가장 빈곤한 계층의 아이들이 거주하는 할렘지역에서 진보주의 교육으로 큰 성공을 거둔 바 있습니다(Meier, 1995 참조). 지금은 해방 이후 새교육운동 시절과 달리 진보주의 교육을 위한 제반조건이 어느 정도 갖추어져 있고, 교사들이 자체적으로 구축한 수업연구공동체를 통해 구체적인 방법에 대한 우리 교사들의 역량도 어느 정도 갖추어진 상태라 할 수 있겠습니다. 그렇다면 이러한 문제제기는 여전히 유효할까요, 아니면 설득력이 떨어질까요? 한번 생각해 볼 만한 질문입니다.

5) 진보주의 교육은 소비자(수요자) 만족 교육인가?

이는 진보주의 교육이 수요자 만족 교육과 동일시될 수 있다는 우려와 관련됩니다. 그러한 동일시가 '소비자-학생'의 선호나 만족을 공동선으로 오인하게 하거나, 학습하는 방식의 필요성을 미래의 소비자에게 요구되는 도구적 수단으로서만 좁혀서 인식하게 할 수 있다는 지적입니다(심성보, 2018: 58). 또한 수요자 만족 접근은 그것이 가정하는 학생 중심의 진보주의 교육을 추구하기보다는 오히려 자신을 자꾸 교육 서비스를 수동적으로 받아들이기만 하면 되는 일종의 방관자로 생각하게 만들 수 있다는 점에서 문제일 수 있습니다. 학생을 수요자나 소비자로 취급하며 전개되는 진보주의 교육이 능동적인 학생 참여로 귀결되지 않을 가능성이 높아진다는 점에서 그러합니다(정훈, 2018: 130-131). 이는 학생들이 동료 학생 및 교수자와 협력하며 교수-학습 공동체를 구성하는 공동의 창조자라는 생각을 어렵게 만들 수 있습니다(Ibid.: 131). 그것은 진정한 의미에서 학생을 교육의 중심에 놓는 것이 아니라 하겠습니다.

이에 학생 중심의 진보주의 교육이 단순히 소비자의 만족을 추구하는 교육으로 이해되어서는 안 될 것입니다. 수요자(또는 소비자)의 주문을 전적으로 따르는 체제로 이해되어서는 안 된다는 말입니다. 진보주의 교육에서 말하는 학생 중심의 본래적 의미도 이와 거리가 있었습니다. 다음과 같은 설명에서처럼 그것은 주관적 욕구와 객관적 필요 사이의 인격적 교섭을 반드시 수반해야 한다고 이해되어야 합니다.

학생의 "필요"는 또한 당사자의 주관적 욕구만을 의미하는 것이 아니라 객관적으로 요청되는 바, 즉 성장의 삶을 위하여 충족되어야 할 어떤 것으로 이해되어야 한다. 그러나 객관적 필요라는 것은 교육 전문가의 교육학적 판단에만 의존하여 분별될 수 있는 것이 아니다. 오히려 당사자와 교육자 사이에 이루어지는 인격적 교섭이 그 필요를 확인하는 가장 직접적이고 가장 의존할 만한 가치를 지닌 자료를 제공해 주는 방법일 수도 있다(이돈희, 1996: 9).

이 말이 성립하려면 학생들은 자신의 욕구나 필요만을 요구해서도, 수요자로서 자신이 요구하는 것의 충족 여부만 묻는 수동적인 참여에만 머물러서도 안 됩니다. 교사들 역시 학생들이 욕구하고 필요로 하는 것에 무조건 따르는 것이 아니라 학생들의 성장을 위해 객관적으로 필요한 것들이 무엇인지를 판단해 그들과 인격적으로 교섭해야 합니다. 주관(학생의 욕구)과 객관(교사의 필요) 사이의 인격적 교섭이 반드시 필요하다는 말입니다. 이 점에서 보면 개인의 욕구 충족만을 고려하는 것은 진보주의 교육의 본래적 의미가 아니라 하겠습니다. 그것은 학생들이 교육 전문가인 교사들의 교육적 판단에 귀 기울이지 않으려는 태도를 낳을 수 있다는 데 문제가 있을 듯합니다.

다음으로 진보주의 교육이 지향하는 학생 중심을 수업 측면에서만이 아니라 시민적 주체를 인정한다는 측면에서 이해하는 것도 필요합니다. 전통적인 교실에서 그간 우리 학생들은 집단의 규범이나 권위를 수동적으로 수용하는 것이 좋은 개인이 되는 길로 여겨져 왔습니다. 자신의 행위와 신념에 대해 비판적이고 창조적으로 사고하거나 발언하는 것보다는 그러한 권위에 순종하는 것을 더 바람직하게 여기게 해 왔다는 것이지요(Chamberlin, 1994: 163). 로이드(Lloyd, 1976: 95)의 지적처럼 진보주의 학교에서는 교사가 모든 의사결정을 독점할 권리가 없습니다. 이는 학생 중심 교육에서 말하는 학생이 정치적으로 탈색된 학생만을 의미해서는 안 된다는 점을 말합니다. 비판교육학을 다루는 다음 장에서 소개할 프레이리는 "'학생'이라는 말 대신 '참여자(participants)'라는 말"(Freire & Horton, 1990: 112)을 선호합니다. 이는 그가 참여자로서의 학생 개념을 중요하게 가정한다고 이해할 수 있습니다. 일종의 시민적 참여의 권리를 부여하는 것이라 하겠습니다. 이렇게 참여적 권리로 학생 중심의 진보주의 교육을 이해한다면, 그것은 수동적인 소비자 주체로 학생을 이해하는 수요자 중심 교육과 뚜렷이 구별되는 지점이 될 수 있을 듯합니다.

결국 우리가 진보주의 교육을 출발점으로 삼는다 하더라도 그것의 성공적 실천을 위해서는 전통교육에서 중시하는 요소들을 함께 염두에 두는 것이 필요할지 모르겠습니다. 듀이(Dewey, 1902: 86)의 말처럼 정상적인 교육이 이루어지기 위해서는 전통적 교육 이론과 진보주의 교육 이론에서 강조하는 요소 모두가 필수적인 것이고, 올바른 교육을 하려면 이 중 어느 하나만으로는 충분하지 않을 수 있기 때문입니다. 교과의 심리화라는 듀이의 아이디어도, "아동 중심 교육이 전통문화(전통적 교과—필자)를 통해 보다 잘 실현될 수 있다."(Dearden, 1976: 105)는 디어든의 말도 결국 이러한 생각을 반영하는 것이라 하겠습니다. 현재의 2015 개정 교육과정이 진보주의 교육(관)을 일정 부분 반영하고 있다면, 우리는 이 절에서 살펴본 문제제기에 어떻게 대응할 것인지에 대한 나름의 논리와 실천의 근거를 갖출 필요가 있을 것입니다.

제5장
교육과 비판적 문해력

1. 개요

우리 인간은 발달 가능성과 도야(교육) 가능성을 가지고 태어
납니다. 그런데 그 가능성이 어느 방향으로, 어느 정도로 발달할
것인지는 우리를 둘러싼 사회적 제 관계와 교육을 통해 정해질
수 있습니다. 이 관점에서 보면 내적인 동력에 따라 자연스럽게
성장한다는 진보주의 교육의 발달관이나 행동주의 교육관처럼
주형의 관점에서 아동의 소질을 백지로 보고 교육의 만능을 설명
하는 관점 모두는 비판의 대상일 수 있습니다. 예컨대 전자는 아
동의 자발성, 자기생성성을 과대평가하여 발달이 사회적으로 제

약될 수 있다는 점을 간과할 우려가 있습니다. 또한 발달의 과정에서 교사의 교육이 주도적인 역할을 할 수 있다는 점을 바르게 평가하지 못할 수 있습니다. 후자는 소질부정론에 의해서 후천적인 환경의 교육력, 즉 어른의 지도성을 일방적으로 강조하여 가끔 기계적 훈련주의에 빠질 수 있습니다. 우리가 소질을 지니고 태어나는 것은 맞지만, 그것은 성격이나 능력발달의 전제나 말그대로 가능성에 불과할 수 있습니다. 그것이 발달하느냐 억압되어 위축되느냐는 결국 사회적 제 관계와 교육에 달려 있다는 것이지요(村田昇 編, 1983: 132-134 참조). 이에 우리는 우리를 둘러싼 사회적 제 관계가 우리 인간의 소질을 온전히 발달하게 하는 데 기여하는지 그렇지 않은지, 특정한 개인들의 소질을 계발하는 데만 집중하고 나머지 개인들을 거기에서 소외시키고 있지는 않은지 등을 고민해 볼 수 있겠습니다. 교육을 그 자체로서만이 아니라 사회적 제 관계와의 연관성 속에서 바라보는 일도 필요해 보입니다.

우리가 이 장에서 살펴볼 교육적 관점은 이러한 문제의식과 관련이 있습니다. 여기에 관심이 있는 교육가들은 **사회적 차별이나 부정의, 불평등이 자신들이 가르치는 아이들의 삶에 어떤 영향력을 행사하고 있는지에 관심을** 갖습니다. 예컨대 계급, 성, 지역, 장애, 인종상의 지위(신분, status)와 관련해 자신이 어디에 위치해 있느냐에 따라 차별이 만연된 사회적 관계에서, 어떤 학생들은 자신의 능력보다는 그러한 사회적 지위에서 오는 차별 때문에 억압받는다고 생각할 수 있습니다. 예컨대 계급 간의 차별, 남녀 간의 차별, 지역 간의 차별, 장애 유무에 따른 차별, 인종 간의 차별이 존재하는 사회에서 어떤 아이들은 불리한(종속된) 지위에 위치해 있을 수 있습니다(노동자 계급, 여성, 지방, 장애, 소수 인종 등등). 그런데 이러한 불리한 위치에 서 있는 아이들이 자신의 능력이 아니라 자꾸만 자신이 처한 사회적 지위로 인해 차별을 받거나 실패를 경험한다면 어떻게 될까요? 차별의 구조에서 유리한(지배적) 지위에 서 있는 아이들과 견주어 능력이 동일하거나 더 나은 능력이 있는 경우에도 말입니다. 아마도 '나는 아무리 노력해도 나의 사회적 지위가 바뀌지 않는 한 성공할 수 없을 거야.'라는 생각을 자꾸만 하게 될지도 모르겠습니다. 아니면 자신이 노력을 덜 했거나 능력이 부족해서 그런 결과가 나왔다고 자꾸만 스스로를 책망하거나 그러한 결과를 하나의 숙명으로 받아들일지도 모르겠습니다. 유리한 지위에 서 있는 아이들에 비해서 온전한 교육의 기회를 부여받지 못한 것이 주된 원인일 수도 있는데 말입니다. 이런 일들이 반복된다면 '내 사회적 지위가 바뀌지 않는 한, 나는 아무리 해도 안 될 거야.'라는 생각이 머릿속을 떠나지 않을 수 있습니다. 밥을 먹을 때도, 길을 걸을 때도, 잠들기 전에도 계속해서 그러한 생각이 내 정신을 지배하는 것이지요. 계급, 성, 지역, 장애, 인종상의 지위와 관련해 어떤 위치에 속해 있는지에 따라 자신을 억압하는 생각들이 자신의 마음(정신)을 무의식적으로 지배(억압)한다고 말할 수 있겠습니다. 그러한 생각이 자신의 사고와 행동을 계속해서 구속하게 되면 그 아이들은 무기력감에 빠질 수 있습니다. 물론 더 나은 교육을 받을 수 있다거나 더 나은 삶을 살 수 있다는 생각을 스스로 지레 포기할지도 모르겠습니다(Fenstermacher & Soltis, 2009: 147). 아마도 이런 구조에서 유리한 위치에 서 있는 사람들은 이런 차별적인 사회적 관계들이 계속되기를 원할 뿐 아니라 실패의 원인을 자꾸만 개인의 노력이나 능력 탓으로 돌리기를 원할 것입니다. 지금의 사회는 누구에게나 동등한 기회가 열려 있고 능력에 따른 차별은 정당하다면서 말입니다. 그 결과, 아이들의 삶은 다음과 별반 다르지 않게 분리됩니다.

> 권력, 특권, 지위를 점유한 사람들은 자기 주장과 이익만 앞세우고, 권력이나 특권이 없는 사람들은 낮은 지위와 그에 따른 운명을 받아들이고 산다. …… 하위 계급은 지시에 따르는 유순한 노동자가 되는 것을 배우며, 상위 계급은 지도력과 권력을 행사하는 훈련을 받는다 (Fenstermacher & Soltis, 2009: 146-147).

이런 상황에서 무기력감에 빠진 아이들이 있다면 그들은 어떻게 거기에서 벗어날 수 있을까요? 하나는 그러한 무기력감의 한 원인인 사회적 관계의 차별 구조를 좀 더 차별이 없는 구조로 만드는 것을 생각할 수 있겠습니다. 다른 하나는 실패나 무기력감의 원인을 자꾸만 개인 탓으로 돌리는 것에서 벗어나 그 원인이 어디에 있는지를 자신의 처지에서 인식하게 만드는 것을 생각할 수 있겠습니다. 차별의 현실을 하나의 운명이나 숙명으로 받아들이는 것이 아니라 누군가에 의해 만들어진 현실이라는 것을 깨닫게 하는 데서부터 출발하자는 것이지요. 그러려면 이런 차별의 구조가 언론이나 정치 같은 다른 사회 장치들뿐 아니라 학교교육 안에서 어떻게 정당화되고 있는지를 인식하는 능력이 우선 필요해 보입니다. 자신이 왜 이런 차별의 상황에 처해 있는지를 인식해야 하는 것이지요. 그리고 그런 차별 구조를 바꾸어 나가는 행동도 필요할 것입니다. 한마디로 의식에 기반한 사회적 실천이나 행동인 **프락시스**(praxis)[1]의 능력이 필요합니다. 그런 현실은 누군가에 의해 만들어진 현실이기 때문에 얼마든지 변화가 가능하다는 의지도 필요하겠지요. 이와 관련해 우리는 교육이 무엇을 해야 하고 무엇을 할 수 있는지를 고민해 볼 수 있을 것입니다. 계급, 성, 인종, 장애 등과 관련된 억압과 차별, 부정의로부터 벗어나게 하는 데 있어 교육이 어떤 역할을 할 수 있을 것인지에 대해서 말입니다. 흔히 사람들은 교사는 주어진 수업만 하면 되지, 교실 밖에서 벌어지는 사회적 · 정치적 문제들에 관심을 두어서는 안 된다고 말합니다. 그러나 아이들이 겪는 무기력감의 원인이 개인 탓만이 아니라 사회적 차별이나 불평등에도 있다면 그러한 통념은 문제가 있어 보입니다. 무엇보다 아이들의 더 온전한 성장을 위해서나 더 나은 삶을 위해서나 교육이 또는 교사들이 사회적 · 정치적인 문제들에 관심을 갖는 것은 불가피해 보입니다. 이에 교육은 자유교양교육자들의 경우처럼 학생들을 문명화되고 계몽된 삶으로 입문시키는 데 그쳐서는 안 됩니다. 그러한 삶에 담긴 결함을 비판하고 그러한 삶이 전망하는 바를 실현하게 행동하도록 격려하고 그렇게 할 수 있도록 하는 데까지 나아가야 하는 것이지요(Fenstermacher & Soltis, 2009: 145-146). 이상의 설명은

---

1 대표적 비판교육(학)자인 프레이리에게 프락시스는 인간 행위이며, 인간 행위는 이론과 실천이자, 성찰과 행동으로 이해된다. 이는 행동이 부재한 탁상공론(verbalism)이나 성찰이 부재한 행동주의(activism)와 구분된다(Freire, 2000: 111-112, 161-162). 자신이 처한 상황에 대한 인식(의식화)은 프락시스의 선결조건이다.

우리가 **비판²교육학**(critical pedagogy)이라고 부르는 교육 전통에서 교육을 바라보는 입장과 관련이 있습니다.

2. 비판교육학

비판교육학이 무엇인지는 여러 전통 속에서 다양하게 정의될 수 있습니다. 마르크스 전통뿐 아니라 그의 경제 결정론을 수정한 비판이론을 비롯한 수정 마르크스주의, 브라질 출신 프레이리(Freire)의 전통 등 다양한 스펙트럼이 존재합니다. 여기서는 프레이리의 전통과 애플(Apple)이나 지루(Giroux)와 같은 수정 마르크스주의자들로 북미에서 활동하는 비판교육(학)자들의 연구물에 주로 의존해 그 관점을 살펴보고자 합니다. 다양한 스펙트럼에도 불구하고 비판교육학은 그 초기부터 다음의 견해를 지향해 왔습니다.

> 초기 비판적 교육학은 기존의 사회관계나 권력구조에 대하여 문제를 제기하고, 인종 · 계급 · 젠더에 대해 본질적인 질문을 던짐으로써 기존의 교육 체계와 다른 교육 비전을 제시해 왔다(Apple, Whitty, & 長尾彰夫 편, 2009: 22).

---

2 흔히 비판은 칸트적 전통에서 "인식의 조건과 전제, 범위와 한계를 확정 짓는 것"과 마르크스나 비판이론의 전통에서 "이론의 배후에 체계적으로 은폐되어 있는 이해관계를 발견하고 허위의식으로서의 이데올로기를 비판하는 것" 또는 "인간의 인식조건에 대한 성찰과 인간에 의해 형성된 억압체계에 대한 성찰을 포괄하는 개념"으로 이해된다(고려대학교 교육문제연구소, 2007: 43-44). 이 장에서 사용되는 '비판' '비판적'이라는 용어는 특히 후자의 의미와 관련이 있다.

오늘날 비판교육학의 관심사도 이와 크게 다르지 않다고 생각합니다. 그것의 주요 언표인 '비판의 언어(a language of critique)'와 '가능성의 언어(a language of possibility)'(Giroux, 1988)를 중심으로 교육을 바라보는 비판교육학의 관점이 무엇인지를 살펴보겠습니다. 여기서 **비판의 언어**는 부정의의 모습을 드러내고 그 원천을 드러내는 일과 관련이 있습니다. **가능성의 언어**는 부정의의 치유방법을 모색하거나 제안하는 일과 관련이 있습니다. 특히 (학교)교육이 어떤 모종의 역할을 할 수 있는지에 관심을 둡니다. 두 언어 모두는 사회정의를 추구하는 것에 그 본질이 있습니다(Burbules & Berk, 1999: 51).

1) 비판의 언어

비판교육(학)자들은 사회가 갈등과 억압의 장소이며, 학교가 '자본주의적 생산관계를 재생산하는 도구'와 '지배이데올로기에 정통성을 부여하는 도구'로 기능해 왔음을 지적해 왔습니다. 예컨대 다음과 같은 지적이지요.

> 어떻게 우리는 교육과 자본주의 경제와의 명백한 관계를 이해할 수 있을까? 아마 이 질문에 적절하게 대답하기 위해서는 학교가 노동자들을 생산하고 있다는 전제에서 출발해야 할 것이다(Bowles & Gintis, 1976: 19). …… 첫째, 우리는 자본주의 체제를 규정짓는 시장, 재산, 권력관계가 경제적 불평등의 정도와 개인적인 발달 형태를 규정한다는 사실을 발견할 수 있다. …… 둘째, 교육제도는 불평등

의 정도와 억압적인 개인적 발달을 촉진시키거나 완화하지 못한다. …… 학교는 경제적 영역에서의 지배·복종 관계와 양립될 수 있는 개인적인 발달유형을 길러 준다. …… 셋째, 교육제도는 교사·행정가들의 일상적인 활동을 통한 의식적 의도 외에도 작업장 내에서의 개인적인 상호작용을 지배하고 있는 사회적 관계와 교육제도의 사회적 관계가 밀접하게 대응함으로써 운영된다. 특히 행정가와 교사, 교사와 학생, 학생과 학생, 학생과 그들의 과업 간의 권위와 통제의 관계는 작업장을 지배하고 있는 위계적 노동분업을 반영하고 있다 (Ibid.: 20).

학교는 사회의 지배계급, 즉 부와 권력을 장악하고 사람들의 이익을 대변하도록 만들어진 기관이기 때문에 "젊은이의 교화(敎化)를 책임진 기관"이다. 따라서 아이들은 교육의 장인 학교에 들어서는 순간부터 권력집단, 주로 기업집단을 옹호하도록 사회화된다. 이러한 사회화 과정에서 아이들은 부와 권력을 장악한 사람들의 이익을 대변하지 않으면, 결코 오래 버틸 수 없다는 쓰라린 교훈을 얻게 된다 (Chomsky, 2000: 33-34).

사회에 내재된 억압이나 불평등, 차별이 학교 교육을 통해 어떻게 정당화되어 왔는지를 우선 구명해 온 것이지요. 이는 어떤 방식으로 진행되어 왔을까요? 애플(Apple, 1979: 28)의 다음의 질문을 따라가는 것이 도움이 될 듯합니다.

1. 일상적인 학교의 규칙들은 학생들이 이러한(지배집단—필자) 이데

올로기를 학습하는 것을 어떻게 도와주고 있는가?

2. 과거나 현재의 특정 교육내용은 어떻게 이러한 이데올로기를 반영하고 있는가?

3. 이와 같은 이데올로기들은 교육자들이 그들의 행위에 의미를 주고 질서와 방향을 부여하기 위하여 사용하는 기본적인 관점 속에 어떻게 반영되어 있는가?

첫 번째는 학교에서 **잠재적 교육과정**(또는 숨겨진 교육과정)이 어떤 역할을 하고 있는지를 묻는 것입니다. 잠재적 교육과정은 교사의 말, 학교규칙, 학교분위기, 학교문화, 수업방식 등에서 은연중(무의식적으로) 습득되는 태도나 정신과 관련이 있습니다.

학생들은 제도화된 기대와 고정된 일정표 속에서 오랫동안 생활하는 가운데 그 기대와 일정표를 움직이고 있는 규범 및 성향들을 자신도 모르게 배우고 있는 것이다(Apple, 1979: 28).

그것은 계급에 따라 차별적일 뿐 아니라 억압적 특성을 띕니다. 예컨대 부유층 자녀들이 많이 다니는 학교와 하류층 자녀들이 많이 다니는 학교 안에 존재하는 교실 분위기가 다르고, 습득하는 행동규칙도 다를 수 있습니다. 전자는 좀 더 자율적일 것이고, 후자는 좀 더 강압적일 것입니다. 노동계급이라는 계급적 특성과 남성과 여성이라는 성에 따른 지배방식이 그들의 학교생활에 영향을 미치면서 상이한 태도나 정신이 은연중 몸에 배게 할 수 있습니다. 또한 학생과 교사의 상호작용보다는 '지시에 따르는 것'을, 교사와 학생들이 발전시킨 목표보다는 '처방된 목표'를, 방법을 개발해 가는 것보다는 '처방을 따르는 것'을 더 강조하는 수업의 방식은 학생들에게 순응적인 노동자의 태도나 '기술-관료주의적 태도'를 나도 모르는 사이에 몸에 배게 할 수 있습니다 (Fenstermacher & Soltis, 2009: 74-76 참조). 기술-관료주의적 태도는 기술전문성을 가졌다고 생각되는 사람의 지시나 명령에 언제나 순종하고 복종하는 태도를 말합니다. 이는 학생들을 훨씬 더 지배하기 쉬운 대상으로 길러 내는 데 영향을 미친다고 할 수 있겠습니다.

두 번째는 공식적 교육과정이 어떤 지식을 **공식적 지식**(official knowledge)으로 선택 또는 배제하고 있는지를 묻는 것입니다. 애플(Apple, 1993) 같은 비판교육(학)자는 "학교교육과정을 중립적인 지식으로 생각하는 것은 순진한 발상"(p. 113)이라고 말합니다. "정당한 지식으로 간주되는 것은 오히려 확인 가능한 계급, 인종, 성, 종교 집단 간의 복잡한 권력 관계와 투쟁의 산물"(Ibid.: 113-114)이라는 것이지요.

교과서에 무엇을 포함하고 무엇을 배제할 것인가를 둘러싸고 야기되는 '공식적 지식'에 대한 논쟁은 실제로 보다 심오한 정치적 · 경제적 · 문화적 관계와 역사를 의미함을 인식하는 것이 중요하다. 텍스트에 대한 갈등은 종종 거시적 권력관계의 문제를 대변하는 것이다. …… 교과서는, 레이먼드 윌리엄스가 소위 선택적 전통(selective tradition)이라고 부른 것을 체현한다. 그 전통이란 곧 어떤 사람이 선택한 것과 그 사람이 가진 비전은 정당한 지식과 문화가 되고 그 밖의 것은 그렇지 못하다는 것, 다시 말하면 한 집단의 문화 자본이 특정한 지위를 확보하는 과정에서 다른 집단의 문화 자본은 그 지위를 상실한다는 것을 의미한다(Apple, 1993: 116-117).

이는 계급, 성(젠더), 인종, 지역, 장애 등과 관련해 누가 힘의 우위를 가지고 있느냐에 따라 특정 집단(예컨대 자본가, 남성, 백인, 도시, 비장애 등)을 대변하는 내용이 학교의 공식적 지식으로 선별되고, 그러한 지식을 통해 특정 집단이 바라보는 세계 인식을 마치 공식적이고 정당한 것으로 받아들이게 한다는 것을 말합니다. 이처럼 지배집단의 이데올로기는 잠재적 교육과정과 공식적 교육과정 모두를 통해 정당화되어 왔다고 할 수 있겠습니다.

세 번째는 교육자들이 지배집단의 입장을 강화하는 특정 모델과 전통을 자신들의 연구와 실천에 사용함으로써 자신도 모르게 특정 이데올로기를 받아들이게 된다는 점과 관련이 있습니다(Apple, 1979: 28). 또한 이 질문은 누가 학교교육과정을 통제하는가라는 질문과도 관련이 있습니다. 교사가 자신이 가르치는 내용에 대한 통제권을 상실하게 되면 주어진 내용에 대한 가치를 판단하지 않으려고 할 수 있습니다. 주어진 내용을 그냥 가르치려고만 할 가능성이 높아지겠지요. 이러한 교사 발언권의 상실은 지배집단의 이데올로기가 가르치는 내용에 어떻게 반영되어 있는지를 성찰할 필요성뿐 아니라 그것을 비판적으로 평가할 수 있는 능력을 기를 필요성도 못 느끼게 할지 모릅니다. 결국 교사 자신이 스스로 세계를 비판적으로 해석하고 성찰할 수 없다면, 자신이 의도치 않더라도 지배집단의 이데올로기를 자신들 행위의 기본 관점에 반영하면서 지배집단을 대리하는 역할을 할 수도 있을 것입니다. 이에 특히 정치적으로 활동적인 교사들 대부분은 자신이 가르쳐야 할 내용에 대해 발언권, 즉 민주적 권리를 갖기 위해 꾸준히 노력해 왔습니다(Apple, 1993: 125).

비판교육학의 대표자인 프레이리는 "피억압자들이 지배자의 견해를 받아들이면 자신의 처지를 지각하고 평가하는 일을 못하게 되고, 현실이 변화될 수 있다는 생각도 못하며, 자신을 가치 없고 무력하며 열등한 존재로 생각하게 된다."(Fenstermacher & Soltis, 2009: 148)고 말한 바 있습니다. 마찬가지로 학교에서 정당화되는 차별이나 부정의, 불평등은 아이들의 삶에 이와 유사한 부정적인 영향을 미칠 수 있을 것입니다. 억압적 관념이 더 나은 삶을 살 수 있게 하는 진정한 기회를 박탈하면서, 아이들의 사고와 행위를 구속하고 무력화시킨다는 점에서 그렇습니다. 결국 교사가 이러한 문제에 관심을 두어야 하는 이유는 바로 여기에 있다 하겠습니다. 그렇다면 교육은 이에 어떻게 기여할 수 있을까요?

2) 가능성의 언어

비판교육학 연구자들은 학교가 단순히 경제체제에 의해 결정되고, 단지 자본의 지배도구에 불과하다는 기존 재생산이론가들의 주장에 문제를 제기해 왔습니다.

수많은 재생산론들(알튀세르의 이론이 대표적인 예에 속한다)이 가지고 있는 개념적 · 정치적 약점 중의 하나는 "학교에는 교사와 학생

들의 저항역량을 키울 수 있는 여지가 거의 없다."고 보는 점입니다
(Apple, 1982: 209).

재생산 논의가 결정론적 관점을 취함으로써 인간의 능동성과
자발성을 간과해 왔다는 점을 문제 삼았던 것이지요. 그것이 비
판의 언어를 제공해 왔지만 학교에서 '대항' 헤게모니 실천 담론
의 구성을 불가능한 것으로 보게 해 왔다는 지적이었습니다. 헤
게모니라는 용어는 대체로 지배집단이 지적·도덕적 지도력을
통해 통제를 행사하는 지배의 과정으로 이해됩니다. 그것은 일차
적으로 인간과 사회집단의 정신을 지배하는 사고와 표상이라 할
수 있는 이데올로기를 사용함으로써 유지됩니다. "우세한 집단이
나 계급이 자신들의 지배를 받는 사람들로부터 자발적인 합의를
얻어 내기 위해 조작하는 과정"(Apple, 1982: 49)이라는 것입니다.
이를 통해 피지배집단의 자발적인 순종이 수반된다는 것이지요.
이에 맞서는 대항 헤게모니는 싸움의 장을 비판의 지형에서 집합
적으로 구성된 대항적 공공 영역의 지형으로 옮기는 것과 관련
이 있습니다(Giroux, 1988: 296). 그것은 "비판의 논리를 긍정할 뿐
만 아니라 대안적 형태의 경험과 싸움을 포함하는 새로운 사회적
관계와 공공 영역의 창조를 이야기한다는 점에서"(Ibid.: 295-296)
중요합니다. 대표적인 비판교육(학)자인 애플은 "거시적인 대항
헤게모니적 움직임을 만들어 내는 일"(Apple, 2000: 247)을 비판교
육학의 전략이라고 말한 바 있습니다.

지배집단의 헤게모니에 대항하는 실천 담론 구성이 불가능하
다고 보았던 재생산론자들과 달리, 비판교육(학)자들은 학생들을

비판적인 인간으로 형성할 수 있다는 차원에서 가능성의 언어를 개발하는 것을 주요 과제로 삼아 왔습니다. 다음과 같은 대항 헤게모니 교육이 가능하다는 것이지요.

> 대항 헤게모니 교육은 학생들이 더 큰 사회에서 비판적 행위자로서의 역할을 할 수 있게 그에 필요한 지식과 사회적 기술을 제공하는 것으로 그들에게 권한을 주는 것이다. 이뿐만 아니라, 변혁적인 행동을 위해 그들을 교육하는 것이다. 그것은 위험을 감수하고, 제도 변화를 위해 투쟁하고, 그 밖의 다른 저항적 공공 영역과 더 넓은 사회적 무대에서 학교 밖의 억압에 **맞서** 싸우고 민주주의를 **위해** 싸우도록 학생들을 교육하는 것을 의미한다(Giroux, 1988: 42).

학교를 재생산의 장뿐만 아니라 생산의 장(Apple, 1982: 209)으로 보는 것입니다. 정의와 해방을 추구할 수 있는 권능을 갖추고, 부정의(불공정)를 제대로 인식하고 또한 그것을 변화시키려는 운동을 전개할 수 있는 비판적 인간을 길러 낼 수 있다고 보는 것이지요. 이는 마르크스의 『포이어바흐 테제 11』의 "철학자는 단지 다양한 방식으로 세계를 해석하는 데만 머물러 왔다. 그러나 핵심은 그 세계를 변화시키는 것에 있다."와 연결되며, 이러한 변화와 그것을 이루어 내기 위한 집합적 행동을 강조하는 것을 비판교육학의 주된 관심사로 삼아 왔습니다(Burbules & Berk, 1999: 51). 이에 억압기제에 대한 인식의 능력이자 세계를 비판적으로 성찰하고 해석하는 능력인 '비판적 의식의 힘(비판적 문해력)'을 기르고, 세계를 변화시킬 수 있는 행동을 할 수 있고, 그것을 위한 의

지를 갖춘 비판적 인간 양성이 비판교육학의 주된 목적이라 할
수 있겠습니다.

> 비판교육가의 목적은 "교육적 투쟁(struggle)과 사회정의의 문제를
> 중요한 것으로 삼고 있는 사람들에게, 열망과 바람, 그리고 진정한 희
> 망을 불러일으키는 데" 있다(Burbules & Berk, 1999: 51에서 재인용).

> 비판교육학을 위해 우리가 세계를 비판적으로 성찰하고 해석할 수
> 있는 것만으로는 충분하지 않다. 우리는 또한 그러한 세계를 변화시
> 키기 위해 기꺼이 행동할 수 있어야 한다(Ibid.: 51-52).

이를 사회적 관계의 불평등이나 차별로 인해 무기력한 상황에
빠진 아이들을 위해 (학교)교육이 할 수 있는(또는 해야 하는) 모종
의 가능한 역할이라고 우선적으로 이해할 수 있을 듯합니다. 이
는 프레이리의 말을 빌리면 우리가 역사를 하나의 가능성으로 생
각하는 것처럼 교육 역시 하나의 가능성으로 인정할 수 있다는
점을 이야기하는 것입니다(Chomsky, 2000: 29에서 재인용). 즉, 교
육이 모든 것을 해낼 수는 없지만(사회변혁을 전적으로 책임지는 것
은 아니지만), 적어도 약간의 것을 성취해 낼 수 있다는 사실(사회
변혁에 일말의 기여를 할 수 있다는 것)을 인정하는 것이지요. 따라서
교육자로서 우리가 도전해야 할 과제 중 하나는 역사적 관점에서
세계의 변화에 기여할 수 있는 것을 찾아내어 이전 재생산론자들
처럼 경직된 자세를 버리고 좀 더 정직하고 좀 더 인간적인 세계
를 만들어 가는 것입니다. 이는 비판의 언어와 가능성의 언어라

는 양면에서, 우리가 "역사의 참여자가 되어 이 세상을 덜 차별적
이고 더 민주적이며, 덜 비인간적이고 더 정의로운 세상으로 만
드는 데 동참하는 것"입니다(Chomsky, 2000: 29).

> ······ 지배적인 힘이 전부가 아니고, 저항은 가능하며, 교육의 기
> 본적인 임무는 사회정의를 위한 투쟁이라는 것을 가르쳐 주었다
> (Giroux, 1999: 175).

다음으로 비판적 인간의 선결 조건이자 필자가 비판교육학의
핵심이라 생각하는 비판적 의식의 힘, 즉 비판적 문해능력이 무
엇인지를 좀 더 살펴보겠습니다.

3) 비판적 문해

비판적 문해(critical literacy)는 '사회적, 경제적, 정치적 현안들
과 관련해 성찰하고, 분석하고, 비판적으로 판단을 내리는 실
천'(McLaren & Farahmandpur, 2001: 144)입니다. 그것은 "지배 이데
올로기, 문화와 경제, 그리고 제도와 정치체제에 대한 비판과 변
형이라는 분명한 목적"(Luke, 2012: 5)을 가지고 있습니다. **세계를
비판적으로 해석하고 성찰하는 능력인 비판적 의식의 힘**과 관련이 있
습니다. 프레이리는 비판적 의식의 힘을 발달시키는 것을 비판교
육학의 주된 과제로 보았습니다. 여기서 '의식화'라는 용어는 단
지 먼저 의식화된 사람이 자신의 생각을 그렇지 못한 사람들에게
그대로 주입하거나 전해 주는 것이 아닙니다. 그것은 자기 스스

로 사회적, 정치적, 경제적 모순을 인식할 수 있다는(자각할 수 있다는) 것을 말합니다. 그래야만 현실의 억압적 요소들에 맞서 행동하는 것도 가능하다고 프레이리는 말합니다. 그러한 현실 인식에서 비로소 억눌린 상태에서 탈출할 수 있는 길이 열린다는 것이지요.

> 현실이 제 모습을 드러내면 인간은 침잠상태에서 탈출하여 현실 속에 개입할 수 있게 된다. 이렇듯 현실개입—역사적 자각—은 탈출구로부터 한 단계 전진한 것이며, 상황에 대한 의식화의 결과이다. 의식화는 모든 탈출의 특징인 자각의 자세를 심화시킨다(Freire, 2000: 140).

프레이리에게 자유는 억압적 관계체제와 그 체제 속에서 자신이 처한 위치를 인식하는 데서부터 시작됩니다. 따라서 그러한 상황을 의식하게(깨닫게) 억압당하는 집단들을 이끄는 작업이 무엇보다 중요합니다. 물론 그러한 현실 인식은 실천(praxis)을 통해 더욱 분명해집니다. 그렇다면 오늘날 비판교육학이 요청하는 현실 인식은 무엇일까요? 다음과 같은 과제를 하나의 참고 사례로 고민해 볼 수 있을 것입니다.

> 우리는 학생들의 삶의 세계와 그들이 살고 있는 공동체와의 결속을 끊어서는 안 된다. 우리는 학생들이 자본주의의 흐름과 교환의 전지구적 단계에서 어떤 일이 일어나고 있는지를 이해하도록 도와야 하며, 또한 후기 자본주의 내의 소비자문화가 특권층에서는 시장 정의를, 나머지 사람들에게는 빈곤을 어떻게 만들어 내고 있는가를 이

해하도록 도와야 한다. 이는 학생들로 하여금 후기 자본주의의 문화 논리에 도전하게 하고, 그러한 논리가 어떻게 개인 주체들을 초국가적 규제 은행과 기업들의 하수인으로 만들고 있는지, 또한 사이버 시민(cybercitizenship)으로서의 정체성과 주체성을 어떻게 조정하고 있는지의 문제를 다루게 한다. 그러한 정체성과 주체성은 공동체에 대한 책임과 평등 그리고 사회정의보다는 개인의 책임과 기업가 정신에 반응하게 하는 성격 구조를 조장한다. 다시 말하자면, 우리는 경제 정의뿐만 아니라, 인종, 성, 섹슈얼리티와 같은 정치 영역에서의 정의에 이르기까지 비판적 의식과 싸움을 위한 조건을 학생들에게 제공해야 한다(McLaren, 2000: 165).

바로 이 점이 사려 깊고, 분별력 있고, 도덕적으로 선한 삶을 위해 아이들을 준비시키는 것만으로 충분하다는 자유교양교육의 입장과 구분되는 점이라고 하겠습니다(Fenstermacher & Soltis, 2009: 153). 그러면 이러한 비판적 문해력과 실천력을 어떤 방법으로 기르고자 하는지를 살펴봅시다.

4) 비판적 문해의 내용과 방법

비판교육(학)자들은 계급, 인종, 성(젠더), 장애, 성적 지향성 등의 주제를 교실에서 연구하고 토론하고, 그에 관해 행동하는 것을 중요하게 여깁니다. 계급, 인종, 성, 장애나 성적 지향성에 근거해 차별하지 않는 더욱 정의롭고 평등한 세계를 위해서이겠지요. 때로는 그와 관련된 갈등의 현장을 견학하게 해 직접 자신의 눈으로 그러한 현실을 직시하게 하거나, 갈등 상황을 다룬 책 혹은 신문 기사와 같은 문헌을 수업내용으로 다루기도 합니다(김정환, 강선보, 2004: 295). 이런 문제들에 대한 생각, 이론, 연구를 폭넓게 이해하는 데 도움이 되는 자료를 제공하는 것이지요. 이처럼 수업 내용은 교과 주제보다는 **현실 문제**를 중심으로 조직됩니다(Fenstermacher & Soltis, 2009: 150). 현실 문제를 해결하는 데 도움을 얻기 위한 수단으로 교과지식을 끌어들이는 것이죠. 이는 비판교육학이 자유교양교육에서 중시하는 교과를 간과하지는 않지만, 사회정의와 관련된 문제들의 해결을 돕는 수단으로 교과지식을 요청하는 면이 있다는 점을 말합니다(Ibid.). 예컨대 프레이리 이론을 비판적 수학 교육에 적용한 프랑켄슈타인(Frankenstein, 1987: 340-342)은 대부분의 기초 수학과 통계 기술 및 통계 개념이 지배 헤게모니 이데올로기를 지지하는 모순에 도전하는 공부를 통해 터득될 수 있다는 점을 소개했습니다. 그는 연방 예산에서 차지하는 군비 비율을 비판한 자료를 백분율과 원그래프를 공부하는 데 활용할 수 있고, 미국 사회가 부자들을 위한 복지국가임을 입증하기 위해 통계를 어떻게 제시할 것인지를 논의하면서 저절로 계산 문제를 다룰 수 있다고 말합니다. 부자들의 세금 누수액을 계산하기 위해서는 학생들이 나눗셈을 할 수밖에 없다면서 말입니다. 또한 인종주의에 관한 주제를 제기한 학생들과 소득 관련 도표를 이용하여 대화를 열어 갈 수도 있다고 말합니다. 헤게모니 이데올로기에 도전하는 이러한 공부를 통해 교실에서 수학적 기술이나 개념을 배우는 것이 가능하고, 통계로부터의 성찰을 사회 변화를 위한 행위와 결합함으로써 많은 사회단체와 연대해서 행동하는 것도 가능하다는 것입니다. 이처럼 그는 사회현실과 관련된 주제들을 수학 지식과 연결시키는 것으로 (비판적) 수학 교육이 어떻게 학생의 비판적 이해력을 발달시키고 비판적 행위로 이끌게 할 수 있는지를 제시했습니다. 이는 학문에 대한 심층적인 공부도 필요하고 그런 공부에 적합한 방법도 필요하지만, 교육이 거기서 멈추어 서서는 안 된다는 점을 우리에게 이야기합니다(Fenstermacher & Soltis, 2009: 153).

앞서 프레이리가 말하는 '의식화'가 의식화된 사람이 자신의 생각을 그렇지 못한 사람들에게 그대로 주입하거나 전해 주는 것이 아니라고 말했습니다. 이에 교사 자신의 세계 인식을 그대로 학생들에게 주입하는 것은 올바른 비판교육의 방법이 아닙니다. 교사의 세계 읽기가 허위적이든 아니든, 교사는 학생들에게 자신의 '세계 읽기'를 강요하거나, 자신의 틀 안에서 내용을 가르치려고 하지 않아야 합니다(Freire, 1994: 123). 프레이리는 다음과 같이 말합니다.

> 만약 단지 현실을 서술할 뿐인 지식의 단순한 전수로서의 교육관을 초월하지 못한다면, 비판적 의식이 나타나는 것을 방해하여 정치적 문맹을 강화시키게 될 것이다(Freire, 1985: 188).

이에 비판교육(학)자들은 다음과 같은 방법으로 이러한 주제들을 논의하려고 합니다.

> 학생들이 그런 문제들에 관해 상이한 방식으로 사고하는 것이 가

능하다는 점을 탐구할 수 있도록, 그들이 동료들과 개방적이고 서로를 존중하는 대화를 나누게 격려한다. 뿐만 아니라 다른 학생들이 수행했던 작업에서 도움을 얻게 격려한다. 이러한 탐구와 이해 이래서, 학생들은 그러한 문제들의 제거나 해결을 제공하는 가능한 대안을 찾아낼 수 있다(Fenstermacher & Soltis, 2009: 150).

이는 프레이리식으로 말하면 문제제기식 방법을 사용하는 것입니다. **문제제기식 교육**은 교사와 학생 모두가 대화 속에서 가르치고 배우는 사람이 되는 대화적 관계 형성에 기초합니다. 평등한 대화적 관계에서 갈등하는 현실을 '문제화'하고 삶의 문제를 진정한 맥락에 포함시켜 고찰하는 가운데 인식의 변화가 나타난다는 것입니다(Freire, 1985: 101).

문제제기가 좀 더 오래 진행되어 감에 따라 주체들은 그만큼 더 문제화된 대상의 '본질' 속으로 깊이 천착해 들어가며 그만큼 더 그 '본질'의 모습을 밝혀낼 수 있다. 그리고 그 모습을 좀 더 밝혀낼수록 자각의식이 더욱 심화되며, 그리하여 가난한 사람들은 상황에 대한 '의식화'에 이르게 된다(Freire, 1970: 37).

이에 강의는 대화가, 교사는 '대화 또는 토론 조정자(coordinator)'가, 학생은 '그룹 참여자(group participants)'가 되도록 하는 것이 필요합니다(Freire, 1973: 81; Freire & Horton, 1990: 112). 문제제기식 교육은 이러한 방법을 통해 현실을 드러내고 의식의 출현과 비판적 현실 개입을 위해 노력하는 것을 목적으로 삼습니다(Freire,

2000: 103). 이 점에서 오늘날의 비판교육(학)자들은 프레이리의 문제제기식 방법을 하나의 방법론으로 많이 차용하고 있습니다.

최근 몇 년간 민주시민교육을 위한 원칙으로 국내에 심심치 않게 소개된 독일의 '보이텔스바흐 합의(Beutelsbacher Konsens)'도 하나의 방법으로 소개할 만합니다. 보이텔스바흐 합의는 1976년 가을, 독일 바덴-뷔르템베르크 주정치교육원(Landeszentrale für politische Bildung Baden-Württemberg)이 소도시 보이텔스바흐에서 개최한 정치교육 토론회에서 비롯되었습니다.[3] 이 토론회의 주제는 '정치교육의 합의' 문제였고, 토론회에는 다양한 이념적 지향을 가진 좌우 진영의 정치교육 관련자들이 참석했습니다. 참석자들은 서로를 존중하며 그들 모두가 동의할 수 있는 최소한의 합의를 찾고자 했습니다. 1년 후인 1977년 토론회의 발표문을 수정 보완한 기고문들과 벨링(Hans-Georg Wehling)의 정리 글을 모아 단행본이 출간되었습니다. 여기서 최소합의로 정리된 세 원칙을 1980년대 중반부터 통상 보이텔스바흐 합의라고 부릅니다. 그것은 이후 독일의 정치교육 현장에서 그 가치를 자연스럽게 인정받았습니다. 보이텔스바흐 협의의 세 원칙은 다음과 같습니다.

1 강압(교화) 금지: 어떤 수단을 통해서든 학생들에게 특정한 견해를 주입하고 그럼으로써 그들이 독립적인 의견을 형성하지 못하도록 방해해서는 안 된다. 바로 여기에 정치교육과 교화[4]의 경계가 있

---

3 이하 설명은 심성보, 이동기, 장은주, 케르스틴 폴(2018)에 의거했다.
4 교화는 'indoctrination'으로, 종교적 교리(doctrine)처럼 어떤 사실이나 가치를 의문의 여지없이 참으로 받아들이게 하는 것이다.

다. 교화는 민주 사회의 교사가 할 역할이 아니며, 민주 사회에서 널리 받아들여지는 학생의 성숙이라는 목표에도 적합하지 않다.

② 논쟁성에 대한 요청(논쟁성): 학문과 정시에서 논쟁적인 것은 수업에서도 역시 논쟁적으로 드러나야 한다. 이 요청은 첫 번째 원칙과 밀접하게 연결된다. 왜냐하면 교화는 다양한 관점들을 숨기고 다른 선택지들을 내팽개치며 대안들을 해명하지 않을 때 일어나는 것이기 때문이다.

③ 이해관계 인지(행동지향·학생지향): 학생들은 특정한 정치적 상황과 자신의 이해관계의 상태를 분석할 수 있어야 할 뿐만 아니라 자신의 이해관계에 비추어 주어진 정치 상황에 영향력을 행사할 수 있는 수단과 방법을 찾을 수 있어야 한다(심성보 외, 2018: 23-24).

이는 "일방적인 주입식 정치교육을 지양하고, 정치교육을 통해 학생들을 스스로 판단하고 결정하며 행동할 수 있는 능력을 갖춘 존재로 성장시키겠다는 교육적 관점을 철저하게 견지하려는 데서 나온 것"(Ibid.: 24-25)이라 하겠습니다. 이 세 원칙은 정치적이고 논쟁적인 주제를 다룰 때 교사에게 요구되는 정치중립성의 합리적 근거이자 올바른 교육방법론 또는 교수학습론의 근간으로 평가받기도 합니다(Ibid.: 8, 80, 86). 비판적 문해 능력을 함양하기 위해 비판교육(학)자들은 사회적·정치적 문제들을 교실에서 중요하게 다루려고 할 것입니다. 보이텔스바흐 협의의 세 원칙이 최소한의 합의로서 이러한 주제를 다루는 적절한 교육방법으로서 의미를 가질 수 있을지를 우리는 함께 생각해 볼 수 있겠습니다.

3. 대표적인 사상가

그간 비판교육학의 정립에 영향을 미친 대표 이론으로 독일 프랑크푸르트학파의 비판이론과 프레이리의 (비판적) 의식화 교육론이 자주 거론되어 왔습니다. 여기서는 프레이리와 북미의 대표적 비판교육(학)자로 알려진 지루와 애플의 생각을 살펴보겠습니다.

1) 프레이리

프레이리

프레이리(P. Freire, 1921~1997)는 남미의 브라질 출신이었지만, 그의 교육사상은 20세기 중·후반 북미의 비판교육학 형성에 가장 큰 영향력을 행사했습니다. 우선 펜스터마허와 솔티스(Fenstermacher & Soltis, 2009: 147-148)의 설명에 기초해 프레이리가 가졌던 근본적인 문제의식을 다음과 같이 재정리해 보겠습니다.

1 가난하고 힘없고, 무지한, 즉 자신이 왜 억압당하고 있는지를 인식하지 못하는 민중을 해방시키는 일이 무엇보다 시급하다.

2 그런데 사회 현실을 바라보는 억압자들의 견해가 지배 계급에 의해 말, 이미지, 관습, 신화, 대중문화, 교육 등 무수한 방법으로 억

압당하는 사람들에게 주입되고 있다.

③ 억압당하는 사람들이 이를 통해 지배자의 견해를 받아들이게 되면, 그들은 자신의 처지를 지각하고 평가하는 일을 못하게 되고 현실이 변화될 수 있다는 생각조차 하지 못한다. 이에 자신을 가치 없고, 무력하며, 열등한 존재로 생각하며 심리적으로 위축되어 있다. 한마디로 억압당하는 민중의 특성은 패배주의, 자기비하, 정서적 의타성에 빠져 있는 것이다.

④ 이러한 특성에서 벗어나기 위해서는 위의 태도를 극복하고 그것을 능동적 자유와 인간적 책임으로 전환시키는 것이 교육의 첫 번째 과제여야 한다.

이를 그의 주요 저작인 『페다고지(Pedagogy of the oppressed)』 (1970, 2000)[5]에 기초해 부연하겠습니다. 이를 따라가다 보면 오늘날 비판교육학이 지향하는 바가 무엇이고 거기서 교육을 어떻게 바라보는지를 이해하는 데 도움이 될 듯합니다.

프레이리 문제의식의 두 번째 사항은 억압자들의 견해가 **은행 저금식 교육**(banking education[6])과 같은 억압자들의 교육학

---

5 2000년에 나온 30주년 판을 번역한 남경태 역(2002)을 따랐다. 페이지 번호는 번역판의 페이지 번호이다.

6 banking education을 '은행 저금식 교육'이 아니라 '은행 업무식 교육'으로 번역하는 것이 프레이리의 의도를 더 잘 드러낸다는 의견도 있다(강성훈, 문혜림 공역, 2020: 229-231). 교사를 예금하는 주체(예탁자/예금자)로 오해할 수 있다는 점에서 그렇다는 것이다. 예탁자(예금자)로부터 돈을 받아 계좌나 은행 금고에 넣는 일을 하는 사람이 은행원이고, 교사는 은행원처럼 자신이 만들지 않은 지식, 즉 사회체제나 지배계급으로부터 예탁받은 지식을 학생들의 머리에 넣어 주는 일을 하는 사람이라는 것을 의미한다. 이에 교사의 교육은 '은행 업무(banking)', 학생은 '은행 금고'나 '계좌', 예탁자는 교사가 아니라 '사회체제'나 '지배계급', 교사는 예탁인 사회체제나 지배계급으로부터 넘겨받은 돈을 은행 금고나 계좌에 입금하는 '은행원'으로 해석하는

(pedagogy)을 통해 가장 큰 영향력을 행사한다는 점을 말합니다. 은행 저금식 교육은 다음과 같은 교육의 방식을 말합니다.

(교사가 설명자인) 설명은 학생들이 설명된 내용을 기계적으로 암기하도록 만든다. 더 나쁜 것은 학생들을 교사가 내용물을 '주입'하는 '그릇'이나 '용기'로 만든다는 점이다. 더 완벽하게 그릇 안을 채울수록 그 교사는 더욱 유능한 평가를 받는다. 또한 내용물을 고분고분 받아 채울수록 더욱 나은 학생들로 평가된다.

이렇게 해서 교육은 예금 행위처럼 된다. 학생은 보관소이고, 교사는 예탁자(은행원)이다. 양측이 서로 대화하는 게 아니라, 교사가 성명을 발표하고 예탁금을 만들면, 학생은 참을성 있게 그것을 받아 저장하고 암기하고 반복한다. 이것이 바로 '은행 저금식' 교육 개념이다. 여기서는 학생들에게 허용된 행동의 범위가 교사에게서 받고, 채우고, 보관하는 정도에 국한된다(p. 90).

이는 다음의 말에서처럼 억압자의 이익에 일치합니다.

은행 저금식 교육은 학생들의 창조성을 위축시키거나 소멸시키고, 학생들을 단순하게 만들 수 있으므로, 세계를 폭로할 필요도, 변혁할

것이 프레이리의 의도를 제대로 드러낸다는 주장이다. 그렇다면 본문에 제시된 인용문의 예탁자라는 번역어는 예탁자로부터 넘겨받은 돈을 입금하는 은행원으로 이해되어야 할 것이다. 필자 역시 이러한 주장에 동의하나, 아직까지 '은행 업무식 교육'이라는 용어가 독자들에게 낯설게 여겨질 듯하여 일단 대다수 문헌에서 통용되는 '은행 저금식 교육'이라는 용어를 사용했다. 앞서 비판의 언어 측면에서 살펴본 애플의 세 번째 질문 내용과 프레이리의 이러한 교사 인식은 비판교육학이 어떤 교사를 비판의 대상으로 삼는지를 이해하는 데 도움이 될 것이다.

필요도 느끼지 않는 억압자의 이익에 일치된다(p. 92).

억압자의 이익에 일치하는 교육은 결국 교사에 의해 학생들의 세계인식을 규제합니다.

은행 저금식 의식 개념으로부터 논리적으로 도출되는 결론은 다음과 같다. 즉, 세계가 학생의 '안으로 들어가는' 방식을 규제하는 것이 곧 교육자의 역할이라는 결론이다(p. 95).

이러한 방식은 억압당하는 사람들이 **현실을 신화화**해 이해하도록 합니다. 즉, "은행 저금식 교육은 현실을 신화화함으로써 인간이 세계 속에서 존재하는 방식을 설명하는 요인들을 은폐"(p. 106)합니다. 참이 아닌 현실을 마치 참인 것처럼 여기게 만들 수 있는 것이지요. 현실을 온전히 드러내지 않고 억압하는 사람들의 입장을 대변하도록 거짓으로 꾸며 내면서 말입니다. 예컨대 "억압적 질서가 '자유로운 사회'라는 신화" "현 질서는 인권을 존중하므로 정당하고 올바르다는 신화" "억압자는 근면하며 피억압자는 게으르고 부정직하다는 신화" "피억압자는 열등하며 억압자는 우월하다는 신화"(pp. 180-181) 등등이 있을 수 있습니다. 이를 정당화하는 교육(학)은 억압체제의 존속을 위한 수단으로만 복무할 뿐, 결코 억압당하는 사람들의 해방을 위한 교육학이 될 수 없을 것입니다.

프레이리 문제의식의 세 번째 사항은 오늘날의 불평등하고 차별이 존재하는 사회가 아이들을 무기력하게 만드는 하나의 원인

일 수 있다는 점을 말합니다. 또한 학생들이 거기에서 벗어나 좀 더 나은 삶을 살게 하기 위해서라도 우리 교육자들이 학교 밖의 불평등이나 차별, 부정의 문제뿐만 아니라 그것을 평가하고 지각할 수 있는 학생들의 능력을 기르는 데에 관심을 가질 필요가 있다는 점을 말합니다.

> 억압의 상황을 극복하기 위해 민중은 먼저 억압의 원인을 비판적으로 검토해야 한다. 그래야만 변혁의 행동을 통해 새로운 상황을 창조하고 더 완전한 인간성을 추구할 수 있다(p. 58).

프레이리 문제의식의 네 번째 사항은 패배주의, 자기비하, 정서적 의타성의 특성에서 벗어나기 위해서는, 즉 그러한 태도를 극복하고 그것을 능동적 자유와 인간적 책임으로 전환시키기 위해서는 무엇보다 자신의 처지를 지각하고 평가하는 능력 배양을 교육의 첫 번째 과제로 삼을 필요가 있다는 점을 말합니다. 그것을 통해 현실의 탈신화화, 즉 현실을 있는 그대로 해석하는 것이 가능해지기 때문입니다. 다시 말해, 비판적 의식의 힘(또는 비판적 문해)을 길러 주는 것이 필요하다는 것이지요. 프레이리는 이를 위한 방법으로 문제제기식 교육(problem-posing education)을 이야기합니다. 문제제기식 교육이 **탈신화화**를 목표로 하기 때문입니다(p. 106). 그러면 문제제기식 교육은 어떤 방식으로 진행될까요? 그것은 대화와 소통의 방법에 기반을 두고 실천됩니다.

> '문제제기식 교육'은 의식의 본질—지향성—에 답하기 위해 일방

적 주입을 거부하고 의사소통을 도모한다(p. 90).

　　교사는 학습안을 준비할 때나 학생들과의 대화에 참여할 때나 똑같이 늘 '인식적'이다. 교사는 인식 대상을 자신의 소유물로 여기지 않고, 자신과 학생들이 함께 성찰해야 할 대상으로 여긴다. 이런 식으로 문제제기식 교육자는 항상 학생들을 배려하여 자신의 성찰을 재형성하는 것이다. 학생들은 더 이상 유순한 강의 청취자가 아니라 교사와의 대화 속에서 비판적인 공동 탐구자가 된다(p. 102).

　　대화 관계가 성립되면 '학생들의 교사'와 '교사의 학생들'은 존재하지 않고, 교사-학생인 동시에 학생-교사라는 새로운 관계가 탄생한다. 교사는 더 이상 단순히 '가르치는 사람'이 아니며, 그 자신도 학생들과의 대화 속에서 배우는 사람들이 된다. 학생들 역시 배우면서 가르친다. 따라서 그들은 양측이 성장하는 과정에서 공동의 책임을 진다(p. 90).

　프레이리에게 대화는 "사람들이 세계를 매개로 하여 세계를 이름 짓기 위해 만나는 행위"(p. 113)이자, "참된 인간화를 위한 근본적인 조건"(p. 177)입니다. 학생들에게 말할 권리를 부여하는 것이라 하겠습니다.

　　인간적으로 존재한다는 것은 세계를 이름 짓고 변화시키는 것이다. 이렇게 이름 지어진 세계는 다시 인간에게 문제로서 나타나며, 새로운 이름 짓기를 요구한다. 인간존재는 침묵 속에서 성장하는 게 아니라 말과 일과 행동-성찰 속에서 성장한다(p. 112).

문제제기식 교육에서 **대화**는 "현실을 드러내는 필수불가결한 인식 행위"(p. 106)로 여겨집니다.

> 은행 저금식 교육은 창조성을 마비시키고 금지하지만, 문제제기식 교육은 현실을 드러내고자 한다. 전자는 의식의 침잠을 유지하려 하지만, 후자는 의식의 출현과 비판적 현실 개입을 위해 노력한다(p. 103).

> 민중은 문제제기식 교육을 통해 자신들이 세계 속에서 존재하는 방식을 비판적으로 인식하게 되며, 세계와 더불어 세계 속에서 살아가는 자신의 참모습을 발견하게 된다. 또한 민중은 세계를 정태적인 현실이 아니라 과정 속에 있는, 변화 속에 있는 현실로 보게 된다. ······ 그러므로 교사-학생, 학생들-교사들은 행동과 성찰을 분리시키지 않고도 자신과 세계를 동시에 성찰하며, 그럼으로써 참된 사고와 행동양식을 계발하는 것이다(p. 106).

이러한 관점에서 프레이리는 해방 과정을 이끄는 대부분의 혁명 지도부가 범하는 오류를 지적했습니다. 그들이 "억압자가 사용하는 '교육'모델(은행 저금식 교육—필자)을 모방하는 데 그치고 말았다"(p. 86)는 것입니다. 해방의 과정에서 문제제기식 교육 같은 교육적 행동을 부정하고 은행 저금식 교육 같은 선전을 이용해서 억압당하는 사람들을 설득하려 한 것이 중요한 문제라는 지적입니다(p. 86). "해방을 위해 싸워야겠다는 피억압자의 신념은 혁명 지도부가 가져다주는 선물이 아니라 그들 자신의 의식화에서 비롯된 결과"(p. 85)이기 때문입니다. 덧붙이면, "자신의 삶이 파괴되었다는 사실을 인식하는 것으로부터 싸움(투쟁)이 시작"되는데, "선전, 책략, 조작은—이는 모두 지배를 위한 무기들이다—인간성 회복의 도구가 될 수 없기"(p. 87) 때문입니다.

> 인간화 교육의 방법은 교사(이 경우에는 혁명 지도부)가 학생(이 경우에는 피억압자)을 조작할 수 있는 도구로 여기는 게 아니라 학생 자신의 의식을 스스로 표현하게 만드는 데 있다(pp. 87-88).

이에 자신의 정치적 견해나 세계 인식이 옳다고 생각하면서 그것을 학생들에게 그대로 받아들이게 하는 것은 올바른 비판교육의 방법이 아닙니다. 결국 프레이리가 말하는 참된 교육은 교사와 학생이 서로를 매개하는 세계에 관한 개념과 견해를 함께 형성해 가는 공동지향적인 교육을 통해 가능하다고 이해할 수 있겠습니다.

> 참된 교육은 A가 B를 위해, 또는 A가 B에 관해 행하는 것이 아니라 A와 B가 함께 행하는 것이다. 양측을 매개하는 세계는 양측에게 영향과 자극을 주며, 세계에 관한 개념과 견해를 형성하게 한다(pp. 119-120).

이를 통해 억압당하는 사람들은 자신들이 세계 속에서 존재하는 방식을 비판적으로 인식하게 되고, 세계와 더불어 세계 속에서 살아가는 자신의 참모습을 발견할 수 있다는 것입니다. '타인을 위한 존재'에서 '자신을 위한 존재'가 될 수 있는 것이지요 (p. 93).

프레이리는 문제제기식 교육을 위한 교육내용으로 자신의 현재 상황에서 나오는 '**생성적 주제**'를 제안했습니다.

> 교육 내용이나 정책을 편성하기 위한 출발점은 민중의 열망이 반영된 구체적이고, 체험적이며, 현재적인 상황이어야 한다(p. 122).

> 인간을 매개하는 현실, 그리고 그 현실에 대해 교육자와 민중이 가진 인식을 바탕으로 우리는 교육내용을 결정해야 한다. 내가 민중의 '주제 영역(thematic universe)'―'생성적 주제(generative themes)'의 복합체―이라고 이름 지은 것에 대한 연구는 자유의 실천적인 대화식 교육에서 출발한다(pp. 123-124).

'생성적'의 의미는 비판적 문해의 주제가 민중의 직접 체험에서 나올 뿐만 아니라, 인간과 인간, 인간과 세계가 맺고 있는 관계를 비판적으로 성찰하게 해 주는 유의미한 주제라는 뜻입니다. 이는 다시 여러 주제로 나뉘며, 그 속에서 새로운 과제들이 생길 수 있습니다. 생성적 주제는 현실과 유리된 채 민중 속에서 발견되지도 않고, 또 민중과 유리된 채 현실 속에서 발견되지도 않으며, '인간이 없는 곳'에서는 더더욱 찾을 수 없습니다. 그것은 오직 인간-세계 관계 속에서만 파악될 수 있습니다(p. 136). 이처럼 생성적 주제의 의미는 사람들이 이러한 생성적 주제 연구에 적극적인 자세를 지닐수록 현실에 대한 비판적 의식을 더욱 심화할 수 있고, 그 주제를 명확히 이해하는 가운데 현실을 장악할 수 있게 된다는 데 있다 하겠습니다(Freire, 2000: 136-137).

결국 그간의 교육(학)이 은행 저금식 교육 같은 억압자를 위한 교육(학)이었다면 프레이리의 『페다고지』는 억압당하는 사람들과 함께 확립해 가는 교육(학)이 어떻게 가능하고, 그것이 왜 필요한지를 우리에게 제시했다고 할 수 있겠습니다. 다음의 행동 이론이 필요한 것처럼 말입니다.

> 억압자가 억압하기 위해 억압적 행동 이론을 필요로 한다면, 피억
> 압자가 자유를 얻기 위해서도 역시 행동 이론이 필요하다는 진리이
> 다(p. 237).

프레이리의 이러한 관심은 계급, 성, 장애, 지역, 성적 지향성 등과 관련된 문제를 스스로 해석하고 성찰하는 능력(한마디로 비판적 문해력) 배양을 중시하는 오늘날의 비판교육학에 여전히 반영되어 있습니다.

2) 지루

지루(H. A. Giroux, 1943~)는 북미 비판교육학 연구의 대표자로 국내에도 비교적 잘 알려진 인물입니다. 그는 책 『교사는 지성인이다(Teachers as Intellectuals Toward a Critical Pedagogy of

지루

Learning)』(1988)[7]에서 비판교육학이 비판의 언어와 가능성의 언어를 결합해야 할 뿐만 아니라 문화정치의 한 형식이 되어야 한다고 강조하였습니다. 여기서는 그 책에 제시된 주제 중 '민주적 공공영역(공론장)으로서의 학교'와 '변혁적 지성인으로서의 교사'에 특별히 주목하고자 합니다. 그것은 교육의 시장화와 상품화, 소비주의로 대표되는 신자유주의 교육 상황에서 여전히 중요한 주제라고 생각됩니다.

첫째, 지루는 교육이 비판적 문해와 민주적 시민성을 길러 내는 일이며, (공립)학교가 **민주적 공공영역**으로서 그것을 위한 기반이 되어야 한다고 말합니다. 학교를 민주적 공공영역으로 본다는 것은 다음을 뜻합니다.

나는 비판교육학을 실현하는 데 가장 중요한 것이 학교를 민주적 공공영역으로 보는 것이라고 믿는다. 이는 학교를 자기 권력과 사회적 권력 갖기(empowerment)를 도와주는 민주적 장소로 보아야 한다는 뜻이다. 이런 의미에서, 학교는 학생들이 참된 민주주의 속에서 살아가는 데 갖추어야 할 지식과 기능을 배우는 공공의 장이다.

민주적 공공영역으로 학교를 보게 되면, 학교는 노동현장의 연장선이라든가 치열한 국제시장과 외국과의 경쟁을 위해 제일선에 있는 기관이 아니라, 심도 있는 대화와 인간 행위를 존중하는 비판적 탐구

---

7 이하 번역은 이경숙 역(2001)을 따랐다. 경우에 따라 필자가 번역을 수정하기도 했다.

활동이 주로 이루어지는 곳이다. 이곳에서 학생들은 공중(公衆)의 연대와 사회적 책임이라는 담론을 배운다. 이 담론은 개인의 자유와 사회정의를 추구하는 사회 운동으로서 비판 민주주의의 이상을 되찾으려 한다. 학교를 민주적 공공영역으로 보는 관점은 또한 진보적인 교육과 교사 활동을 추진하는 학교를 중요한 공공서비스를 담당하는 필수적인 제도와 실천이라고 규정하는 근거가 된다. 학교는 이제 비판적 문해와 시민의 용기를 동력으로 시민들을 교육하는 데 필요한 이데올로기적·물질적 조건을 제공하는 기관이라는 정치적 언어로 옹호된다. 그리고 이는 민주 사회에서 적극적인 시민의 역할을 하게 하는 기반이 된다(p. 41).

지루는 이후 저작에서 공립학교가 개인 소비자, 국가 경제정책이라는 좁은 의미의 관심만을 추구하는 시장경제 용어로 재정립되었고, 학교를 공공의 자산으로 보던 기존의 관념이 바뀌고, 수월성의 이름으로 평등의 문제가 다른 곳으로 돌려지고, 학교의 사회적·정치적 역할이 시장논리와 이념 안에 종속되어 버렸다고 지적했습니다. 기업이 현재 수행하고 있는 공교육에 대한 공격은 결국 시장의 도구적 논리로 엄격하게 감독받기를 거부하는 공공기관을 모두 와해시키려는 계획의 일부라고 말하면서 말입니다(Giroux, 1999: 72). 학교의 기능도 "민주시민을 양성하는 것에서 민주적 소비자"를 만드는 것으로 전환되면서 지배적인 상업문화가 시민사회를 잠식하게 되었다고 지적합니다(Ibid.: 165). 이같이 공공영역이 시장에 의해 잠식당하는 현실에서 학교가 민주적 공공영역이어야 한다는 지루의 주장은 여전히 중요해 보입니다. 앞선 인용문의 내용처럼 학교에서 가장 중요한 교육 목적은 다음과 같은 비판적 문해와 시민성을 길러 내는 일이 됩니다.

우리는 문해를 테크닉의 숙달 차원에서 규정하지 말고, 그것을 우리 경험의 안과 밖 모두를, 비판적으로, 그리고 개념화하는 힘으로, 읽는 능력을 포함하는 것으로 그 의미를 넓혀야 한다. 이는 문해가 사람들이 자신의 개인적 세계와 사회적 세계를 비판적으로 해석할 수 있고, 그래서 그들의 지각과 경험을 구조화하는 신화와 신념에 도전하는 능력을 발전시킬 것이라는 점을 의미한다(p. 179).

절망을 설득력이 없는 것으로, 희망을 실현 가능한 것으로 만들기 위해 분투하는 지식과 용기를 갖춘 시민이 될 기회를 학생들에게 제공하는 조건을 창출하기 위해 애써야 한다. 사회의 교육자들에게 비록 어려운 과제로 여겨지겠지만, 이는 계속할 만한 가치가 있는 싸움이다. 그렇게 하지 않는 것은 사회의 교육자들이 변혁적 지성인의 역할을 할 기회를 거부하는 것이다(p. 245).

민주 사회와 비판적 시민의식을 유지하는 데 학교가 중심 역할을 한다는 것을 옹호하기 위해, 급진적 교육자들은 적극적 시민을 만드는 데 필수적인 공공 서비스를 제공하는 곳이자 민주적 공공 영역으로 학교를 정당화해야 한다. 이 경우에, 학교교육은 시민 문해, 시민 참여, 그리고 도덕적 용기를 키우는 잠재력을 정의하기 위해 분석되어야 한다(p. 312).

둘째, 비판적 문해와 민주적 시민을 기르는 교육 실천을 위해 지루는 교사가 무엇보다 **변혁적 지성인**이어야 한다고 강조합니다. 지루는 지배집단의 입장을 강화하는 특정 모델과 전통의 대표적인 사례로 행동주의 교사교육 프로그램을 들면서 그것을 강하게 비판합니다. 그것이 교사의 역할을 단순 '집행자'로만 머물게 해 왔다는 점에서 그렇습니다.

> 행동주의적 방향과 교과영역 및 교수방법의 숙달을 강조하는 교사 교육 프로그램이 미국에서 오랫동안 지배적이었다는 관련 증거는 많이 있다(p. 237).

> 교사 교육에 대한 이러한 행동주의적 방향에는 "생산"의 메타포, 가르치는 일을 "응용과학"으로 보는 관점, 교사를 주로 효과적인 교수 법칙과 원리의 "집행자"로 보는 관점이 깔려 있다(p. 238에서 재인용).

이러한 접근은 교육과정 개발 과정에서 교사를 배제하는 이른바 '**교사 배제**(teacher-proof)' **교육과정 패키지**의 확산으로 교육과정 개발과 계획, 교실 수업의 판단과 실행에서 교사의 자율성을 줄이는 데 큰 힘을 행사한다는 데 문제가 있습니다(p. 239). 'waterproof'가 방수(防水)를 뜻하는 것처럼 'teacher-proof'는 교육과정의 목표와 내용, 평가도구를 개발하는 과정에서 교사의 영향력이 침투하는 것을 최소화한다는, 즉 교사 참여를 최대한 배제한다는 의미를 담고 있습니다. 그렇게 해서 개발된 교육과정 패키지는 일종의 '교사용 패키지'가 되어, 형편없는 교사든 노련한 교사든 누구나 유사한 실천의 결과물을 가져오도록 교사들에게 제공됩니다. 요리책에 제시된 요리법을 보고 누구나 비슷한 음식을 만들어 내는 것처럼 말입니다. 이는 교육과정 개발 과정에서 교사의 발언권을 제한함으로써 전문가가 세세하게 처방한 교사용 교육과정 패키지를 단순 집행하는 사람으로 교사의 역할을 제한할 수 있습니다. 그가 관리교육학으로 명명한 것을 정착시키면서 말입니다.

> 이런 패키지 대부분에 깔려 있는 생각은 내용과 수업 절차가 미리 결정되어 있으니 교사들은 따르기만 하면 된다는 것이다. '교사 배제' 교육과정 패키지의 방법과 목적은 내가 말한 관리교육학(management pedagogies)을 정당화한다. 즉, 지식은 낱낱이 쪼개져 관리와 소비를 한결 쉽게 하기 위해 표준화되며, 미리 결정되어 있는 평가 형식에 따라 평가받는다. 이런 교육과정 접근법이 관리교육학이다. 학습과 관련된 중심 문제가 이를테면 "정해진 시간 안에 자질 있는 학생들을 최대한 많이 양산하기 위해서 자원(교사, 학생, 교재)을 어떻게 할당할까?"와 같은 관리의 문제로 축소되기 때문이다. 이러한 유형의 교육학을 안내하는 근본적인 이론적 가정은 학교와 학생들은 달라도 교사의 행동이 언제나 일관적이고 예측 가능하게 통제되고 관리되어야 한다는 것이다(pp. 239-240).

이렇게 되면 교사들은 교육과정이나 수업, 평가와 관련해 생각하는 일을 다른 전문가들에게 맡기고 자신은 그들의 생각을 단지

'실행'만 하는 사람이 될 수 있습니다. 그것은 다음과 같은 문제를 불러올 수 있습니다.

> 그 결과 교사들을 탈숙련화하고, 교사에게서 심사숙고와 반성의 과정을 제거해 버릴 뿐 아니라, 학습과 교실 교육의 성격을 틀에 박힌 것으로 만든다(p. 240).

이는 애플이 지적했던 바처럼 "교육자들이 지배집단의 입장을 강화하는 특정 모델과 전통을 자신들의 연구와 실천에 사용함으로써 자신도 모르게 특정 이데올로기를 받아들이게" 할 수 있습니다. 이에 지루는 교사가 (변혁적) 지성인이어야 한다고 강조합니다.

> 교사를 지성인으로 보는 관점은 교육과정의 개념을 정립하고 계획하고 설계하는 활동을 교육과정의 실행 및 집행 과정과 분리하는 교육이론에 담긴 기술적 · 도구적 이데올로기에 강력한 이론적 비판 또한 제공한다. 자신이 가르치는 것이 무엇이고, 어떤 방법으로 가르치는지, 그리고 자신이 달성하고자 애쓰는 더 큰 목적이 무엇인지를 진지하게 질문하는 데 교사들이 적극적인 책임을 져야 한다고 강조하는 것은 중요하다. 그것은 교사들이 학교 교육의 목적과 조건을 형성하는 데 책임 있는 역할을 맡아야 한다는 것을 의미한다. 그 과업은 교사들이 그들 교육활동의 이데올로기적 · 경제적 조건에 거의 영향력을 행사할 수 없게 교사노동이 분리(교육과정의 개념 정립, 계획, 설계하는 일과 실행 및 집행하는 일의 분리—필자)된 상황에서는 불가능하다(p. 242).

교사에게서 개념화하는 일과 실행하는 일을 분리하지 말아야 한다는 말입니다. 교사가 다음의 역할을 할 수 있어야 한다는 것이지요.

> 구체적으로 말해, 지성인의 역할을 하기 위해서 교사들은 교육과정을 짜고 권한/능력(power)을 공유하면서 서로가 함께 글 쓰고, 조사연구하고, 일하는 데 필요한 이데올로기와 구조적인 조건을 창출해야 한다(p. 43).

또한 지루는 교사가 지성인이라면 학생들이 자신의 문제에 적극적으로 발언할 수 있게 도와야 한다고 말합니다. 그것은 다음의 말에서처럼 다양한 문화, 계급, 인종, 역사, 성별의 개인과 집단의 생생한 삶을 교육의 출발점으로 삼는 것으로 가능합니다. 프레이리가 생성적 주제를 강조했던 것처럼 말입니다.

> 변혁적 지성인들은 학생들이 학습할 때 진심으로 그들이 적극적으로 발언할 수 있게 해야 한다. 그것은 또한 일상생활의 수준에서 경험한 문제들에, 특히 교실 활동과 연결된 교육 경험들과 관련된 문제들에 주목하는 중요한 토착어(critical vernacular)의 개발을 의미한다. 그래서 그런 지성인들에게 교육의 출발점은 고립된 학생이 아니라 …… 다양한 문화, 계급, 인종, 역사, 성별의 환경에 놓인 개인과 집단들이다(pp. 244-245).

이상 두 가지 주제로 살펴본 지루의 주장은 오늘날 (공립)학교와 그곳에서의 교육이 어디에 중점을 두어야 하고, 교육을 실천하는 교사가 어떤 존재여야 하는지를 비판교육학의 관점에서 생각하게 합니다.

3) 애플

애플(M. W. Apple, 1947~) 역시 북미를 대표하는 비판교육학 연구자이자 실천가입니다. 특히나 그는 군부 정권 시기에 한국을 방문해 고초를 겪기도 했습니다.[8] 프레이리와 교류하며 우정을 나누기도 했지만 그는 자신의 비판교육학이 미국의 급진적 노동자주의와 반인종주의 전통에 뿌리를

애플

두고 있다고 말합니다(Apple, 2012: 85). 여기서는 가장 최근에 번역·출판된『교육은 사회를 바꿀 수 있을까?』[9]의 내용을 중심으로 그의 논지에 담긴 비판교육학의 요소를 살펴보겠습니다.

첫째, 지루와 마찬가지로 애플도 **경제 결정론**에 비판적입니다. 우리가 "경제가 가지는 엄청난 힘을 기억해야" 하는 것은 맞지만, "이와 동시에 이 힘이 그대로 반영되는 것이 사회라고 하는 제한된 이해에 머물러서는 안 된다."는 것이 그의 기본 입장입니다(p. 49).

내가 교수 생활을 시작한 초창기에도 나는 계급관계와 정치경제학

---

8 그의 이러한 경험은『교육은 사회를 바꿀 수 있을까?』제7장에 잘 제시되어 있다.
9 이하 제시되는 페이지 번호는 강희룡 외 공역(2014)의 페이지 번호이다.

의 강력한 옹호자였음에도 불구하고, 계급만을 유일한 변수로 보는
이론과 경제적 환원주의의 위험성에 대해서 폭넓은 저작 활동을 해
왔다. 그 저작들을 통해서 나는 성차별과 인종차별의 구조와 그 역학
이 가지는 상대적인 힘과 일상의 정치학의 중요성을 강조했다(p. 40).

사회변화를 계급과 자본주의와 관련된 것으로만 한정해 보지
않는 것이지요. 지루와 마찬가지로 그도 문화 정치의 중요성을
이야기합니다.

경제만을 집중적으로 언급하는 것은 문화적 투쟁의 중요성을 무시
하는 일이다. 문화적 투쟁은 경제와 깊이 연결되어 있으되 그것을 경
제적인 문제로 단순화해서 환원시킬 수는 없는 성격을 띠고 있다. 이
것을 경제로 환원시키는 순간 우리는 현실의 삶이 가지는 복잡성에
손상을 줄 수밖에 없다(p. 54).

이에 애플은 경제적 측면에서의 재분배와 문화 정치의 측면에
서의 **인정의 정치**를 모두 강조하는 낸시 프레이저(Nancy Fraser)의
분석을 자신이 참고하고 있음을 밝힙니다.

나는 여기서 낸시 프레이저의 분석에 기대고자 한다. 그녀는 재분
배와 인정의 획득을 위한 투쟁이 상호 존중에 의거해야 하고 상호 모
순적이지 않아야 함을 강조한 바 있다(p. 44).

프레이저는 문화 부정의인 신분질서에 따른 불인정(nonrecognition)

과 경제 부정의가 구분되기는 하지만, 서로 얽혀 있다고 주장합니다. 예컨대 여성은 착취·주변화·박탈 양식과 관련된 경제(분배) 부정의뿐만 아니라, 남성중심주의에 특권을 부여하는 권위주의적 규범의 구성으로 인해 희롱과 비방, 불이익, 태도상의 차별, 공적 영역과 심의체에서의 배제나 주변화 같은 인정 부정의에 시달릴 수 있다는 것이지요. 이는 성을 둘러싼 부정의의 문제가 경제적 측면과 문화적 측면 상호 간을 강화하는 방식으로 얽혀 있고, 그것이 양자의 측면 모두를 포함하는 문제라는 점을 말하고 있습니다(정훈, 2017: 143-146). 이러한 프레이저의 생각을 참고하면서 애플은 교육 안팎에서 벌어지는 지배와 복종의 관계를 경제적 관계 이외의 관계들과 함께 고려해야 한다는 입장을 취합니다.

> 그러나 동시에 우리는 교육 안팎에서 지배와 복종의 관계를 만드는 경제적 관계 이외의 관계들이 이루어 내는 파괴적이지만 상대적으로 독립적인 효과에 대해서도 인식할 필요가 있다. 즉, 우리는 사회를 경제적 관계에 의해 구성된 것으로 볼 필요는 있지만, 경제적 관계를 사회를 구성하는 유일한 관계로 보지는 말아야 하며, 이러한 관점은 변화될 필요가 있다(p. 295).

둘째, 애플은 우리가 경제 결정론에서 벗어나는 것이 필요하더라도, 신자유주의적 경제에 맞서 싸우는 것이 무엇보다 필요하다는 점을 역설합니다. 오늘날 신자유주의가 일종의 종교이자 세계관의 역할을 한다는 지적 속에서 말입니다.

종교적인 반열에 오른 신자유주의는 몇 가지를 의문의 여지가 없
는 것으로 전제한다. 선택, 경쟁, 시장이 그것이다. 이 모든 것은 마땅
히 우리를 효율과 효과가 뛰어난 학교들로 이루어진 약속의 땅으로
인도할 것으로 여겨진다(p. 28).

　　여기서 말하는 신자유주의는 사회의 모든 영역이 상품화, 시장화,
경쟁, 그리고 비용 편익 계산의 논리에 종속되어야 한다고 믿는 세계
관을 말한다. …… 세계의 거의 모든 나라가 사회를 더욱 평등하게
만드는 데 기여하는 사회 제도와 학교를 시장의 통제로부터 자유롭
게 하는 데 실패했다(p. 27).

　애플은 신자유주의의 위세 속에서 학교가 많은 사람이 변혁의
혜택을 누리지 못하는 방향으로 그들을 사회변혁에 동참시킬 것
이라고 지적합니다. 진보가 아닌 퇴보로서의 사회변혁을 위해서
말입니다.

　　시장중심주의가 다음과 같은 신자유주의적 조치들과 결합하게 되
면, 그 결과는 억압받는 사람들에게 진정으로 큰 피해를 줄 수 있다.
여기서 신자유적 조치들이란 점증하는 국내외의 표준화 검사에 대한
강조, 신자유주의적 시장주의와 소위 공통 문화를 학교의 교육과정
으로 표준화해서 강제로 부과하려는 움직임, 그리고 그에 대해서 책
무성을 의무적으로 부과하려는 시도 등을 말한다. 그렇게 되면 학교
는 사회변혁에 동참하게 될 것이다. 그런데 그것은 많은 사람이 변혁
의 혜택을 누리지 못하는 방향이 될 것이다. 그런 상태에서의 사회변

혁이란 진보가 아니라 퇴보가 될 수도 있다(p. 29).

그는 신자유주의가 소비자로서의 정체성만을 심어 준다는 데 또한 문제가 있다고 지적합니다.

> 신자유주의는 사람들에게 자신들이 누구인가에 대해 한 가지 선택
> 권만을 부여한다. 그것은 소비자로서의 정체성이다. 소비자는 상품
> 에 대한 개인적 선택을 통해서 획득되는 개인적 이익이라는 오직 한
> 가지 선택 기준에 의해서만 움직인다. 그러한 인식에 따르면 공동체
> 적인 책임감이나 사회적 정의 따위는 소비자가 관여할 일이 아니다
> (p. 31).

결국 지배집단이 말하는 사회를 바꾸는 데 동참하는 것은 그 변화가 지배집단에게 한층 더 강력한 권력을 갖게 하는 것으로 귀결된다는 것을 말합니다(p. 32).

셋째, 이러한 지배집단의 사회 변화와 달리 애플은 다음과 같은 진보적인 방향으로서의 교육 가능성을 질문합니다.

> 경쟁, 사유화, 그리고 소유권을 바탕으로 하는 개인주의라는 사회
> 적 기준들은 사랑, 돌봄, 그리고 연대의 윤리에 의해 극복되어야 한
> 다. 하지만 교육이 정말로 진보적인 방향으로 아주 강력하게 변혁적
> 인 어떤 일을 할 수 있을까? …… 우리가 학교를 사회변혁의 중요한
> 지점으로 만들어 가기 위해 경주하고 있는 노력이 정말로 가치가 있
> 는 것일까? (p. 51)

그는 프레이리, 카운츠, 듀보이스, 우드슨 같은 인물들에게서 그 가능성을 찾았습니다. 그리고 브라질 포르투알레그리 프로젝트에서 그 희망을 발견하였습니다. 그는 이러한 실천을 진보적 방향에서의 사회변혁을 이끈 대표 사례로 제시합니다.

나의 관심은 프레이리와 카운츠, 듀보이스 그리고 우드슨에게 상당히 집중되었는데, 그들은 근본적 사회변혁을 교육의 분명한 목표로써 표방했던 단체들을 대표한다(p. 308).

포르투알레그리 프로젝트는 이 모든 것(참여 거버넌스 등―필자)을 계급, 젠더, 인종, "능력", 종교, 도시/농촌 등의 다양하고 중층적인 차원에서 수행했다. 동시에, 가장 억압받는 공동체들에게 실질적인 힘과 목소리를 부여했다. 이러한 상당한 정도의 변혁의 중심에 있었던 핵심적인 기구 중 하나가 바로 학교였다. 이러한 사실은 내가 이 책에서 펼치고 있는 주장과 동떨어진 것이 아니다. 특정한 상황과 특정한 시기에는 교육기관들이 "사회변혁"의 장이 되는 동시에 거기에 참여하게 된다. 교육기관들은 새로운 가능성들을 조망할 수 있는 장이 될 수 있고, 실제로 되고 있다. 이들은 새로운 가능성들을 시험해 보는 실험실로, 그리고 엄청난 수준의 다양성을 넘어서 서로에 대한 배려와 연대를 강화할 수 있는 새롭고 정치적으로 더욱 효과적인 정체성을 창출할 수 있는 실험실로 기능한다. 이들은 또한 공식 지식 및 현장에서 통용되고 있는 교수법의 근간을 이루는 문화정치학을 근본적으로 변혁한다. 이러한 모든 활동들은 각각 "개혁주의에 매몰되지 않는 개혁들"로 간주될 수 있다. 이러한 개혁은 학교에서의 일상생활,

교육자들, 학생들, 학부모들, 지역공동체 구성원들에게 영향을 미칠 뿐 아니라, 국가와 시민사회 사이의 관계를 변혁시키는 새로운 차원을 제공한다(p. 313).

중요한 것은 포르투알레그리에서 이러한 프로그램들(참여예산제, 시민 학교 같은 살아 있는 민주주의 형성을 위한 프로그램—필자)이 갖는 교육적 기능이었다. 이러한 프로그램은 사람들이 지속적으로 민주적 행정에 참여하고 자신들의 삶을 주관하는 데 참여할 수 있게 하는 집단적 능력을 발전시켰다. 이는 오랜 시간이 걸리는 일이다. 그러나 이러한 이들에 사용한 이 시간들은 나중에 엄청난 보상을 가져오는 것이 입증되고 있다(p. 202).

넷째, **퇴행**과 **진보**의 측면 모두에서 교육을 통한 사회변혁(또는 변화)이 가능하다는 입장은 그가 학교를 사회와 마찬가지로 다음과 같은 역학이 존재하는 곳으로 이해한다고 볼 수 있겠습니다.

학교는 인종/종족성, 계급, 젠더, 성, 정체성, 능력, 종교, 그리고 권력 등이 벌이는 다양한 역학의 인정 투쟁의 중심에 위치한다. 소수 인종 연구에 대한 공격이 자행되고 있는 애리조나주처럼, 우파 운동의 영향력이 점증하는 상황에서 학교와 교육과정은 집단 기억과 집단 망각을 놓고 벌이는 격렬한 투쟁의 장이 되고 있다. 집단 기억과 집단 망각은 또한 정치적이고 교육적인 행위를 위한 공간이기도 하다(p. 57).

그런 점에서 학교와 교육제도는 지속적인 투쟁의 장이면서 새로운 정체성과 미래가 집단적으로 형성되는 장으로 해석됩니다. 비판교육학은 바로 후자의 지점에서 그 존재 이유를 찾아왔다고 하겠습니다.

> 듀보이스와 우드슨에게 있어서 학교는 인종화가 이루어지고, (흑인—역자) 문화가 파괴되며 패배하는 장소였다. 이와 동시에 학교는 지속되는 승리의 현장이며 새로운 정체성과 미래가 집단적으로 형성될 수 있는 장이었다. "공식 지식(official knowledge)"을 재구성할 수 있는 자원으로 무장되어 있고 자신이 속한 공동체와 유기적으로 결합되어 있는 헌신적인 교사는 변화를 만들어 낼 수 있었다(p. 307).

다섯째, 결국 그는 교육을 통한 사회변혁의 가능성에 "그렇다"라고 대답합니다.

> 교육은 사회를 바꿀 수 있을까? 답은 "그렇다"가 될 수 있다. 하지만 그것은 오직 우리가 하고 있는 일이 우리의 차이를 서로 존중하고, 우리에게 집단적인 힘을 제공해 줄 탈중심 연합을 건설하고 지켜 내며, 그 길이 멀고 험할 것임을 각오한 상태로, 더 큰 프로젝트에 기반을 하고 있을 때만이 그러하다(p. 318).

교육이 경제에 제동을 걸 수 있는 기술과 태도를 강화하고, 지속 가능한 사회운동을 창출하는 핵심 역할을 하고, 사회적으로 정의롭지 못한 정체성을 극복하고, 돌봄·사랑·연대에 기초한 정체성 형성에 기여하는 것으로 말입니다.

　　결국 학교가 무엇을 가르쳐야 하는지, 학교와 지역 공동체의 관계는 어떠해야 하는지, 학교의 존재 목적과 존재 방식은 어떤 것이어야 하는지에 대해 벌인 투쟁은 평등을 향한 더 큰 규모의 사회운동을 조직하는 용광로가 되었다. …… 결국 교육은 돌봄, 사랑, 그리고 특히 상호 연대에 기초하여, 경제에 제동을 걸 수 있는 기술과 태도를 강화시키는 데 그리고 지속 가능한 사회운동을 창출하는 데 핵심적인 역할을 한다. 이것이 전부는 아니다. 교육은 사회적 정체성의 형성에 분명하게 작용한다. …… 학생들은 우리가 학교라고 부르는 건물 안에서 그들 인생의 많은 부분을 보내고 있다. 그들은 그곳에서 자신의 존재를 드러내는 것과 자신과 같거나 다른 사람들과 함께 있는 것을 관리하는 감정적인 노동을 수행하면서 권위의 관계를 체화한다. 이러한 핵심적인 조직(학교)의 내용과 구조를 변혁하는 것은 우리 행동의 준거에, 우리가 스스로를 누구라고 생각하는 것에, 그리고 우리가 무엇이 될 수 있는지에 관련된 태도와 가치에 지속적인 영향을 미친다. 돌봄, 사랑, 연대 혹은 이런 것들의 부재는 우리의 주체성을 형성하는 필수요소이다(pp. 55-56).

끝으로, 그는 "사유화와 시장주의의 압력이 커질수록 교사 교육 프로그램과 학교 교육 일반에 대한 공격이 더욱 거세진다"(p. 311)며, 사회 변화와 관련해 교사의 중요성을 이야기합니다.

　　"교육은 사회를 바꿀 수 있는가"와 "이 질문을 묻고 답할 때 누구의 입장을 취하는가?"라는 질문에 덧붙여, 우리는 "이러한 문제에 대한 답을 실천할 교사들은 누구인가?"라는 질문을 던질 필요가 있다 (p. 309).

지루가 변혁적 지성인으로서 교사 역할을 강조했다면, 애플은 **공공(공적) 지식인**이라는 용어로 교사 역할을 강조합니다. 이는 앞서 살펴본 지루의 교사관과 크게 차이가 나지 않습니다.

비판교육(학)자들은 자신들의 연구가 지지하는 진보적인 사회운동에 동참하거나 자신들이 비판하는 우파의 이론과 정책에 대항하는 운동에 참여해야 한다. 이는 곧 비판적 교육학자가 된다는 것이 '유기적'이고 '공공적'인 지식인이 되어야 한다는 의미이다. 우리는 재분배의 정치와 인정의 정치 모두를 변혁하는 데 참여하여 전문적 역량을 쏟아야 한다. 이는 우리가 이러한 사회운동으로부터 배워야 한다는 것을 의미한다(p. 98).

비판적 학자/활동가에게는 감당해야 할 또 다른 역할이 있다. 이들은 헌신적인 멘토로서 행동해야 한다. 여기서 멘토란 훌륭한 연구자로서 살아간다는 것이, 그리고 지속적인 불평등으로부터 상처 입은 사회에 책임을 지는 구성원으로 살아가는 것이 무엇인지를 자신이 인생을 통해 보여 주는 사람이다. 이들은 이 두 가지 역할이 서로 긴장 관계를 이루더라도, 탁월하면서도 사회적 책임을 다하는 저술과 연구를 진행하면서도 지배세력에 대항하는 운동에 참여함으로써 두 가지 모두를 감당한다(p. 98).

이러한 공공 지식인의 원형을 애플은 프레이리, 카운츠, 듀보이스, 우드슨에게서 찾으면서 그들이 꿈꾸었던 역할을 오늘날의 비판교육(학)자들에게 요청합니다. 그들이 결단코 냉소적이지 않았다면서 말입니다.

카운츠는 교사들을 전위(vanguard)의 일부로 보았다. 듀보이스와 우드슨은 교사들을 인종주의와 제국주의에 저항하는 투쟁에 참여하는 참가자들로 보았다. 프레이리는 교사들을 인식 가능한 억압에 저항하는 집단적 노력의 일부로 보았다. 이러한 전통이 사라질 것인가? 다시 한번, 우리는 여기서 낭만주의에 젖어서는 안 된다. 만약 우리가 누가 교사인지, 누가 교사가 되어야 하는지를 묻지 않는다면, 우리는 프레이리, 카운츠, 듀보이스, 그리고 우드슨이 꿈꾸었던 역할을 담당할 교사를 모집하고 준비시키는 데 무엇이 필요한지를 충분히 이해할 수 없게 될 것이다(pp. 311-312).

그들(비판적인 교육-문화적 작업의 역사에 뿌리를 둔 미국의 다른 많은 이들로, 조지 카운츠, 해롤드 러그, 마일스 호턴, 애나 줄리아 쿠퍼, 듀보이스, 카터 우드슨 등을 말함—필자)은 자기 삶의 많은 부분을 앞서 언급한 질문에 긍정적으로 답하기 위해 바쳤다. 그들과 다른 많은 사람을 이끈 것은 교육의 역할이 단지 지배 관계를 재생산할 뿐만 아니라 지배에 도전하는 데까지 미칠 수 있다는 것과 관련되어 있었다. 그들은 아마도 유토피아에 대한 꿈과 어떻게 불균등한 권력관계가 교육과 사회에서 작동하는지에 대한 적나라한 현실주의를 적절히 조화시켰을지도 모른다. 그러나 그들은 결단코 냉소적이지 않았다(p. 51).

이상 살펴본 프레이리, 지루, 애플의 입장은 경제 결정론의 입장에 서 있는 사람들에게 여전히 비판받는 측면이 있기는 하지만, 가능성의 언어를 말하는 비판교육학의 한 관점을 보여 준다고 할 수 있겠습니다.

4. 비판교육학과 한국 교육

한국에서 비판교육학 실천은 크게 제도학교 밖에서 진행되어 온 민중교육운동과 제도학교 안에서 진행되어 온 교사 교육운동의 측면으로 나누어 살펴볼 수 있을 듯합니다. 프레이리의 교육사상이 한국 민중교육운동에 미친 영향을 탐색한 홍은광(2010)의 연구물에 기초해 이를 살펴보겠습니다.

1) 민중교육운동

홍은광(2010: xiii)에 따르면 한국에서의 프레이리 교육사상은 1970년대 초반에 유입되고 소개되어 1979년을 기점으로 대중적으로 소개되었다고 합니다. 그리고 그와 관련된 책들이 1980년대 후반까지 민중운동, 민중교육운동의 주요 의식화 교재로 사용되었다고 합니다. 발전국가로 대표되는 권위주의적인 국가 통치 속에서 프레이리 교육사상은 "1970년대에 기독교 교육운동에서 중심적으로 수용되면서 이후 기독교 학생운동 집단을 경유해, 야학운동을 통해서 학생운동에까지 받아들여지게" 되었습니다

(Ibid.: 164). 1970년대 말에서 1980년대 초·중반의 민중교육론이 프레이리 사상에 기반해 다음과 같은 민중의 의식화 과정을 중요한 교육 목표로 해서 전개되었다는 것이지요(Ibid.: 90).

> 민중의 입장에서 민중의 문화와 언어를 이해하고 그들이 처한 사회적 문제를 그들 스스로 인식할 수 있도록 조력하면서 민중이 스스로 주체화하는 과정을 민중교육의 중요한 원리로 삼고자 했다(Ibid.: 90-91).

이는 제도교육권 밖에서 그와의 차별성을 추구하는 시도였습니다. 야학운동, 빈민교육운동, 선교운동 같은 비제도권 교육에서 비판적 의식의 힘(또는 비판적 문해력) 배양을 무엇보다 중시했다고 하겠습니다. 특히 야학운동은 1980년대에 이르러 학생운동이 성장하면서 노동자들이 사회의 구조적 모순을 인식하고 (변화의) 실천에 눈뜨는 비판적 의식화의 공간을 지향하게 되었습니다 (Ibid.: 102). 이는 그 이전까지의 야학활동가들이 "야학학생들의 가난과 고통의 근본 원인이 교육을 못 받아 무능력하기 때문이 아니라 사회구조적인 면에 있다는 것을 깨닫지" 못했다는 반성에서 비롯된 것입니다(Ibid.: 118). 이러한 반성 속에서 그들은 "그 구조의 희생자들인 노동자들이 스스로 그 구조의 모순을 깨달아 자신의 문제는 자기 스스로 실천을 통해 해결할 수 있도록 교육하는 것이 필요하다."고 생각하기 시작했습니다(Ibid.: 118). "상대적으로 교육기능이 강했던 야학의 경우, 교육 원리와 방법에 대한 교사 세미나 자료에 프레이리의 저작과 관련 저작들이 사용되기도 했습니다"(Ibid.: 103). 예컨대 "노동자들의 삶에 깃들어 있는 생성어를 선택해 이를 중심으로 학습 내용을 구성하고, 토론을 통해서 보다 비판적 의식을 키워 나가는 방식"이 적용되었던 것이지요(Ibid.: 252). 이후 1980년대에 마르크스주의가 유입되면서 1980년대 후반의 민중교육은 1970년대에 비해 더욱 사회변혁적인 방향으로의 전환을 모색하게 되었습니다(Ibid.: 92).

> (민중교육은—필자) 학교 외 교육, 즉 비제도권 교육운동도 사회변혁을 위한 교육운동으로 확산·발전되어야 한다. 노동자를 위한 각종 교육구조도, 농민운동을 위한 농민 교육도, 도시빈민을 위한 각종 교육구조도, 그 밖의 모든 대중교육구조도 모두 사회변혁을 위한 교육운동으로 전환해야 한다. 사회변혁을 위한 교육적인 요구를 체계화·이론화시킨 것이 민중교육론이다(Ibid.: 103-104에서 재인용).

사회변혁을 위한 교육의 강조는 북미 비판교육학이 표방하는 가능성의 언어를 생각나게 하는 대목입니다. 이러한 민중교육운동의 전통은 제도학교 안의 교사운동에도 영향을 주었습니다.

> 1980년대 중반 교사들을 중심으로 한 '교육민주화' 운동이 진행되면서, 비제도권을 중심으로 한 민중교육의 문제의식이 제도교육의 민주화, 정상화 문제로까지 확산된다(Ibid.: 93). 1980년대 중·후반 이후의 교사운동 또한 교육적 실천을 통한 주체의 의식 변화와 사회적 문제 해결을 추구한 민중교육운동의 큰 흐름에 포괄될 수 있다(Ibid.).

이에 교사 교육운동에 담긴 비판교육학의 요소들도 살펴보겠습니다.

2) 교사 교육운동

1980년대 후반에 결성된 전국교사협의회(전교협)는 학교 관료 체제의 민주화와 교육내용의 민주화를 중심으로 학교교육의 민주화를 주장했습니다(Ibid.: 133). 교사 교육운동은 제도학교 안이라는 제한된 조건 속에서 전개되었지만, 비판적 의식 형성이라는 교육의 목적을 학교 현장 안에서 실천하기 위해 학교 민주화와 교육내용의 민주화를 중점적으로 실천했습니다(Ibid.: 235). 여기서 교육내용의 민주화는 다음을 말하며, 그것은 교사들 자신의 교과 모임을 중심으로 실천되었습니다.

> 기존의 지배 이데올로기를 담은 교과서 내용에 대해 비판적으로
> 분석하고, 사회의 문제를 인식할 수 있는 비판적 내용의 교육내용을
> 구성하고자 하는 시도를 말하며, 이러한 실천은 교과 모임을 중심으
> 로 진행되었다(Ibid.: 134).

비판교육(학)자 애플이 공식적 지식에 제기했던 비판뿐 아니라 그와 지루가 제안하는 공적 지식인이나 변혁적 지성인으로서의 교사의 모습을 생각나게 하는 대목입니다. 또한 교사 집단 내에서 교육의 정치적 성격을 인식하고 교육을 통해서 비판적 주체의 성장을 목표로 하는 변혁운동적 관점에 선 교사들은 그것의 현실

적 표현으로 '민족·민주·인간화 교육'을 표방하기도 했습니다 (Ibid.: 141). 1980년대 이전까지 주로 프레이리의 문헌이 교육운 동의 이론적 토대였다면, 1980년대 중·후반부터 경제적 재생산 론과 문화적 재생산론의 대표자로 통용되는 볼즈(Bowles)와 진티 스(Gintis), 부르디외(Bourdieu)의 저서, 북미 비판교육학의 대표자 로 소개했던 지루와 애플의 저서들이 공식적으로 번역·소개되 면서 교사 교육운동의 이론적 토대가 보강되었습니다. 그러나 이 러한 저서들은 현실 교육체제의 지배 체제 재생산 과정을 효과적 으로 분석했지만, 이를 통한 새로운 교육 이념의 구성까지는 나 아가지 못했다는 점이 당시의 한계로 지적되었습니다(Ibid.: 141). 또한 비판적 의식의 힘 배양과 관련된 의식화 교육이 지식인이 가지고 있는 사회에 대한 문제의식을 민중들에게 부과하는 것으 로 이해되거나 선전·선동으로 이해되는 경향을 띠었다는 비판 도 존재합니다(Ibid.: 203). 억압받는 당사자 스스로 사회문제를 깨닫거나 그 과정이 상호 간의 동등한 대화적 관계 속에서 진행 된다는 프레이리의 의식화 개념과 거리가 멀었다는 점이 이러한 비판을 불러온 주된 이유였습니다.

이상 간략히 살펴본 바처럼 한국에서의 비판교육학은 가깝게 는 이러한 민중교육운동과 교사들의 교육운동에 그 뿌리를 두고 있다고 말할 수 있겠습니다.

3) 오늘날 비판교육학의 관심 주제

최근의 북미 비판교육(학)자들은 계급, 성, 인종, 장애 등의 문제나 신자유주의 교육(또는 교육의 시장화) 정책이 가져오는 교육 불평등과 교육공공성의 침식이 아이들의 삶에 어떤 영향을 미치고 있는지에 많은 관심이 있습니다. 우리는 이를 애플과 지루의 논의를 통해 살펴보았습니다. 한국의 비판교육(학)자들 또한 북미 비판교육(학)자들의 관심사와 크게 다르지 않다고 생각합니다. 이를 신자유주의 교육(교육의 시장화) 비판, 민주적 시민성(시민권), 사회정의라는 세 가지 키워드로 그 관련성을 간략히 살펴보겠습니다.

(1) 신자유주의 교육 비판

앞선 애플의 논의에서 그가 "사회의 모든 영역이 상품화, 시장화, 경쟁, 비용 편익 계산의 논리에 종속되어야 한다고 믿는" 신자유주의에 비판적이라는 점을 살펴보았습니다. "세계의 거의 모든 나라가 사회를 더욱 평등하게 만드는 데 기여하는 사회제도와 학교를 시장의 통제로부터 자유롭게 하는 데 실패했다."(Apple, 2012: 27)는 지적과 함께 말입니다. 제2장에서도 애플의 논의에 기초해 신자유주의 교육 정책이 한국 교육에 어떤 형태로 적용되고 있고, 무엇이 문제일 수 있는지를 살펴보았습니다. 그것이 표방하는 엄격한 성취 표준(기준) 강조, 표준화 검사, 신자유주의적 시장주의와 소위 공통 문화를 학교의 교육과정으로 표준화해서 강제로 부과하는 것, 그리고 시험점수에 기초한 책무성의 강조가 결국에는 많은 사람이 변화의 혜택을 누리지 못하는 방향으로 귀결될 것이라는 지적과 함께 말입니다. 수요자 중심 교육과 시장 원리가 적용된 교육으로 한국 교육을 본격적으로 재편하려 했던

5 · 31 교육개혁안의 신자유주의적 성격을 초창기에 간파하지 못했다는 비판이 있기도 합니다(홍은광, 2010).

그러나 한국의 비판교육(학)자들은 그것이 불러오는 교육의 상품화와 시장화, 경쟁 교육, 비용 편익을 좋은 교육의 근거로 삼는 경향을 문제 삼아 왔습니다. 5 · 31 교육개혁안이 내세웠던 학교 다양화와 자율화라는 구호가 시장의 원리를 교육에 적용하기 위한 하나의 구호일 수 있다는 것을 간파한 것이지요. 그 구호가 소비자의 구미에 맞는 다양한 교육(상품) 제공과 공급자 간의 자율경쟁을 유도한다는 의미에 불과하다는 것을 말입니다. 공급자 간의 경쟁이 교육(상품)의 다양화보다 오히려 교육(상품)의 획일화를 가져올 수 있다는 것도 말입니다. 예컨대 학교 다양화라는 명목에서 '고교 300 프로젝트' 같은 정책을 시행하더라도 한국 사회에서는 소위 말하는 명문대 입시에 유리한 학교들로 소비자 선택이 몰려들 가능성이 높을 것이고, 이에 학교들도 다양한 교육(상품)을 제공하기보다는 거기에 맞춘 입시 위주 교육의 형태로 획일화될 가능성이 높습니다. 교육 소비자로 명명되는 학생이나 학부모에게 학교선택권이 부여된다 하더라도 실제로 선택권을 행사할 수 있는 사람들의 수는 제한적일 수밖에 없을 것이고, 지위 선점에 유리한 학교선택을 위한 경쟁 역시 더 치열해질 것입니다. 그렇게 되면, 입시에 유리한 특정 학교에 대한 선택은 결국 지리적 이동과 고액의 수업료 감당이 가능한 특정 계층에 의해 독점될 것입니다.

한국의 비판교육가들은 신자유주의 교육정책이 내세우는 구호 이면에 가려진 이러한 의도를 드러내는 작업에 관심을 쏟았습니다. 일제고사 도입이 가져올 수 있는 왜곡된 교육에 맞서 해직을 감수하면서까지 비판하고 저항했던 일, 가르치는 내용을 보수적 관점에서 표준하려는 국정교과서 도입에 대한 비판과 저항, 책무성을 통한 교육 통제 정책에 대한 비판들에서 그것을 확인할 수 있겠습니다. 이는 신자유주의와 신보수주의가 절묘하게 결합된 국가 수준의 교육과정과 평가 체계, 시장 체제의 선택, 경쟁 시스템을 교육에 도입하는 것이 교육 불평등이나 학생들의 삶을 얼마나 악화시킬 수 있는 것인지에 대한 관심이 한국의 비판교육(학)자들의 주된 관심사이기도 하다는 것을 말합니다.

(2) 민주적 시민성(시민권)

북미 비판교육(학)자들처럼 한국의 비판교육(학)자들이 관심을 두는 또 하나의 주제는 **민주주의의 이상**과 **시민**의 **책임감**입니다. 이는 신자유주의가 몰아가는 시장화와 상업화, 기업의 영향력 강화가 공공성과 민주주의를 약화시킨다는 다음과 같은 문제의식을 함께 공유하는 것입니다.

젊은이들이 기업과 함께 자란다는 의미는 공공문화를 상업문화로 대체하고, 민주주의 언어 대신에 시장의 언어를 쓰면서 생활한다는 것을 암시한다. 그와 동시에 학교의 기능이 "민주시민을 양성하는 것"에서 "민주적 소비자를 만드는 것"으로 전환되면서 지배적인 상업문화가 시민사회를 잠식하게 되었다. 그 결과 소비주의가 유일하게 수용해야 할 시민정신인 것처럼 보인다. 민주주의와 시장을 혼동하는 행위는 본질적으로 상업적이기보다는 도덕적인 공공영역을 무의미하게 만드는 것 이상의 결과를 가져온다(Giroux, 1999: 165).

상업화(또는 소비주의)가 "지식과 시민 정신에 긴요한 비판적 행동, 독립적 사고, 사회적 책임 등을 실천할 수 있는 능력을 약화(Giroux, 1999: 66)"시킬 수 있다는 데에 관심을 두는 것입니다. 비판교육(학)자들은 민주주의와 교육을 상호의존적인 것으로 파악합니다. 이 둘이 서로 상승효과를 내어, 계속해서 서로 간의 이득을 증가시킨다는 것이지요. 즉, 우리가 더 많이 교육을 받으면 받을수록 더욱더 자유와 자율성, 행복의 추구를 증가시키는 방식으로 통치할 수 있게 되고, 우리가 민주주의의 기제를 완성하면 완성할수록 인간의 능력과 정신을 성장할 수 있게 하는 교육에 더욱더 전념할 수 있다는 것입니다. 그렇지만 교육과 민주주의의 역동적 상승효과가 실현되지 않는 사례는 자주 있어 왔습니다(Fenstermacher & Soltis, 2009: 153). 민주주의와 시민성을 시장과 소비자로 대체시키는 현재의 신자유주의가 특히나 교육과 민주주의의 역동적 상승효과를 방해하는 사례일 수 있습니다. 이는 발전국가와 신자유주의 국가의 연속선상에 있는(제2장에서 언급한) 한국 상황에서 민주주의와 시민성 회복에 관심을 둔 비판교육학 연구와 실천에 동기를 부여합니다.

(3) 사회정의

비판교육학은 개인의 정체성에 영향을 미치는 사회문화적 요인인 사회계급, 인종, 젠더, 장애, 성적 지향성 등의 문제에 매우 민감합니다. 그것을 둘러싼 차별이나 부정의에 문제를 제기하고 학교 안으로 그 주제들을 끌어들이는 것이지요. 애플이 재분배와 인정의 문제를 동시에 고려해야 한다고 강조하는 것처럼 말입니다. 비판교육(학)자들은 이러한 요소들이 학교에서 연구되고, 토론되고, 궁극적으로 그와 관련된 행동을 하도록 하기 위해 그 주제들을 교육과정의 직접적인 일부로 만들려고 해 왔습니다. 사회정의와 도덕적 좋음의 문제를 교육과정의 핵심으로 만들려고 애써 온 것이지요. 그들은 오늘날에도 여전히 인종, 젠더, 사회계급, 장애나 성적 지향성에 기초한 차별이 해소되지 않았다고 보면서 더욱 정의롭고 평등한 차별하지 않는 세상을 위한 교육을 모색하고 있습니다(Fenstermacher & Soltis, 2009: 154-155). 여성이나 특정 집단을 '~충(蟲)'으로 낙인찍는 혐오의 문제, 다문화가정 학생, 장애학생, 성소수자, 저학력자, 사회부조의 수혜자라는 낙인찍기와 그들을 향한 혐오는 한국 사회에서도 자주 목격되는 현상입니다. 사회적 약자나 소수자에 대한 낙인찍기와 혐오로 자신의 불만을 보상받으려는 심리라고도 할 수 있겠습니다. 이는 한 사회의 파트너로서 그들의 지위를 인정해 주지 않으려는 배타적 태도이자 사회정의를 깨뜨리는 것일 수 있습니다. 이러한 사회문화적 요인을 둘러싼 차별과 혐오와 배제는 우리 학생들의 삶을 무기력하게 만드는 등 그들의 삶에 여전히 영향을 미치는 결정적인 요인일 수 있습니다. 여러 계층의 아이들이 모여 있고, 남녀 아이들이 모여 있고, 장애 아이들과 비장애 아이들이 모여 있고, 다문화가정의 아이들이 증가하는 학교 공간에서 그것을 둘러싼 차별이나 부정의가 사회에서와 마찬가지로 특정 아이들의 삶에 분명 영향력을 행사할 수도 있을 것이기 때문입니다. 이 점에서 계급, 인종, 젠더 등을 둘러싼 사회정의의 문제는 한국의 비판교육(학)자들의 또 다른 주요 관심 주제라 말할 수 있겠습니다.

5. 비평

이상 살펴본 비판교육학의 입장은 교육의 정치적 중립성을 이야기하는 사람들에게 부정적으로 여겨질지 모르겠습니다. 학교 현장을 사회적·정치적 문제들로 오염시킨다거나, 순진한 아이들을 정치적으로 선동하는 것은 아닌가 하는 우려도 존재할지 모르겠습니다. 이에 여기서는 비판교육학과 관련해 제기되는 대표 비판들이 무엇인지를 간략하게나마 다루고자 합니다.

1) 너무 이데올로기적이고, 너무 정치화되어 있는 것 아닌가?

이는 교육이 중립성을 표방해야 하고, 그러하기에 아이들을 교육할 때도 이데올로기적이거나 정치적인 문제들을 학교 교육과정에 끌어들일 수 없다는 문제제기입니다. 특히나 그것이 좌파적이거나 급진적인 정치적 편향을 드러낼 수 있다면서 말입니다 (Fenstermacher & Soltis, 2009: 188-189). 아마도 이 질문은 비판교육학에 제기되는 가장 많은 비판일 듯합니다. 그런데 이러한 비판은 아무래도 불평등하거나 차별적인 사회에서 힘의 우위를 가진 사람들이 주로 제기하는 비판으로 여겨집니다. 사회적·정치적 문제를 스스로 해석하고 성찰하는 의식의 힘을 배양하는 교육에 지배 권력이 반대하는 것은 어찌 보면 당연해 보일 수 있다는 말이지요. 학생들이 "타자(억압자)를 위한 존재"에서 "자신을 위한 존재"로 변화하는 것은 억압자의 이익을 침해하는 것일 수 있기 때문입니다. 그런 점에서 이러한 비판은 질문을 제기하는 쪽에 그대로 되돌려 줄 수 있을 듯합니다. 당신들이 중립적이고 비정치적이라고 이야기하는 내용들 역시 당신들의 입장을 대변하고 있는 이데올로기적이고 특정한 정치적 편향에 기댄 것 아니겠느냐고 말입니다. 교사들이 자신들의 사회적·정치적 견해를 학생들에게 주입할 수 있기 때문에 의식화 교육에 반대한다는 주장도 당사자 스스로 세계를 지각하고 평가하는 능력을 강조했던 프레이리의 의식화 개념을 오해한 데서 비롯되었다고 할 수 있겠습니다. 문제가 된다면 그것은 '의식화' 자체가 아니라, '은행 저금식 교육'의 형태를 되풀이하는 설익은 의식화일 것입니다. 한국에서의 의식화 교육이 선전·선동으로 잘못 이해되고 실천된 면이 있었다는 비판을 받았던 것처럼 말입니다.

비판교육학의 교육방법 부분에서 언급한 보이텔스바흐 합의의 세 원칙 가운데 강제성(교화) 금지와 논쟁성 재현의 원칙이 정치적 중립을 위배한다거나 특정 이데올로기를 주입한다는 비판에서 벗어날 여지를 제공할 수 있을지도 생각해 볼 수 있겠습니다. 그 원칙은 "교사가 자신의 견해를 주입·교화하지 못하도록 할 수 있는 견제장치"(심성보 외, 2018: 7)로, "정치적 의견이 강한 교사들에게 아이들이 일방적으로 세뇌당하고 휘둘릴 가능성을 경계하고 우려하는 것"(Ibid.)을 불식하는 교육방법일 수 있다고 평가받기도 합니다. 그러면 강제성(교화)을 금지하고 선전·선동의 방법에 반대한다고 해서 교사는 논쟁이 되는 주제를 다룰 때 자신의 정치적 입장을 드러내지 말아야 할까요? 다음으로 이 질문을 논의하겠습니다.

2) 교사는 사회적·정치적 쟁점에 자신의 입장을 드러내지 말아야 할까?

비판교육학에 부정적인 사람들은 교사(또는 교육)의 정치적 중립성을 이유로 교사들이 교실에서 사회적·정치적 쟁점을 다루거나 그것에 관해 발언하는 데에 부정적일 듯합니다. 쟁점에 대한 견해를 밝히는 것이 특정 교사의 정치적 편향을 그대로 학생들에게 전달할 것이라는 우려 속에서 말입니다. 교사들이 자신의 정치적 견해가 학생들에게 영향을 끼치지 않도록 아무리 조심하더라도, 결국 그들에게 영향을 미칠 수밖에 없을 것이라는 우려도 존재합니다. 학생들이 교사를 역할모델로 생각하거나 더 나은 성적을 기대하며 생기는 의존성 때문에 그들이 교사들의 입장이나 견해를 따르거나 따르는 척할 위험이 있다는 것이지요(심성보 외, 2018: 103).

그러나 교사가 시사 주제나 사회적·정치적 쟁점에 자신의 견해를 밝히는 것이 학생들이 자신의 견해와 입장을 세우는 데 도움이 된다는 주장도 존재합니다. 교사가 쟁점에 대한 입장과 견해를 어떻게 세우고 논증하는지를 지켜보는 것으로 학생들이 스스로 판단하는 능력과 의견을 형성하는 방식을 함양할 수 있다

면서 말입니다(심성보 외, 2018: 69). 그러기 위해 교사는 논쟁 중
인 쟁점에 대해 자신의 입장을 가져야 할 뿐 아니라 학생들이 갖
추기를 원하는 것과 관련된 지식, 판단 능력, 행동 능력을 스스
로 지녀야 할 것입니다(Ibid.: 102). 교사가 수업에서 자신의 입장
을 완전히 배제하는 것은 거의 불가능할지도 모르겠습니다. 교사
가 자신의 입장을 밝히는 것이 학생들에게 교사의 입장에 비판적
으로 대결할 수 있는 기회를 제공함으로써 학생들이 비판적 문해
의 능력을 기르는 데 오히려 도움을 줄지도 모를 일입니다(Ibid.:
104-105). 다음의 주장처럼 말입니다.

> (교사가—필자) 자신의 입장을 밝히고 아울러 논쟁과 성찰을 통해
> 그것을 교육과정으로 끌어들이는 것이 반드시 강압이나 의식화를 의
> 미하는 것은 아니다. 오히려 자신의 입장을 분명히 밝히며 흥미를 불
> 러일으키는 성인은 아마도 청소년들의 정치화에 기여할 수 있다. 그
> 것 또한 정치교육의 목표이기도 하다(Ibid.: 104).

여기서 우리는 정치화를 비판적 문해로, 정치교육을 비판교육
학으로 바꾸어 읽을 수 있겠습니다. 이는 비판적 문해 능력을 기
르기 위해 사회적·정치적 쟁점을 교실에서 논의하는 것을 중요
하게 생각하는 비판교육(학)자들에게 하나의 답이 될 수도 있겠
습니다. 이러한 입장을 지지하는 사람들은 교사가 자신의 견해를
밝히는 것과 그것을 학생들에게 주입하는 것(indoctrination)은 별
개의 차원이라며 교사가 사회적 쟁점에 자신의 견해를 밝히는 것
이 정당하다고 변론할지도 모르겠습니다. 그들의 말처럼 두 차원

은 별개일까요, 그렇지 않을까요? 이 역시 우리가 진지하게 고민해 보아야 할 질문일 듯합니다.

3) 비판교육학에 적절한 연령층은 존재할까?

세 번째 질문은 미성숙자인 학생들에게 사회적·정치적 주제를 교실에서 다루게 하는 것이 과연 적절한지를 묻는 것입니다. 세상 문제를 떠맡기 전에 먼저 공부하고 학습하는 것이 필요할 때라는 문제제기입니다. 사회적·정치적 문제 해결에 학생들이 너무 일찍 뛰어들게 하면 문제가 있을 수 있다는 지적이기도 합니다. 그러한 문제를 다루는 데 필요한 능력을 먼저 길러 주어야 한다는 것이지요(Fenstermacher & Soltis, 2009: 155-156). 이러한 주장에 비판교육(학)자들은 "세상의 문제를 공부하고 행동하는 것을 통해 학습하도록 하자."(Ibid.: 155)는 말로 대응해 왔습니다. 학교에서도 발견되는 계급 차, 인종 차, 성 차 등에서 오는 갈등 문제를 그들 수준에서 논의하고 실천하는 가운데 차별을 의식하는 힘, 분별하는 능력을 기르고 관련 내용을 학습하는 것이 가능하다면서 말입니다.

프레이리의 교육 실천을 두고 실제 이와 관련된 논쟁이 벌어지기도 합니다. 한편에서는 "학습자의 자발성과 학습의 전 과정에의 참여가 성인교육에서는 어느 정도 이루어지지만, 학교교육이나 청소년 교육에서는 이루어지기 힘들다."(홍은광, 2010: 55에서 재인용)고 문제를 제기합니다. 다른 한편에서는 "프레이리의 교육사상은 학교의 변혁적 실천을 지향하는 지점에서도 실천되었고"(Ibid.: 56에서 재인용), 그의 교육 방법인 "'비판적 성찰과 실천적 인식, 대화적 관계를 통한 사회 변화를 지향하는 교육원리'는 청소년 교육에서도 실천될 수 있다."(Ibid.)고 반론을 제기하는 것이지요. 정치적으로는 진보주의자이지만 교육적으로는 보수주의자로 평가받는 아렌트(Arendt)의 경우 인종적 억압과 불평등 같은 사회적 문제에 대한 정치 투쟁에까지 아이들이 적극적으로 참여하는 것을 염려하기도 했습니다(심성보 외, 2018: 144). 성인들의 몫인 세상의 일에까지 아이들이 관심을 갖고 참여하게 되면 오히려 세상의 진정한 모습을 이해하지 못하게 될 수도 있다고 생각하면서 말입니다(Ibid.: 144-145).

다시 질문으로 돌아오면, 계급, 인종, 성, 장애, 성적 지향성 등의 주제를 연구하고 토론하고 그에 관해 행동하는 것은 유치원을 포함한 모든 학교단계에서 가능할까요, 그렇지 않을까요? 비판교육(학)자들은 어떤 입장을 취할까요? 한 번쯤 생각해 볼 만한 질문일 듯합니다.

4) 무엇을 가르치고자 하는지가 불분명하고, 체제 유지에 부정적인 것 아닌가?

이는 먼저 정해진 교육과정을 교실에서 적절하게 다 다룰 수 있을 것인지를 문제제기하는 것과 관련이 있습니다. 예컨대 문제제기식 교육처럼 교육과정 내용(주제)을 '문제화'시켜, 그것을 학생들이 다루어야 할 이슈로 전환하는 작업은 상대적으로 많은 시간과 적극적 참여를 요구하게 만든다는 주장입니다. 그러다 보면 주어진 교육과정 중 다루지 못하는 내용이 많아지고, 결국 학생들이 다음 단계의 공부나 다음 학년의 공부에 어려움을 겪을 수밖에 없다는 것이지요(Fenstermacher & Soltis, 2009: 189). 이는 비판교육학 실천을 국가 교육과정에서 상대적으로 자유로운 비제도권에서나 가능한 것으로 제한적으로 바라보게 영향을 미쳐 왔습니다. 이에 정규 교육과정 속에서 비판교육학의 내용과 방법을 분명히 확보하고 개발하는 것은 여전히 하나의 과제일 수 있겠습니다.

다음으로 교육 이데올로기 비판에 치중하다 보면 공동체가 지향하는 좋은 문화유산을 재생산하는 것(전수하는 것)까지도 부정하게 할 위험이 있지 않을까라는 비판도 제기됩니다. 즉, 현 체제의 긍정적인 면보다 부정적인 면의 비판에 더 열성적이게 한다는 문제제기이지요(김정환, 강선보, 2004: 299-300). 그러나 우리는 공동체가 지향하는 가치가 공동체 구성원 모두에게 좋은 것인지 아니면 특정한 권력을 가진 사람들의 입장을 대변하는 가치를 공동체의 가치로 포장하고 있는 것은 아닌지를 질문할 필요가 있습니다. 이를 가려내는 능력 속에서 공동체의 존속과 통합을 위한 가치의 전수가 이루어져야 할 것입니다.

5) 비판교육학이 과연 체제 변화에 실질적인 힘을 가질 수 있을까?

마지막으로 우리는 비판교육학이 지향하는 가능성의 언어의 측면, 즉 교육이 정말로 사회를 바꿀 수 있을까라는 질문을 던져

볼 수 있겠습니다. "문화적 활동으로서의 교육이 과연 체제 변화에 실질적인 힘을 가질 수 있는가에 대한 비판"(홍은광, 2010: 57)입니다. 예컨대 프레이리가 브라질에서 광범위한 비판적 문해 활동을 했지만, 결국 브라질에서는 군사 쿠데타가 일어났고 그의 비판적 문해 활동은 그에 아무런 저항도 해내지 못했다는 것입니다(Ibid.). 애플이 사회변화를 이끈 가능성의 사례로 극찬했던 브라질 포르투알레그리의 참여예산제나 시민 학교 같은 실천도 브라질 노동자당의 쇠퇴와 함께 그 동력이 쇠퇴하고 주변화되었다고 평가받기도 합니다. 정치적 조건에 따라 정부의 다른 영역으로 참여의 원칙을 확장하고 발전시키는 데 한계를 가질 수밖에 없었다는 것이지요(Wainwright, 2003: 107-168 참조). 몇 가지 드문 예외가 아니라면 학교가 결코 사회 진보의 선두에 서 있지 않다는 점을 우리에게 보여 주었고, 학교가 언제나 사회(변화)의 결과를 뒤따라간다는 프레네의 말(정훈, 2009: 221)도 이러한 한계를 생각하게 합니다.

이에 대해 프레이리의 교육사상을 기반으로 한 활동이 브라질의 군사 정권에 영향을 주었고, 그가 망명한 이후에도 브라질 내에서 비밀리에 진행되면서 훗날 브라질 민주화의 문화적 동력으로 작용했다는 반론이 있기도 합니다(홍은광, 2010: 57). 우리는 교육이 사회변화에서 필수불가결한 요소이기는 하지만 단지 하나의 요소일 뿐이며, 학교가 사회를 변화시킬 수 있다고 희망하는 것은 착각이자 위험일 수 있다(Lee & Sivell, 2000: 93)고 생각할 수 있겠습니다. 비판교육학에서 제기하는 "교육이 사회를 바꿀 수 있는가?"라는 질문에 대해, 교육이 모든 것을 해낼 수 있다는 의미가 아니라, "역사의 참여자가 되어 이 세상을 덜 차별적이고 더 민주적이며, 덜 비인간적이고 더 정의로운 세상으로 만드는 데 동참"하면서 사회를 바꾸는 데 교육이 일말의 기여를 할 수 있는 것으로 이해하는 것도 가능할 듯합니다. 바로 여기서 우리가 비판교육학에서 말하는 희망의 언어의 의미를 찾을 수 있을지도 모르겠습니다. 그렇다 하더라도, 교육이 어떤 방식으로 사회변화를 불러오는지, 즉 비판적 의식의 힘 고양, 교육내용의 민주화, 사회변화를 위한 행동이 어떻게 교육의 사회변화 가능성을 경험적으로 증명하거나 논증하는지를 구명하는 작업은 필요해 보입니다.

마무리하며

지금까지 우리가 현실의 교육을 보고 이해하는 데 도움을 얻을 수 있는 관점 네 가지와 그것을 뒷받침하는 교육이론, 그와 관련된 쟁점들을 살펴보았습니다. 이제 마지막으로 남은 질문은 이 네 관점을 어떻게 받아들여야 하는지일 듯합니다. 캐나다 교육학자인 이건(Kieran Egan)은 우리가 알아야 하는 교육이론이 단지 세 가지 아이디어면 충분하다고 말한 바 있습니다. 즉, 우리의 교육이론이 "성인 사회에서 통용되고 있는 규범과 인습에 맞게 아이들을 형성시켜야 한다." "세상의 현실이나 진실에 맞추어 생각하게 해 줄 지식을 아이들에게 가르쳐야 한다." "학생들 각자의 개인적 잠재력을 발달하도록 격려해야 한다."는 세 가지 아이디어에 근거하고 있다는 것입니다(Fenstermacher & Soltis, 2009: 202). 국가사회가 요구하는 지식과 규범 획득에 우선권을 두면서 기존 사회질서에 대한 순종과 일치를 강조하는 이건의 첫 번째 아이디어는 제2장에서 다룬 사회번영과 관련되며, 세계의 실재에 대한 지식과 이해를 통해 마음의 계발을 중시하는 이건의 두 번째 아이디어는 제3장에서 다룬 자유교양교육과, 그리고 아동의 선택과 자발적 활동에 기초를 두면서 잠재력 계발을 강조하는 이건의 세 번째 아이디어는 제4장에서 다룬 개인의 성장과 관련됩니다. 그는 이 세 가지 형태의 교육이 서구 근대 학교교육을 지탱해 온 아이디어로서, 몇백 년에 걸쳐 서로 경쟁하기도 하고 상호 절충되기도 하면서 근대적 학교교육의 교육과정 및 교육실천의 원리를 형성해 왔다고 말합니다(곽덕주, 2016: 74). 그러나 그는 이 세 가지 아이디어 각각이 그 자체로는 현실에서 실현되기 어려운 많은 결함을 가지고 있다고 말합니다. 그것들 중 하나가 다른 두 아이디어를 지원하거나 제한하는 방식으로 작동해 왔다는 것이지요. 예컨대 자유교양교육이나 비판교육학은 사회번영 같은 사회적 유용성을 앞세우는 교육에 제동을 걸었으며, 사회번영이나 자유교양교육은 개인의 성장을 중시하는 진보주의 교육을 요청하게도 했다는 것입니다.

개념상으로 양립 불가능한 세 가지 교육 아이디어가 이런 방식의 현실적 절충을 통해 근대 학교교육제도를 지속시켜 왔다 하겠습니다(Ibid.: 75). 이에 우리는 이상 살펴본 내용을 상호 균형의 관점에서 교육을 바라보는 눈을 배양하는 소재로 활용할 수 있겠습니다. 상투적 결론일 수도 있겠지만, 각각의 관점이 서로 유기적으로 관련되어 있어 어느 하나가 다른 하나를 지배하지 않는 상태가 가장 바람직한 교육의 모습일지도 모르기 때문입니다. 듀이가 『경험과 교육』에서 올바른 교육을 위해서는 진보주의 교육의 요소와 전통적 교육의 요소 모두가 필수적이라고 밝힌 바처럼 말입니다. 또한 질서·체제의 현상적 유지, 인간의 조화적 발전 조성, 문화유산의 계승·발전, 사회혁신을 위한 인적 기반 조성이라는 교육의 네 가지 본질적 기능 중 하나의 기능만을 중시하거나 확대시키면 교육이 원래 지녀야 할 본질을 한쪽으로만 기울게 하여 교육발전을 저해할 수 있다는 말처럼 말입니다(김정환, 강선보, 2004: 71). 이에 "진정한 교육은 이런 모순·대립의 관계에 있는 4대 기능을 '대화'를 통해서 변증법적으로 지양·통일하는 포섭적이며 발전적인 것이어야" 할지 모르겠습니다(Ibid.: 66-67).

> 문화유산의 계승(자유교양—필자)도 중요하고, 동시에 이것과 모순되어 보이지만, 내재적 소질의 발달(개인 성장—필자)도 중요하다. 전통적으로 이어받은 좋은 체제를 유지하는 일(사회번영—필자)도 중요하지만, …… 보다 나은 새로운 질서의 창출을 위한 혁신적 질서의 고양(비판적 문해—필자)도 중요하다. 이렇게 중요한 네 가지 이념들이 대화를 통해서 절충·조화되어 교육이라는 하나의 큰 생명적 영위에 통일되어야 할 것이다(Ibid.: 71).

이에 여기서 소개한 네 가지 교육관과 교육이론을 독자들이 우선은 선입견 없이 균형 있게 살펴보았으면 합니다. 이상의 내용을 소개하면서 필자 자신의 관점이 은연중 묻어 나왔을 것이고,

그것을 완전히 배제할 수 없었을지라도 말입니다. 그리고 각 관점과 이론들에 대한 장점과 한계들을 종합적으로 검토하고 평가해 보았으면 합니다. 그러한 고민과 이론적 검토 후에라야 자신이 좀 더 마음이 가는 교육 관점이 있다면, 그 관점이 놓칠 수 있는 한계나 오류가 무엇인지도 함께 사유할 수 있을 듯합니다. 그런 가운데 소박한 교육철학이라 할 수 있는 자신의 교육관을 다질 수 있으면 좋겠습니다. 교육의 목적과 성격 그리고 그 목적을 이루는 데 공적 교육의 장인 학교가 어떤 역할을 해야 하는지 등과 관련해 나름의 관점을 정립하는 데 일말의 도움이 되었으면 하는 바람이기도 합니다. 이것이 가능할 때 비로소 우리는 교육의 실제를 이끌어 갈 수 있다는 희망도 함께 품을 수 있겠습니다.

> 만일 우리가 분명한 교육관을 갖고 교직에 종사한다면, 우리에게 영향을 미치는 실제적인 힘에 좌우되지 않고 그 힘의 상당 부분을 통제할 수 있을 것이다. 만일 우리가 이론과 이상을 성찰한 후 학교의 목적에 대한 확고한 입장을 세우게 되면, 학생에 대한 우리의 열망이 지원받을 수 있게 이러한 실제를 형성하고 이끌어 갈 수 있을 것이다 (Fenstermacher & Soltis, 1992: 154).

끝으로 **동양의 교육관**과 관련 이론으로서 **유학(儒學)의 관점**을 다루지 못한 점은 아쉬움으로 남습니다. 우리 교육이 서구식 교육의 틀 속에서 전개되고 있다는 점에서 네 가지면 충분하다는 자기 위안을 할 수도 있겠습니다. 그러나 서구식 교육의 한계를 지적하면서 우리 전통교육관의 지혜를 되살릴 필요가 있다는 주장을 감안하면 동양의 전통에서 교육을 어떻게 바라봐 왔는지를 살피는 작업도 필요해 보입니다. 우리 전통교육의 기본 철학이라 할 수 있는 유학은 "직업에 필요한 기술이나 지식 이전에 '진정한 인간'이 되는 것을 공부요 교육이라 생각"했습니다(한형조, 2009: 75). 이에 유학은 남에게 보이기 위한 학문인 위인지학(爲人之學)이 아닌 자기완성을 위해 공부하는 위기지학(爲己之學)을 목적으로 하였습니다. 위기지학의 목적은 교육과 공부의 목적이 무엇이어야 하는지와 관련해 여전히 음미할 만한 가치가 있다고 생각합니다. 또한 유학은 군자(君子)를 교육받은 인간의 이상으로 설정하였습니다. 공자는 완성된 인간의 모습을 성인(聖人)으로, 그러한 성인에 접근하는 사람을 군자(君子)라고 칭했던 것이지요(이동철, 최진석, 신정근 엮음, 2005: 130). 성인은 이미 타고난 특수한 자질이 없으면 도달하기 어려운 최고 수준의 인격체이므로 공자는 좀 더 현실감 있고 실현 가능한 단계의 인물로 군자를 설정했던 것입니다. 성인과 분명 차이가 있지만 결코 완전히 동떨어진 존재가 아니며 성인과 본질상 같으며 성인을 지향하는 군자를 우리 모두가 도달할 수 있는 교육받은 인간상으로 보았던 것입니다(Ibid.). 그리고 유학은 군자가 되기 위한 교육내용으로 유교 경전에 대한 탐독을 중요시했습니다. 사서삼경(四書三經)을 비롯한 경전들에는 자연과 우주의 의미를 미리 체득한 선각들인 성현들의 체험이 담긴 '길(道)의 노하우'가 담겨 있기 때문입니다(한형조, 2009: 75). 필자 같은 후인들 또한 이 교량과 방법에 따라 심신을 훈련시켜 나가면 어느덧 성현들이 다다른 경지를 기약할 수 있다는 것이 유학교육이 중시해 왔던 부분입니다(Ibid.).

그러나 유학은 경전에 대한 탐독만을 강조하지 않았습니다. 육예(六藝)라고 불리는 실용적인 기예이자 유학 공부를 위한 기본 소양도 중요한 교육의 내용으로 삼아 왔습니다. 예절(禮), 노래와 춤(樂), 활쏘기(射), 마차 몰기(御), 글쓰기(書), 셈하기(數)가 바로 그것입니다. 이는 우리 전통교육인 유학에도 전인교육의 요소가 충분히 들어 있다는 점을 말해 줍니다. 얼핏 리버럴 아츠에 해당하는 학문과 예술 탐구를 통해 마음의 계속적인 경작/계발(culture of mind)을 목적으로 했던 서구 자유교양교육자들의 생각과 유사해 보이기도 합니다. 실제로 서양의 교양 개념과 유학의 수양(修養) 개념을 서로 연결하려는 시도들이 있기도 합니다. 이 책에서는 이를 상세히 다루지 못했지만, 이후의 작업에서 다루어 볼 만한 주제라고 생각됩니다.

향후 우리가 모색하고 실천할 새로운 교육관의 전개는 역사적 연구(현대교육을 지배하는 이론의 배경이해, 자신의 교육관을 전개하는 과정에 도움이 되는 여러 가지 지혜 혹은 원리들을 얻을 수 있는 길)와 현실적인 교육의 특징과 문제의 성찰, 그리고 온갖 창의적인 사변의 도움(새로운 가치를 제언하고 문제 해결의 새로운 방향을 모색)으로 가능할 수밖에 없다고 생각합니다(이돈희, 1992: 25). 특히 현대교육을 지배하는 배경이론에 대한 충분한 검토와 성찰 없이 최신 유행담론에만 매몰되는 것은 올바른 자세가 아니라고 생각합니다. 오늘날 우리가 어떤 교육을 지향해야 할 것인지에 대한 저의 고민도 결국 이 네 가지 토대 위에서 출발할 수밖에 없을 것입니다. 그 고민이 현재까지 존재해 온 교육이론의 역사, 학문의 역사를 건너뛴 독선이어서는 안 될 것입니다. 부족한 면이 있겠지만, 이 책이 교육의 개념과 목적 등 교육(관)에 관한 역사와 이론을 살피고, 한국 교육의 특징과 문제를 성찰하고, 한국 교육의 방향 모색을 사유하고 성찰하는 기회가 되었다면, 그리고 무엇보다 교육을 보는 눈을 기르는 데 도움이 되었다면 필자의 목적은 어느 정도 달성되었다고 할 수 있겠습니다.

강만길(1994). 고쳐 쓴 한국현대사. 서울: 창작과비평사.

강순전, 이진오(2011). 철학 윤리 논술 교육을 위한 철학 수업. 서울: 학이시습.

강일국(2009). 새교육운동과 열린교육운동의 특징 비교 연구. 교육사회학연구, 19(3), 1-23.

고려대학교 교육문제연구소(2007). 알기 쉬운 교육학용어사전. 서울: 원미사.

교육부(2015). 초·중등학교 교육과정 총론. 교육부 고시 제2015-74호.

곽덕주(2016). 경쟁하는 다양한 교육 목적과 학교교육. 곽덕주 외 공저, 미래교육, 교사가 디자인하다(pp. 61-78). 경기: 교육과학사.

권현지(2015). 산업화 이후 한국 노동 체제 변동과 노동자 의식 변화. 서울대학교 사회발전연구소 기획, 장덕진 외 공저, 압축성장의 고고학: 사회조사로 본 한국 사회의 변화, 1965~2015(pp. 220-264). 경기: 한울아카데미.

김덕영(2014). 환원근대. 서울: 길.

김동춘(2015). 대한민국은 왜?: 1945-2015. 경기: 사계절.

김신일(2003). 교육사회학(제3판). 서울: 교육과학사.

김영욱(2018). 옮긴이 주. Rousseau, J. J. (1762). *Du Contrat social ou principes du droit politique*. 김영욱 역(2018). 사회계약론 (pp. 174-270). 서울: 후마니타스.

김영화(2010). 산업화 도약과 경제성장에 대한 교육의 기여. 이종재, 김
　　성열, 돈 애덤스 편저, 한국 교육 60년(pp. 295-328). 서울: 서울대
　　학교출판원.

김정주(2005). 한국경제의 장기 축적과 경제위기. 학술단체협의회 편
　　저, 해방 60년의 한국 사회(pp. 23-58). 경기: 한울아카데미.

김정환(1995). 인간화 교육 어떻게 할 것인가. 서울: 내일을여는책.

김정환(1997). 전인 교육 어떻게 할 것인가. 서울: 내일을여는책.

김정환, 강선보(2004). 교육철학. 서울: 박영사.

김정훈, 조희연(2003). 지배담론으로서의 반공주의와 그 변화: '반공규
　　율사회'의 변화를 중심으로. 조희연 편, 한국의 정치사회적 지배담론
　　과 민주주의 동학(pp. 123-199). 서울: 함께읽는책.

김진경(1996). 삼십년에 삼백년을 산 사람은 어떻게 자기 자신일 수 있을까. 서
　　울: 당대.

김헌(2013). 이소크라테스의 철학과 파이데이아에서의 '의견(doxa)': 플
　　라톤의 '의견' 개념과 비교 연구. 서양고전학연구, 50, 73-99.

김헌(2015). 이소크라테스와 시민교육. 서양고전학연구, 54(1), 35-64.

김혜순(1991). 낮게 나는 새가 자세히 본다. 서울: 책나무.

박승배(2001). 교육과정학의 이해. 서울: 양서원.

박승배(2007). 교육과정학의 이해. 서울: 학지사.

박이문(2006). 당신에게 철학이 있습니까?. 서울: 미다스북스.

박주병(2001). 루소 教育理論의 社會哲學的 側面 : '自然' 槪念을 中心으
　　로. 서울대학교 대학원 석사학위논문.

서경석, Field, N., 加藤周一(카토 슈이치)(2005). 養の再生のために : 危
　　機の時代の想像力 : 東京大21世紀養プログラム足記念講演. 이목
　　역(2007). 교양, 모든 것의 시작. 서울: 노마드북스.

성기산(2011). 이소크라테스의 교육목적론. 교육사상연구, 25(3), 79-96.

소광희, 이석윤, 김정선(1999). 철학의 제문제. 서울: 벽호.

송순재(2017). 혁신학교의 발단·전개·특징. 송순재 외 공저, 혁신학교,
　　한국 교육의 미래를 열다(pp. 17-44). 서울: 살림터.

신득렬(2003). 현대교육철학. 서울: 학지사.

신차균(1989). 자유교육관 연구: 그 개념과 이론적 토대의 분석. 서울대

학교 대학원 박사학위논문.

심성보(2018). 서구 진보주의 교육이론의 동향과 한국 혁신교육의 전
    망. 한국 교육연구네트워크 편, 진보주의 교육의 세계적 동향(pp.
    15-80). 서울: 살림터.

심성보, 이동기, 장은주, 케르스틴 폴(2018). 보이텔스바흐 합의와 민주시민
    교육. 서울: 북멘토.

안병영, 하연섭(2015). 5·31 교육개혁 그리고 20년. 서울: 다산출판사.

오천석(1975). 한국 교육사(하). 서울: 광명출판사.

유재봉(2002). 현대교육철학탐구. 서울: 교육과학사.

유재봉, 정철민(2010). 자유교육 기원에 관한 논쟁 검토: 뮤어(J. Muir)
    의 논의를 중심으로. 교육철학(현 교육철학연구), 47, 109-126.

이광일(2003). 성장·발전주의 지배담론의 신화와 딜레마: '발전주의 국
    가'에서 '신자유주의 경쟁국가'로. 조희연 편, 한국의 정치사회적 지
    배담론과 민주주의 동학(pp. 123-199). 서울: 함께읽는책.

이길상(2007). 20세기 한국 교육사. 서울: 집문당.

이돈희(1992). 교육철학개론. 서울: 교육과학사.

이돈희(1996). 수요자 중심 교육과정의 정당성. 교육과정연구, 14(1),
    1-12.

이동철, 최진석, 신정근 엮음(2005). 21세기 동양철학. 서울: 을유문화사.

이명실(2018). 일본의 공교육 개혁과 진보교육의 전개. 한국 교육연구네
    트워크 편, 진보주의 교육의 세계적 동향(pp. 282-315). 서울: 살림터.

이병천(2014). 한국 자본주의 모델. 서울: 책세상.

이윤미(2008). 교육의 역사적 기초. 성태제 외 공저, 최신 교육학개론(pp.
    50-91). 서울: 학지사.

이홍우(1980). 보는 방법을 배우는 사람. 손보기 외 공저, 도대체 사람이
    란 무엇일까?(pp. 140-152). 서울: 뿌리깊은나무.

이홍우(2010). 교육과정탐구. 서울: 박영사.

장하준(2010). 그들이 말하지 않는 23가지. 서울: 부키.

정윤경(2002). 자유교육관의 변화, 인문학의 위기에 관한 일고(一考).
    한국 교육학연구, 8(2), 85-103.

정훈(2009). 자발성과 협력의 프레네 교육학. 서울: 내일을여는책.

정훈(2010). 학업성취결과 중심의 평가 문화가 학교교육의 주요 목적에 미치는 영향. 교육문제연구, 36, 111-133.

정훈(2011). 교육 시장화 시대의 교사 전문성. 교육철학연구, 33(3), 161-185.

정훈(2016). 광복70년, 한국 교육의 성격: 발전주의와 신자유주의 교육의 연관성을 중심으로. 교육철학, 58, 139-168.

정훈(2017). 교육 정의의 내용에 대한 시론적 고찰: Fraser를 중심으로. 교육사상연구, 31(1), 137-158.

정훈(2018). 대학에서 '소비자-학생' 접근에 대한 비판적 검토. 교육문화연구, 24(2), 117-138.

정훈(2019). '학생 중심 교육'은 어떻게 이해될 수 있는가: 비판에 대한 반론을 중심으로. 교육사상연구, 33(3), 73-97.

조무남(2004). 교육학론. 서울: 학지사.

지주형(2011). 한국 신자유주의의 기원과 형성. 서울: 책세상.

지주형(2013). 한국의 국가 발전: 개발주의에서 신자유주의로. 한국사회학회 사회학대회 논문집, 203-211.

한형조(2009). 왜 동양철학인가. 경기: 문학동네.

홍순명(1998). 더불어 사는 평민을 기르는 풀무학교 이야기. 서울: 내일을여는책.

홍은광(2010). 파울로 프레이리, 한국 교육을 만나다. 경기: 학이시습.

홍은숙(2007). 교육의 개념: 실천전통에의 입문으로서의 교육. 경기: 교육과학사.

황용길(1998). 미국식 열린교육으로의 개혁은 쥴 학생의 돌머리化, 국가의 깡통化를 재촉한다. 월간조선, 12월.

苅谷剛彦(가리야 다케히코)(2002). 敎育改革の幻想. 김미란 역(2004). 교육개혁의 환상. 서울: 북코리아.

村田昇(무라다 노보루) 編(1983). 敎育哲學. 송승석, 임창호 역(1997). 교육철학. 서울: 교육출판사.

佐藤學(사토 마나부)(2000). 學びから逃走する子どもたち. 손우정, 김미란 역(2003). 배움으로부터 도주하는 아이들. 서울: 북코리아.

新井紀子(아라이 노리코)(2018). AI vs. 敎科書が讀めない子どもたち. 김정환 역(2018). 대학에 가는 AI VS 교과서를 못 읽는 아이들. 서울: 해냄.

梅根梧(우메네 사토루)(1967). 世界 敎育史. 김정환, 심성보 역(1990). 세계 교육사. 서울: 풀빛.

今道友信(이마미치 도모노부)(2004). ダンテ「神曲」講義. 이영미 역 (2008). 단테『신곡』강의. 경기: 안티쿠스.

Adler, M. J. (1982). *The Paideia proposal.* 신득렬 역(1993). 파이데이아 제안. 서울: 서원.

Aikin, W. M. (1942). *The story of the eight-year study.* 김재춘, 박소영 공역(2006). 8년 연구 이야기. 서울: 교육과학사.

Apple, M. W. (1979). *Ideology and curriculum.* 박부권, 이혜영 공역 (1985). 교육과 이데올로기. 서울: 한길사.

Apple, M. W. (1982). *Education and power.* 최원형 역(1988). 교육과 권력. 서울: 한길사.

Apple, M. W. (1993). *Official knowledge.* 박부권, 심연미, 김수연 공역(2001). 학교지식의 정치학. 서울: 우리 교육.

Apple, M. W. (1996). *Cultural politics and education.* 김미숙, 이윤미, 임후남 공역(2004). 문화 정치학과 교육. 서울: 우리 교육.

Apple, M. W. (2000). The shock of the real: Critical pedagogies and rightist reconstructions. In P. P. Trifonas (Ed.). *Revolutionary pedagogies: cultural politics, instituting education, and the discourse of theory* (pp. 225-250). New York: RoutledgeFalmer.

Apple, M. W. (2001). *Educating the "right" way: Markets, standards, God, and inequality.* 성열관 역(2003). 미국교육개혁, 옳은 길로 가고 있나. 서울: 우리 교육.

Apple, M. W. (2012). *Can education change society?.* 강희룡, 김선우, 박원순, 이형빈 공역(2014). 교육은 사회를 바꿀 수 있을까?. 서울: 살림터.

Apple, M. W., Whitty, G., & 長尾彰夫(나가오 아키오) 편(2009). 批判的教育学と公教育の再生. 정영애, 이명실, 고경임, 김미란 공역(2011). 비판적 교육학과 공교육의 미래. 서울: 원미사.

Aristoteles. *Ethica Nicomachea*. 이창우, 김재홍, 강상진 공역(2006). 니코마코스 윤리학. 서울: 이제이북스.

Aristoteles. *Politika*. 김재홍 역(2017). 정치학. 서울: 길.

Aristoteles. *Metaphysica*. 김진성 역주(2007). 형이상학. 서울: 이제이북스.

Ayers, W. (2010). *To teach: the journey of a teacher*. 홍한별 역(2012). 가르친다는 것. 서울: 양철북.

Bowles, S., & Gintis, H. (1976). *Schooling in capitalist America*. 이규환 역(1986). 자본주의와 학교교육. 서울: 사계절.

Brighouse, H. (2006). *On education*. New York: Routledge.

Bruner, J. S. (1960). *The process of education*. 이홍우 역(1990). 교육의 과정. 서울: 배영사.

Burbules, N. C., & Berk, R. (1999). Critical thinking and critical pedagogy: relations, differences, and limits. In T. S. Popkewitz & L. Fendler (Eds.). *Critical theory in education* (pp. 45-65). New York and London: Routledge.

Chamberlin, Chuck(1994). Alternative schools as critique of traditional schooling. In Chuck Chamberlin(Ed.)(1994). *Don't tell us it can't be done!: Alternative classroom in Canada and abroad* (pp. 161-180). Toronto: Our Schools/Our Selves Educational Foundation.

Chomsky, N. (2000). *Chomsky on education*. 강주헌 역(2001). 실패한 교육과 거짓말. 서울: 아침이슬.

Christodoulou, D. (2014). *Seven myths about education*. 김승호 역(2018). 아무도 의심하지 않는 일곱 가지 교육 미신. 서울: 페이퍼로드.

Cohen, B. (1982). *Means and ends in education*. 이지헌 역(1993). 교육 방법의 철학. 서울: 성원사.

Comenius, J. A. (1657). *Didactica Magna*. 정확실 역(1998). 대교수학. 서울: 교육과학사.

Craig, E. (2002). *Philosophy: A very short introduction.* 이재만 역 (2015). 철학. 경기: 교유서가.

Cuypers, S. E., & Martin, C. (2013). *R. S. Peters.* 이병승 역(2017). 피터스의 교육사상. 경기: 서광사.

Darling, J., & Nordenbo, S. E. (2003). Progressivism. In Nigel Blake et al. (Eds.). *The Blackwell guide to philosophy of educaiton.* 정훈 역(2009). 진보주의. 강선보, 고미숙, 권명옥, 김성봉, 김희선, 심승환, 정윤경, 정훈, 조우진 공역. 현대 교육철학의 다양한 흐름 I (pp. 273-310). 서울: 학지사.

Dearden, R. F. (1976). *Problems in primary education.* 김정래 역 (2015). 초등교육문제론. 경기: 교육과학사.

Dewey, J. (1902). *The child and the curriculum.* 박철홍 역(2002). 아동과 교육과정/경험과 교육. 서울: 문음사.

Dewey, J. (1916). *Democracy and education.* 이홍우 역(1990). 민주주의와 교육. 서울: 교육과학사.

Dewey, J. (1938). *Experience and education.* 박철홍 역(2002). 아동과 교육과정/경험과 교육. 서울: 문음사.

Dickens, C. (1854). *Hard times.* 장남수 역(2003). 어려운 시절. 서울: 푸른미디어.

Fenstermacher, G. D., & Soltis, J. F. (1992). *Approaches to teaching* (2nd ed.). 이지헌 역(2003). 가르치는 일이란 무엇인가. 서울: 교육과학사.

Fenstermacher, G. D., & Soltis, J. F. (2009). *Approaches to teaching* (4th ed.). 이지헌 역(2011). 가르침이란 무엇인가. 경기: 교육과학사.

Flora, S. R. (2004). *The power of reinforcement.* 임웅, 이경민 공역 (2015). 학습과 보상. 서울: 학지사.

Frankenstein, M. (1987). Critical mathematics education: An application of Paulo Freire's epistemology. In I. Shor (Ed.). *Freire for the classroom: A sourcebook for liberatory.* 사람대사람 역(2015). 비판적 수학 교육: 파울로 프레이리의 인식론을 적용하여. 교실을 위한 프레이리: 현장 교육을 위한 프레이리와 비고츠키

의 만남(pp. 315-363). 서울: 살림터.

Freire, P. (1970). The adult literacy process as cultural action for freedom. *Harvard Educational Review, 40*(2), 205-225. 김쾌상, 권태선, 양한수, 채광석 공역(1991). 문화적 행동으로서의 교육. 민중교육론: 제3세계의 시각(pp. 17-42). 서울: 한길사.

Freire, P. (1973). *Education for critical consciousness.* 채광석 역(2012). 교육과 의식화. 서울: 중원문화.

Freire, P. (1985). *The politics of education: Culture, power, and liberation.* 한준상 역(2003). 교육과 정치의식: 문화, 권력, 그리고 해방. 경기: 한국학술정보.

Freire, P. (1994). *Pedagogy of hope: Reliving pedagogy of the oppressed.* 교육문화연구회 역(2006). 희망의 교육학. 서울: 아침이슬.

Freire, P. (1994). *Pedagogy of hope.* 강성훈, 문혜림 공역(2020). 희망의 페다고지: 『억압받는 이들과 페다고지』를 되새기며. 서울: 오트르랩.

Freire, P. (2000). *Pedagogy of the oppressed* (30th anniversary edition). 남경태 역(2003). 페다고지. 서울: 그린비.

Freire, P., & Horton, M. (1990). *We make the road by walking: Conversations on education and social change.* 프락시스 역(2006). 우리가 걸어가면 길이 됩니다. 서울: 아침이슬.

Fröbel, F. (1826). *Die Menschenerziehung.* Hailmann, W. N. (trans.) (1896). *The education of man.* New York: D. Appleton and Company.

Giroux, H. A. (1988). *Teachers as intellectuals toward a critical pedagogy of learning.* 이경숙 역(2001). 교사는 지성인이다. 서울: 아침이슬.

Giroux, H. A. (1999). *The mouse that roared.* 성기완 역(2001). 디즈니 순수함과 거짓말. 서울: 아침이슬.

Glossop, R. J. (1974). *Philosophy: An introduction to its problems and vocabulary.* 이치범 역(1995). 철학입문. 서울: 이론과실천.

Herder, J. G. (1774). *Auch eine Philosophie der Geschichte zur*

Bildung der Menschheit. 안성찬 역(2011). 신인문주의의 교육이념. 인류의 교육을 위한 새로운 역사철학(pp. 181-211). 경기: 한길사.

Hirst, P. H. (1972). Liberal education and the nature of knowledge. In R. F. Dearden, P. H. Hirst, & R. S. Peters (Eds.). *Education and the development of reason* (pp. 391-414). 김안중 역(연도 미상). 지식의 성격과 자유교육. 미간행.

Hirst, P. H. (1999). The nature of educational aims. In Roger Marples (Ed.) (1999). *The aims of education* (pp. 124-132). London and New York: Routledge.

Hutchins, R. M. (1953). *The conflict in education in a democratic society*. 이정빈 역(1985). 교육철학: 민주사회에 있어서 교육의 갈등. 대구: 계명대학교 출판부.

Kant, I. (1781). *Kritik der reinen Vernunft*. 백종현 역(2006). 순수이성비판2. 서울: 아카넷.

Kant, I. (1803). *Über Pädagogik*. 백종현 역(2018). 교육학. 서울: 아카넷.

Lee, W. B., & Sivell, J. (2000). *French elementary education and the Ecole Moderne*. Bloomington: Phi Delta Kappa Educational Foundation.

Lloyd, D. I. (1976). Traditional and progressive education. In D. I. Lloyd (Ed.), *Philosophy and the teacher* (pp. 89-100). London: Routledge & Kegan Paul.

Luke, A. (2012). Critical literacy: foundational notes. *Theory into Practice, 51*, 4-11.

Magee, B. (1998). *The story of philosophy*. 박은미 역(2002). 사진과 그림으로 보는 철학의 역사. 서울: 시공사.

Martin, J. R. (1985). *Reclaiming a conversation: The ideal of the educated woman*. 유현옥 역(2002). 교육적 인간상과 여성. 서울: 학지사.

McLaren, P. (2000). *Unthinking whiteness: Rearticulating diasporic practice*. In P. P. Trifonas (Ed.), *Revolutionary pedagogies: Cultural politics, instituting education, and the discourse of theory* (pp. 140-173). New York: RoutledgeFalmer.

McLaren, P., & Farahmandpur, R. (2001). Teaching against globalization and new imperialism: Toward a revolutionary pedagogy. *Journal of Teacher Education, 52*, 136-150.

Meier, D. (1995). *The power of their ideas.* 정훈 역(2014). 아이들이 가진 생각의 힘. 서울: 맘에드림.

Mercogliano, C. (1998). *Making it up as we go along: The story of the Albany Free School.* 공양희 역(2002). 프리 스쿨. 서울: 민들레.

Mercogliano, C. (2004). *How to grow a school: Starting and sustaining school that works.* 조응주 역(2005). 살아 있는 학교 어떻게 만들까. 서울: 민들레.

Meyer, H. (2004). *Was ist guter Unterricht?.* 손승남, 정창호 공역 (2011). 좋은 수업이란 무엇인가?. 서울: 삼우반.

Nagel, T. (1987). *What does it all mean?.* 조영기 역(2014). 이 모든 것은 무엇을 의미하는가?. 서울: 궁리.

Noddings, N. (1998). *Philosophy of education.* Boulder: Westview Press.

Noddings, N. (2013). *Education and democracy in the 21st century.* 심성보 역(2016). 21세기 교육과 민주주의. 서울: 살림터.

Noll, J. W. (1991). *Taking sides: Clashing view on educational issues.* 유현옥 편역(1996). 현대교육의 주제와 쟁점. 서울: 내일을여는책.

Nyberg, D. (1975). *The philosophy of open education.* 심성보, 강성빈, 김대현, 김인용, 신태진, 이영만, 허승희 공역(1999). 열린교육의 철학. 서울: 학지사.

OECD (2019). OECD Future of education and skills 2030: OECD Learning compass 2030. https://www.oecd.org/education/2030-project/contact/OECD_Learning_Compass_2030_Concept_Note_Series.pdf

Pestalozzi, J. H. (1827). *Letters on early education, addressed to J. P. Greaves by Pestalozzi, 1818~1819.* 김정환 역(2002). 페스탈로

치가 어머니들에게 보내는 편지. 서울: 양서원.

Peters, R. S. (1966). *Ethics and education.* 이홍우, 조영태 공역 (2003). 윤리학과 교육(수정판). 경기: 교육과학사.

Phillips, D. C. (2010). What is philosophy of education?. In R. Bailey, R. Barrow, D. Carr, & C. McCarthy (Eds.), *The Sage Handbook of Philosophy of Education.* 이지헌 역(2013). 교육철학이란 무엇인가. 교육철학 1: 이론과 역사(pp. 18–42). 서울: 학지사.

Platon. *Theaitetos.* 정준영 역(2013). 테아이테토스. 서울: 이제이북스.

Platon. *Politeia.* 박종현 역주(1997). 국가·政體. 서울: 서광사.

Pring, R. (1999). Neglected educational aims: moral seriousness and social commitment. In R. Marples (Ed.) *The aims of education.* London: Routledge.

Pring, R. (2004). *Philosophy of education.* London: Continuum.

Robinson, K. (2015). *Creative schools.* 정미나 역(2015). 아이의 미래를 바꾸는 학교혁명. 경기: 21세기북스.

Rogers, C. R. (1983). *Freedom to Learn.* 연문희 역(2002). 학습의 자유. 서울: 문음사.

Rousseau, J. J. (1755). *Discours sur l'origine et les fondements de l'inégalité parmi les hommes.* 주경복, 고봉만 공역(2003). 인간불평등기원론. 서울: 책세상.

Rousseau, J. J. (1762). *Du Contrat social ou principes du droit politique.* 김영욱 역(2018). 사회계약론. 서울: 후마니타스.

Rousseau, J. J. (1762). *Émile ou de l'éducation.* 이용철, 문경자 공역 (2007). 에밀 또는 교육론 1. 경기: 한길사.

Rousseau, J. J. (1762). *Émile ou de l'éducation.* 이용철, 문경자 공역 (2007). 에밀 또는 교육론 2. 경기: 한길사.

Russell, B. (1998). *The problem of philosophy.* 박영태 역(2018). 철학의 문제들. 서울: 이학사.

Slater, L. (2004). *Opening Skinner's Box: great psychological experiments of the twentieth century.* 조증열 역(2006). 스키너의 심리상자 열기. 서울: 에코의서재.

Wainwright, H. (2003). *Reclaim the state*. 김현우 역(2014). 국가를 되찾자. 서울: 이매진.

White, J. (2006). The aims of school education. (https://www.ippr.org/files/uploadedFiles/research/projects/Education/The%2520 Aims%2520of%2520School%2520Ed%2520FINAL.pdf에서 인출)

White, J. (2011). *Exploring well-being in schools*. 이지헌, 김희봉 공역(2014). 잘삶의 탐색. 경기: 교육과학사.

Whitty, G., Power, S., & Halpin, D. (1998). *Devolution and Choice in Education: The School, the State the Market*. 이병곤, 박주현, 이자형, 최상덕 공역(2000). 학교, 국가, 그리고 시장. 서울: 내일을여는책.

Wokler, R. (1995). *Rousseau*. 이종인 역(2001). 루소. 서울: 시공사.

경향신문(2011. 7. 7.). 교과부, 끊임없는 말 바꾸기. 14면.
한겨레(2011. 7. 6.). 성적 올리면 상품권, 일제고사 과열경쟁. 10면.

국가교육과정정보센터 http://ncic.re.kr/mobile.kri.org4.inventory List.do#
서울시교육청 보도자료 http://enews.sen.go.kr/news/view.do?bbsSn =163930&step1=3&step2=1

인명

내용

저자 소개

정훈(Jung, Hoon) / jh93@daegu.ac.kr

한양대학교에서 교육공학을, 고려대학교 대학원 교육학과에서 교육철학을 공부하고, 프레네(C. Freinet) 교육사상 연구로 박사학위를 받았다. 고려대학교와 경희대학교 연구조교수, 캐나다 Brock University 방문연구원을 지냈으며, 현재는 대구대학교 사범대학 교직부 교수로 재직하고 있다.

주요 저서로는『자발성과 협력의 프레네 교육학』(내일을여는책, 2009),『교육학의 이해』(공저, 학지사, 2014),『무엇이 학교 혁신을 지속가능하게 하는가: 독일, 미국, 한국 학교 혁신의 힘』(공저, 맘에드림, 2015) 등이, 역서로는『현대 교육철학의 다양한 흐름 I , II』(공역, 학지사, 2009),『아이들이 가진 생각의 힘』(맘에드림, 2014)이 있다. 주요 논문으로는「교육 정의의 내용에 대한 시론적 고찰: Fraser를 중심으로」(교육사상연구, 2017),「대학에서 '소비자-학생' 접근에 대한 비판적 검토」(교육문화연구, 2018),「'학생 중심 교육'은 어떻게 이해될 수 있는가: 비판에 대한 반론을 중심으로」(교육사상연구, 2019) 등이 있다.

알기 쉬운
교육철학 이야기
An Easy-to-understand Philosophy of Education

2020년 9월 20일 1판 1쇄 인쇄
2020년 9월 30일 1판 1쇄 발행

지은이 • 정훈
펴낸이 • 김진환
펴낸곳 • (주) **학지사**

　　　　04031 서울특별시 마포구 양화로 15길 20 마인드월드빌딩
대표전화 • 02)330-5114　　　　팩스 02)324-2345
등록번호 • 제313-2006-000265호

홈페이지 • http://www.hakjisa.co.kr
페이스북 • https://www.facebook.com/hakjisa

ISBN 978-89-997-2055-0 93370

정가 15,000원

이 도서의 국립중앙도서관 출판시도서목록(CIP)은 서지정보유통지
원시스템 홈페이지(http://seoji.nl.go.kr)와 국가자료공동목록시스템
(http://www.nl.go.kr/kolisnet)에서 이용하실 수 있습니다.
(CIP 제어번호: CIP2020036527)

출판 · 교육 · 미디어기업 **학지사**

간호보건의학출판 **학지사메디컬** www.hakjisamd.co.kr
심리검사연구소 **인싸이트** www.inpsyt.co.kr
학술논문서비스 **뉴논문** www.newnonmun.com
원격교육연수원 **카운피아** www.counpia.com